Birgit Kelle

ICH KAUF MIR EIN KIND

Birgit Kelle

ICH KAUF MIR EIN KIND

Das unwürdige Geschäft mit der Leihmutterschaft

FBV

Bibliografische Information der Deutschen Nationalbibliothek
Die Deutsche Nationalbibliothek verzeichnet diese Publikation in der Deutschen Nationalbibliografie; detaillierte bibliografische Daten sind im Internet über http://d-nb.de abrufbar.

Für Fragen und Anregungen:
info@m-vg.de

Originalausgabe
1. Auflage 2024

Türkenstraße 89
80799 München
Tel.: 089 651285-0

Lektorat: Anne Büntig
Umschlaggestaltung: Pamela Machleidt
Umschlagfoto: shutterstock/RoMaLi
Autorenfoto: Kerstin Pukall, Hamburg
Satz: Zerosoft, Timisoara
Druck: CPI books GmbH, Leck
Printed in Germany

ISBN Print 978-3-95972-770-9
ISBN E-Book (PDF) 978-398609-499-7
ISBN E-Book (EPUB, Mobi) 978-3-98609-500-0

Weitere Informationen zum Verlag finden Sie unter

www.finanzbuchverlag.de

Beachten Sie auch unsere weiteren Verlage unter www.m-vg.de.

INHALT

»Eure Kinder sind nicht eure Kinder.
Sie sind die Söhne und die Töchter der Sehnsucht
des Lebens nach sich selber.
Sie kommen durch euch, aber nicht von euch,
Und obwohl sie mit euch sind, gehören sie euch doch nicht.«

Khalil Gilbran, aus dem Gedicht »Eure Kinder«

VORWEG

Man bestellt es in Amerika, der Ukraine oder auch in Georgien. Herstellungsmaterial, Ausstattung und Farbe werden nach Katalog ausgesucht. Man bezahlt es und holt es nach Fertigstellung ab. Wir sprechen nicht von Automobilen, sondern von Babys. Die sogenannte »Leihmutterschaft« avanciert damit auf dem Weltmarkt zum Menschenhandel unserer Zeit.

Das Geschäftsmodell funktioniert in verteilten Rollen. Es nutzt den Reichen, den Verzweifelten, den Gebärunwilligen, den Gebärunfähigen, den Singles und homosexuellen Paaren. Es verdient daran eine Milliarden-Industrie der technisch und ethisch grenzenlosen Reproduktionsmedizin. Frauen sind dabei Material und Mittel zum Zweck, sie werden ausgebeutet in der Dritten Welt, in den armen Ländern Europas, in prekären Situationen. Man degradiert sie zu Brutkästen und nutzt ihre Notlagen schamlos aus. Kinder sind das wertvolle Produkt. Sie werden auf dem Weltmarkt zu hohen Preisen wie Ware gehandelt oder auch entsorgt, wenn sie doch nicht so makellos sind, wie auf den Katalogseiten angepriesen.

»Leihmutterschaft« klingt so harmlos, ist sie aber nicht. Wir sind ja hier nicht in einer Bibliothek, wo man Bücher ausleiht und zurückgibt, nachdem man sie fertiggelesen hat. Es wird auch keine Mutter »geliehen«, ganz im Gegenteil, die Frau soll auf gar keinen Fall Mutter sein, sondern nur eine reine Brutstätte.

Aus der Perspektive des Kindes ist es schlicht Menschenhandel. Eine Degradierung vom Subjekt und Träger individueller Menschenrechte hin zum rechtlosen Objekt, zu einem Ding. Heißt es nicht passend *das* Kind? Es ist ein großes Menschenexperiment am offenen Herzen und der seelischen Gesundheit dieser Kinder. Das global verkaufte Kind darf nicht unter seinem Schicksal leiden. Es soll bitte unbedingt glücklich und dankbar sein dafür, dass es auf der Welt ist, und später keine dummen Fragen nach seiner biologischen Herkunft stellen – schließlich war es sehr teuer. Es wird zur Handelsware, die bitte ohne Produktionsfehler, im richtigen Geschlecht, in der richtigen Anzahl, bei voller Gesundheit, zu erschwinglichem Preis und natürlich pünktlich zum richtigen Zeitpunkt in der Work-Life-Balance seiner Auftraggeber zur Verfügung stehen soll. Jeder hat doch schließlich diskriminierungsfrei ein Recht auf ein Kind, oder etwa nicht?

Um den Ansprüchen aller Profiteure zu genügen, werden im Namen der »Leihmutterschaft« weltweit längst anerkannte ethisch-moralische Hürden der zivilisierten Welt wieder eingerissen. Wahlweise im Sinne des medizinischen und technischen Fortschritts, der Antidiskriminierung, der Emanzipation der Frau und des Glücksanspruchs des Einzelnen möchten manche offenbar die Menschenrechte noch einmal neu verhandeln. Alles wieder auf Null, nur weil der Mensch jetzt reproduktionstechnisch Dinge kann, die man früher nicht für möglich hielt. Und das hier ist nur der Anfang. Das Gruselkabinett der Reproduktionsmedizin hat noch mehr auf Lager als die künstliche Befruchtung eines angemieteten Bauches.

Es zählte jedenfalls bislang zu den großen Errungenschaften der zivilisierten Welt, Sklaverei und Menschenhandel zu gesellschaftlichen No-Gos zu erklären, weil sie mit der Würde des Menschen nicht vereinbar sind. Kinder zu kaufen und zu verkaufen, ist aber okay?

Gleiches gilt für den Organhandel. Das schmutzige Geschäft ist weltweit geächtet, damit verzweifelte Notlagen armer Menschen nicht herausgefordert und ausgenutzt werden können. Nicht einmal wenn sie ihre Einwilligung dazu gäben. Doch Frauen in den Slums der Dritten Welt oder in georgischen Frauenhäusern als Brutkästen anzuwerben und ihre Kinder zu kaufen, ist in Ordnung? Eine Niere »nein« – ein ganzes Kind »ja«?

Aus der Perspektive der Frau ist »Leihmutterschaft« die Prostitution 2.0. Der moderne Zuhälter arbeitet bloß nicht mehr im Rotlichtmilieu, sondern deutlich lukrativer als Agenturvermittler im Reproduktionsgeschäft, zum Teil über Kontinente hinweg. Er schickt seine »Mädchen« bloß nicht mehr auf die Straße zum Anschaffen, sondern in den Kreißsaal zum Gebären. In beiden Fällen werden die Frauen dabei zu funktionierenden Körperteilen degradiert. Und genau deswegen muss man es beim Namen nennen, worüber wir hier reden. Beutete man früher »nur« die Sexualität der Frau aus, will man heute ihre Gebärfähigkeit gegen Geld. Nicht nur die Kinder, auch diese Frauen werden also in Wahrheit zum Objekt. Es interessiert nicht mehr der Mensch, nicht die Person, nicht mehr die Frau, schon gar nicht die Mutter, nur ihr Bauch und die reibungslose Funktionalität ihrer Gebärmutter.

Heerscharen von Feministinnen beschuldigen die katholische Kirche, das weltweite Patriarchat und angeblich ewig gestrige Reaktionäre mit traditionellen Familienvorstellungen, die Frau in der Gefangenschaft der Ehe zum »Brutkasten« zu erniedrigen, während es die moderne Reproduktionsmedizin unter freundlichem Applaus befreiungsrhetorischer Feministinnen faktisch längst umgesetzt hat und es gar als Selbstbestimmung der Frau verkauft oder als Geschlechtergerechtigkeit für jenen Teil der LGBT-Gemeinde, der sich untereinander nicht befruchten kann. Die bittere Realität könnte frauenfeindlicher nicht sein: Die Frau soll brüten, werfen und dann die Klappe halten. So widerwärtig und ausbeuterisch hat das noch nicht einmal das immer noch unermüdlich bekämpfte System des »alten weißen Mannes« praktiziert. Dort wurde sie jedenfalls wenigstens vorher geheiratet und anschließend versorgt. Als Brutkasten der aufgeklärten Postmoderne bleibt sie im globalen Geschäft ohne Rechte und medizinische Versorgung auf der Strecke. Dafür wird sie aber verbal aufgewertet, das ist doch nett! Die Prostituierte hat man aus dem Schmuddel-Milieu heraus verbal zur »Sexarbeiterin« befördert, die Fremdgebärende wird jetzt zur »Reproduktionsarbeiterin«

gemacht. Das gibt bestimmt auch irgendwann einen Tarifvertrag bei ver.di. Welch emanzipatorische Errungenschaft!

Es war ausgerechnet die Ukraine, die in den vergangenen Jahren bereits zweimal ein böses Schlaglicht auf ein neues Millionengeschäft mitten in Europa warf, denn dort herrschte nicht nur Krieg, sondern auch Kinderstau. Bereits in den Corona-Lockdowns 2020 warteten Hunderte von Babys wegen der globalen Reisebeschränkungen und Lockdowns vergeblich in Massenunterkünften in Kiew – bestellt und nicht abgeholt von den Auftraggebern, die nun ihre Eltern sein sollten. Analog wiederholte sich dasselbe im europäischen »Leihmutterschafts«-Eldorado im Frühjahr 2022 durch den Kriegsausbruch. Der Marktführer BioTexCom sendete in beiden Fällen dramatische Appelle an ausländische Botschaften und Politiker, um Lösungen zur Ausfuhr der Kinder zu finden. Es lagerten schließlich unter dem russischen Bombenhagel wahre Schätze in Kiews Luftschutzkellern, und es galt auch, abseits des menschelnden Kulleraugen-Faktors weinender Neugeborener, Verträge zu erfüllen. Immerhin hat jedes einzelne Baby zwischen 40.000 und 70.000 Euro gekostet. Die Ware »Kind« wird zum Kollateralschaden kriegerischer Auseinandersetzungen, unter widrigen Umständen von fremden Krankenschwestern notdürftig versorgt, wenn die Logistik der »Warenauslieferung« im Lieferkettenstau von Pandemie und Krieg versagt.

Die schwangeren »Leihmütter« durften sich übrigens bei Kriegsausbruch 2022 nicht ins sichere Ausland retten, waren sie doch vertraglich gebunden, unter dem Bombenhagel in der Ukraine zu verweilen, weil ihr »Leihmutterschafts«-Vertrag im Ausland eine Straftat wäre. Wo und ob sie nach den oft üblichen Kaiserschnitten, die bei der Geburt dieser Kinder angewandt werden, mitten im Krieg medizinisch versorgt wurden, weiß keiner. Wen interessiert schon der Brutkasten?

Während nun Thailand und Indien, lange Jahre die führenden Länder dieses schmutzigen Marktes, bereits zurückrudern und nach leidvollen Erfahrungen die »Leihmutterschaft« in ihren Ländern wieder verbieten, entwickeln sich arme europäische Länder zum neuen Zentrum der Szene. Von der Ukraine verlagerte sich der Markt kriegsbedingt und pragmatisch nach Georgien, dort versorgte man auch den zusammengebrochenen indischen Markt wieder und warb Mietmütter aus ehemaligen Sowjetstaaten an. Behinderte Kinder musste man nicht abholen, die durften in georgischen Waisenhäusern »entsorgt« werden. Produktionsfehler will keiner.

Die deutsche Regierung verschließt beide Augen vor den Fakten dieses menschenverachtenden Geschäfts vor der europäischen Haustüre. Es ist auch nicht bekannt, dass die deutsche Außenministerin im Sinne ihrer viel zitierten »feministischen Außenpolitik« ein deutliches Wort an die Ukraine gerichtet hätte, um einmal nach den Rechten und dem Gesundheitszustand Tausender ukrainischer Mietmütter zu fragen, die während des andauernden Krieges in der Ukraine entbunden haben. Stattdessen strebt dieselbe Regierung nahezu antizyklisch nach einer Legalisierung dieser Praxis auch auf deutschem Boden.

Das geltende Embryonenschutzgesetz in Deutschland verhindert »Leihmutterschaft« derzeit noch, ebenso wie auch die Eizell- und die Embryonenspende. Wie sollte man auch Menschen »spenden«? Die Betonung liegt auf »noch«, denn man hat sich in Berlin auf die Fahnen geschrieben, zumindest die sogenannte »altruistische«, oder auch »nicht-kommerziell« genannte Variante sowie die Eizellspende legalisieren zu wollen. Mit der Aufgabe, legale gesetzliche Wege für die neuen Möglichkeiten der Reproduktionsmedizin zu entwickeln, wurde eigens eine Kommission betraut.

Die Befürworter formulieren dazu die blumige Theorie, dass dabei kein Geld zwischen Auftraggeber und »Leihmutter« fließe und dadurch alles nur ein Akt der Nächstenliebe für verzweifelte Menschen mit Kinderwunsch und somit letztendlich eine gute Tat sei. Es menschelt immer sehr, wenn die Kinderlein kommen. Gerne bemüht man etwa Beispiele wie die Frau, die für ihre krebskranke Schwester, oder die Mutter, die für den schwulen Sohn oder die unfruchtbare Tochter stellvertretend das Kind austragen. Es bliebe also quasi »in der Familie«.

Die reale Erfahrung anderer Länder zeigt jedoch: Die altruistische Variante ist immer eine Mogelpackung, nur der vorgeschobene Türöffner für den kommerziellen und den schwarzen Markt. Hat man die angeblich nicht-kommerzielle Option erst einmal gesetzlich verankert, folgt im nächsten Schritt die Ausweitung auf immer größere Personenkreise, bis es irgendwann für alle gilt. Und natürlich verdient auch an der »altruistischen« Variante die gesamte Branche der Reproduktionsmedizin, die Ärzte und Kliniken, munter weiter ihr Geld – während ausgerechnet jene, die das gesamte körperliche und seelische Risiko schultert, als Einzige nichts bekommt: die Frau, die das Kind austrägt. Man trickst sie mit Rhetorik auch noch billig aus. Die Frage, was es für das Kind bedeutet, wenn seine Schwester gleichzeitig seine Mutter ist, weil sie im selben Bauch der Großmutter groß wurde wie es selbst, wäre zudem mal ein spannendes Forschungsprojekt für eine ganze psychologische Zunft. Die nicht existente wissenschaftliche Langzeitstudie läuft stattdessen bereits in Echtzeit am lebenden Objekt.

Als Argumentationshilfen nutzen die Befürworter der Legalisierung dieser entwürdigenden Praxis die immer gleichen durchschaubaren Phrasen. Da wäre etwa die Angleichung an »internationale Standards«, wir müssten schließlich mit der Zeit gehen, der technische Fortschritt soll ja nicht an uns vorbeirauschen. Und wäre es nicht besser, die Babys lägen alle in deutschen Hochglanzkliniken statt im korrupten Georgien und in ukrainischen Klinikruinen? Warum die armen Eltern erst teuer ins amerikanische Ausland reisen lassen, wenn man das, was doch statistisch Tausende jährlich grenzüberschreitend machen, viel günstiger auch im eigenen Land tun könnte? Es passiert doch sowieso, lasst es uns legalisieren! Ist es nicht unsozial, wenn nur Reiche sich deswegen das Fremdgebären leisten können? Günstig Kinder für alle bitte und am besten krankenkassenfinanziert.

Gern genommen wird auch das juristische Argument, dass es doch im Sinne der Rechtssicherheit der Kinder sei, ihren rechtlichen Status als Neugeborene und ihre Kinderrechte gründlich deutsch abzusichern. Schließlich gebe es ständig Schwierigkeiten mit dem Abstammungsrecht und der Anerkennung der Elternschaft, wenn da jedes Mal die Rechtslage und das Verwandtschaftsverhältnis erst zwischen konkurrierenden Rechtssystemen weltweit geklärt werden müsse. Wer weiß denn schon auf Anhieb, wer die Mutter ist, wenn ein Kind mit der Eizellspende einer ukrainischen Studentin von einer Georgierin auf Zypern ausgetragen wird, um dann von einem lesbischen Paar aus Bremen großgezogen zu werden? Eben.

Und dann erst die Vorteile für die »Leihmütter« selbst! Hier verdienen sie doch viel mehr als in Georgien, und man könnte das Ganze notariell beurkunden mit dem Recht auf medizinische Nachsorge. Nicht zuletzt wird auch gern angeführt: Es ist doch sowieso egal, wer Mutter und Vater eines Kindes sind und wie viele Mütter, Väter oder sonstige Eltern ein Kind im Verlauf seines Entstehungsprozesses jeweils hat, schließlich wird es doch anschließend geliebt, und nur das ist wichtig für das Kind. Man könnte die erwartbaren Pressestatements der Regierung zur Legalisierung der »Leihmutterschaft« jetzt schon vorformulieren.

Es gibt kein richtiges Leben im falschen, formulierte hingegen der Philosoph Theodor W. Adorno gegen den Selbstbetrug des Menschen, er könne sich in einem grundlegend falschen oder gar bösen Gesellschaftssystem dennoch irgendwie gut einrichten. Etwas Falsches wird nicht richtig, indem man die Bedingungen des Unrechtes hübscher gestaltet. »Leihmutterschaft« wird moralisch nicht tragbarer, wenn man den Kreißsaal bunt anmalt, die Brutfrauen besser bezahlt oder den Kinderkauf rechtlich sicher und finanziell im Sonderangebot auf dem Markt anbietet.

Noch nie ist jemand auf den vergleichbar abstrusen Gedanken gekommen, der Sklavenhandel hätte einfach nur mit mehr Liebe zu günstigeren Preisen im eigenen Land mit anständigen Verträgen und

DIN-Norm für die Zimmergröße in Onkel Toms Hütte betrieben werden müssen, um mit den universalen Menschenrechten doch kompatibel zu sein. Denn am Ende hätte trotzdem ein Mensch wie ein Stück Vieh gegen Geld den Besitzer gewechselt. Warum sollte das bei einem kleinen Menschen weniger verwerflich sein als bei einem großen? Werden Menschenrechte neuerdings in Kilo/Lebendgewicht aufgewogen?

Als der Milliardär Elon Musk gemeinsam mit zahlreichen namhaften Forschern im Bereich der Künstlichen Intelligenz (KI) im Frühjahr 2023 alle führenden Forschungseinrichtungen der Branche zu einem freiwilligen Entwicklungsstopp von sechs Monaten aufforderte, erschien das zu Recht vielen klugen Menschen plausibel. Die Begründung war, dass das unkontrollierte Potenzial dieser Technologie derart gefährlich sei, dass sie ohne Begrenzungen und Regulierungen den Ausbruch von Weltkriegen und ein baldiges Ende der Menschheit provozieren könnte. Der grundsätzliche Gedanke dahinter: Wir dürfen nicht alles, was wir können, weil wir uns sonst selbst vernichten. Millionen Menschen verfolgten im selben Jahr in den Kinos weltweit die Geschichte des Atombomben-Entwicklers Robert Oppenheimer, der das zerstörerische Potenzial seiner Erfindung auch erst im Nachhinein in seiner ganzen Entsetzlichkeit erkannte. Die ständig weiter wachsenden Möglichkeiten der Reproduktionsmedizin stellen den Menschen jetzt ebenfalls vor die Herausforderung, entscheiden zu müssen, ob er alles tun darf, was er tun kann – mit dem Menschen und seinem genetischen Erbmaterial.

Der Philosoph und Autor C. S. Lewis formulierte es in seinem Buch *Die Abschaffung des Menschen* so: »Was wir des Menschen Macht über die Natur nennen, erweist sich als eine von wenigen mit Hilfe der Natur über andere ausgeübte Macht.«[1]

Etwas ist nicht gut, nur weil es existiert oder weil der Mensch es kann. Nach Jahrhunderten des positiven Fortschrittes in der Wissensvermehrung, der Forschung und den Möglichkeiten der modernen Medizin, von denen wir alle profitieren, ist der Scheitelpunkt längst überschritten, an dem der Mensch sich gegen sich selbst wenden kann. Wir können die Menschheit nicht nur durch Atombomben auslöschen, sondern auch, indem wir uns selbst zu Laborratten machen, an denen man herumexperimentieren darf, ohne Rücksicht auf die Folgen. Nie war die Verklärung als »Götter in Weiß« für das Metier der Ärzteschaft passender als heute.

Man spielt längst Gott bei der Optimierung und Erschaffung des ganz neuen Menschen. Selbstverständlich wird bei dem Prozess der Zeugung im Reagenzglas »unwertes« und krankes Leben längst aussortiert oder auch das »falsche« Geschlecht. In manchen Laboren weltweit werden bereits tierische und menschliche Zellen zu neuen Lebensformen gekreuzt. Andere Forscher bemühen sich, tierische Organe jenen Menschen zu transplantieren, die vergeblich auf ein menschliches Spenderorgan hoffen. Man versucht ebenfalls, menschliche Organe ohne Menschen in Petrischalen zu züchten.

Wieder andere arbeiten an dem (Alb-)Traum, die menschliche Fortpflanzung ganz vom weiblichen Körper abzukoppeln und Retortenbabys in technischen Brutkästen großzuziehen, als wäre die Dystopie von Aldous Huxleys *Schöne neue Welt* keine Warnung, sondern eine Bedienungsanleitung. Warum sollen nur Hühner in Legebatterien heranreifen, wenn man auch Babyfarmen bauen könnte? Dann bräuchte man wenigstens keine Mietmütter mehr, könnte man zynisch einwerfen. Die Frau wäre endlich von der Last der Reproduktionsarbeit befreit, dem Mann final gleichgestellt und sie könnte sich ganz der Emanzipation auf dem Arbeitsmarkt widmen, das fleißige Bienchen. Das wäre sicher ein Meilenstein im Kampf wider den Gender-Pay-Gap. Schon wieder droht eine emanzipatorische Befreiung der Frau, diesmal nicht von Ehe und Mann, sondern von der Bürde des Gebärens. Wie dumme Hühner lassen sich Frauen ihre ureigene weibliche Domäne des Kinderkriegens durch kapitalschlagende Unternehmen entreißen und nicht wenige dieser naiven Mädchen feiern das auch noch als Erfolg der Emanzipation.

In nahezu schizophrener Manier rettet unsere Gesellschaft unermüdlich die Erde, die Natur und den unberührten, ursprünglichen Lebensraum jeden Baumes und jeder Wühlmaus, ignoriert aber die Unantastbarkeit des Ökosystems Mensch. Wir verdammen genmanipulierte Tomaten, Genmais und Hormonspuren im Trinkwasser, während man gleichzeitig längst an der genmanipulierten Herstellung von Humankapital herumbastelt, als wäre der Mensch nur der Chemiebaukasten eines experimentierfreudigen Grundschülers. Benutzung auf eigene Gefahr. Wie kommt es, dass alle die Ökologie des gesamten Planeten retten wollen, aber nicht jene des Menschen?

Aber was ist mit jenen Frauen, Männern und Paaren, die es sich schon viel Geld, viele Tränen und vergebliche Hoffnungen haben kosten lassen, um ein sehnlichst erwünschtes Kind in ihren Armen halten zu können? Sind sie nicht auch Opfer einer Zeitgeiststimmung, die ihnen verspricht, dass medizinisch alles möglich sei und sie zudem ein Recht auf alles hätten, es vielmehr sogar diskriminierend sei, wenn andere Kinder haben können und sie nicht? Kann man rundum verurteilen, wenn sie schlicht nutzen, was möglich ist, weil sie auch glauben wollen, was man ihnen erzählt?

Sind Menschen, die glauben, dass Kinderlosigkeit heute kein unabänderlicher Schicksalsschlag mehr sein muss, und die jenen vertrauen, die ihnen versichern, dass es nur eine medizinische, gesetzliche, finanzielle und vertragliche Herausforderung ist, die man überwinden kann, nun Täter oder Opfer?

Ist es feministische Befreiungsrhetorik oder kapitalistische Gewinnmaximierung in Reinformat, wenn man vor allem Frauen empfiehlt, sie sollten die jungen, fruchtbaren, gesundheitlich unkomplizierten Jahre ihres Lebens in eine Karriere investieren, ihre Eizellen einfrieren lassen und erst jenseits der 40 Mutter werden, um nicht die besten Jahre ihres Lebens an eine Familie oder gar Kinder zu vergeuden, wenn sie doch stattdessen ihre Glückseligkeit im Hamsterrad einer Vollzeitstelle finden könnten?

Der Aufprall auf dem Boden der biologischen Uhr ist hart, wenn Frauen realisieren, dass es zu spät ist, weil das Kind, das sie manchmal 20 Jahre mit allen Optionen derselben Medizin verhindert haben, jetzt gar nicht mehr kommen will. Für sie ist die Option »Leihmutterschaft« in der Regel der letzte Strohhalm, an den sie sich klammern, um doch ein Baby zu bekommen, wenn alle Optionen der versuchten künstlichen Befruchtung und ihre maximal 25-prozentige Erfolgschance verbraucht sind, weil sie die fruchtbare Zeit ihres Körpers haben verstreichen lassen. Wie reife Früchte sammeln die Rattenfänger der Reproduktionsindustrie die verzweifelten Nichtmütter dann auf ihren Babymessen und im Internet ein.

Fortpflanzung, Befruchtung, Reproduktion, Retorte – es sind abstrakte, klinisch saubere Begriffe, die so gar nichts mit der brennenden Sehnsucht zu tun haben, den warmen Duft eines friedlich schlafenden Neugeborenen einzuatmen. Der Wunsch nach einem eigenen Kind kann mächtig sein. Kinder zu bekommen, ist nicht rational, es ist ein Trieb. Wir wären als Menschheit längst ausgestorben, hinge die Frage unserer Fortpflanzung nicht von Instinkten, sondern vom Ergebnis feministischer Stuhlkreisdebatten, geopolitischen Demografiestrategien, den Bedenken der Klimabewegung oder dem Applaus unserer Peergroup ab. Wer das Drama, den Schmerz, die Wut und die Trauer der ungewollten Kinderlosigkeit bei Freundinnen, Schwestern und Paaren einmal miterlebt hat, weiß, wie verlockend es sein muss, jene moralischen Hürden zu reißen, die man sonst auch selbst ganz persönlich gerne hochhält.

»Warum adoptiert ihr denn nicht stattdessen ein Kind?«, fragte ich einst ein schwules Paar in der hitzigen Debatte um »Leihmutter«-Kinder, »es gibt doch dafür ebenfalls Optionen im Ausland.« »Ich will doch nicht *irgendein* Kind, ich will *mein* Kind«, kam spontan die entrüstete Antwort zurück. Blut ist eben doch dicker als Wasser, und das ist offenbar in allen Paarkonstellationen gleich. Was, wenn auch das mit Eizell- und Samenspenden und in fremden Bäuchen herangezogene Kind später nicht wahllos *irgendwelche,* sondern lieber *seine* biologischen Eltern hätte? Haben wir ihm je die Wahl gelassen?

Das Geschäft der »Leihmutterschaft« ist nicht die Lösung, sondern der Beginn von ethischen, moralischen, emotionalen, psychischen, gesundheitlichen und juristischen Problemen. Deswegen muss man der Realität ins Auge sehen und erkennen, wem dieser Akt wider die Menschenwürde nutzt, wer daran verdient, wer darunter leidet und warum er aus all diesen Gründen weltweit verboten werden muss.

Kapitel 1

BIST DU NOCH SCHWANGER, ODER LÄSST DU SCHON GEBÄREN?

Die glücklichsten Babys leben in Friseursalon-Gazetten

Mit Geld lässt sich alles machen – auch Kinder. Fremdgebärenlassen ist im Trend. Unter den Reichen und Schönen aus der Glamourwelt der Friseursalon-Literatur ist »Leihmutterschaft« längst zum sozial akzeptierten Weg der Elternschaft avanciert, auch wenn der Sache immer noch etwas Extravagantes anhängt. Möglicherweise waren die Kinder von Michael Jackson die ersten »Leihmutterkinder« der Prominentenwelt. Die Spekulationen über die Frage der Abstammung der insgesamt drei Kinder beschäftigt die Boulevardpresse bis heute. Die Kinder womöglich auch.

»Ich bin der Vater und die Mutter«, verkündete bereits vor Jahren der Milliardär und als Karstadt-Retter bekannt gewordene Investor Michael Berggruen, als er im Alter von 54 Jahren zwei Kinder bei zwei Mietmüttern in Kalifornien ausbrüten ließ. Wozu braucht es da noch eine anstrengende Beziehungsfrau, wenn man gleich zwei zeitweise anmieten kann?

Elton John und sein Lebensgefährte David Furnish wurden im Alter von 62 beziehungsweise 48 Jahren nicht Mutter und Vater, sondern Doppelväter ihres ersten Kindes, ebenfalls geboren von einer Frau in Kalifornien. Es ist nicht nur ein sonniger, sondern auch ein gesetzlich liberaler Staat der USA. Zwei Jahre später folgte der nächste Sohn. Taufpatin beider Kinder ist Lady Gaga – da kann ja nichts mehr schiefgehen.

Sex-and-the-City-Star Sarah Jessica Parker war 44 Jahre alt, als sie und ihr Gatte sich Zwillinge austragen ließen, die »Leihmutter« erhielt dafür laut Medienberichten 23.000 Euro und eine Menge unerwünschte Publicity, als ihre Identität ungewollt öffentlich bekannt wurde.

Auch der Schauspieler Dennis Quaid und seine Ehefrau ließen sich Zwillinge gebären. Gleich zwei in einem Aufwasch ist nicht nur schneller, sondern auch günstiger. Der Sänger Ricky Martin zieht mit seinem Lebensgefährten als schwule Väter inzwischen gleich vier Kinder groß, die allesamt durch gemietete Frauen das Licht der Welt erblickten, und die Schauspielerin Nicole Kidman nutzte nach zwei Adoptivkindern und einem selbst geborenen Kind ebenfalls die Option des Fremdgebärenlassens, um jenseits der 50 noch ein viertes Kind nachzulegen. Die Supermodels Tyra Banks und Naomi Campbell, *Grey's-Anatomy*-Star Ellen Pompeo, Hollywood-Darling Cameron Diaz und Schauspielerin Lucy Liu, *Star-Wars*-Regisseur George Lucas, *Late-Night*-Talker Jimmy Fallon haben es genauso getan. Auch wenn man über das Alter von Frauen nicht sprechen soll, ist es erwähnenswert, dass alle diese Damen bereits in einem Alter über 40, manche über 50 waren.

Robbie Williams und seine Frau Ayda Field machten es halb und-halb: Zwei Kinder sind selbst gezeugt und geboren, die letzten beiden über Mietmütter auf die Welt gebracht. Genauso handhabte es auch Kim Kardashian, eines der zahlreichen Mitglieder des inzwischen recht unübersichtlichen Kardashian-Clans. Nach zwei Schwangerschaften konnte sie keine eigenen Kinder mehr bekommen, die nächsten beiden sollen jeweils 100.000 Dollar gekostet haben. »Warum macht man es mir so schwer, wenn es doch erlaubt ist?«, kommentierte Kardashian die Kritik über ihre Form des Elternwerdens[2] in ihrer eigenen *Netflix*-Serie. Das ist in der Tat eine gute und berechtigte Frage: Was erlaubt ist, kann man doch machen, oder nicht? Inzwischen bekam eine ihrer Schwestern ebenfalls über eine angemietete Frau das zweite Kind. Hollywood-Legende Robert de Niro hat von vier Frauen insgesamt sieben Kinder, drei davon wurden von Mietmüttern ausgetragen, Zwillinge bereits im Jahr 1995, damit gehört er zu den Pionieren in diesem Geschäft. Als Tochter Helen bei einer Mietmutter in Auftrag gegeben wurde, war er bereits 67 Jahre alt. Wenn er Glück hat, erlebt er noch ihre Volljährigkeit.

»SOZIALES« GEBÄRENLASSEN

Während dieses Buch entsteht, verkündet die 42-jährige Hotelerbin Paris Hilton bei Instagram im November 2023 bereits die Ankunft ihres zweiten Kindes in diesem Jahr. Das Mädchen heißt »London«, das sei ihre Lieblingsstadt. »Und ich finde, dass Paris und London zusammen süß klingen«, hatte sie bereits im vergangenen Jahr in einer TV-Show in den USA verraten. Gut, dass sie noch nie im bezaubernden Wanne-Eikel war. Bereits im Februar desselben Jahres gingen die arrangierten Hochglanzbilder mit ihrem durch eine Mietmutter geborenen Sohn Phoenix durch alle Social-Media-Kanäle. Städte als Vornamen sind wohl im Trend. Sie und ihr Mann hätten die Schwangerschaft lange geheimhalten können, las man damals in den Medien und zweifelte kurz am Geisteszustand der Journalisten angesichts der Beschreibung einer Frau, die gar nicht schwanger war – was genau hätte sie da verbergen sollen? Den Vertrag über die Elternrechte?

Nun ist sie Mama, das Fotoshooting in diversen Outfits mit und ohne Kind findet zwei Tage nach der Geburt statt, erfährt man stolz aus der Redaktion bei *Glamour* und auch allerlei Privates aus der Motivationslage des It-Girls. Ihre Freundin Kim Kardashian hätte ihr geraten, ihre Eizellen einfrieren zu lassen, plaudert sie dort freimütig aus. Man tauscht in diesen Kreisen nicht nur die Nummern von Schönheitschirurgen, sondern auch jene von Fortpflanzungsexperten. Sie und ihr Mann hätten während der Corona-Lockdowns durch sieben Behandlungszyklen inzwischen 20 Embryos eingefroren. Es seien aber alles Söhne. Jetzt hat sie noch einmal Eizellen befruchten lassen und offenbar hat es nun bei Klein-London mit einem Mädchen geklappt. Ob sie alle 20 Brüder noch austragen lassen und großziehen will, dürfte angezweifelt werden. Niemand stellt im Interview die Frage, was aus den Kindern im Kühlschrank werden soll. Stattdessen erfahren wir, die Entscheidung zum Fremdgebärenlassen ist bei ihr nicht medizinisch begründet. »Wenn ich 20 wäre, würde ich auch eine Surrogate nutzen«, sagt Jung-Mama Paris, denn sie sei traumatisiert. Eine Geburt und der Tod seien jene Dinge, vor denen sie sich am meisten fürchte. Armes reiches Mädchen. Wie gut, dass man da andere für die Dienstleistung »nutzen« kann.

Die Zielgruppe »reich und schön« kennt eben Probleme, für die Normalsterbliche in der Regel kein Geld und auch keine Zeit haben: Ob etwa die sogenannte »soziale Leihmutterschaft« okay sei, wenn Frau befürchte, dass eine Schwangerschaft die Figur oder die Karriere oder beides ruiniere, oder wenn sie Angst vor dem Akt des Gebärens habe. Wenn also kein medizinischer Grund für eigene Kinderlosigkeit vorliegt, sondern Lifestyle und Beruf nicht aufgegeben werden wollen. Nahezu wörtlich ging das Modemagazin *Elle*[3] dieser Frage bereits 2014 unter der Rubrik »Leben und Liebe« nach.

Wir lernen dort die erfolgreiche Fotografin Mari kennen, an deren Beispiel man exemplarisch und wortreich durchdenkt, warum sie gar keine Zeit habe, schwanger zu werden. Sie sei fast 40, habe eine 60-Stunden-Woche, und im Sommer habe sie Hochsaison im Geschäft, wann soll man da schwanger werden? Ja, wie machen das bloß Millionen andere berufstätige Frauen? Ganz zu schweigen von der Frage, wer sich um Maris Geschäft kümmert, sollte sie in der Schwangerschaft liegen müssen, falls sich etwa Zwillinge anbahnen, oder wenn sie diese furchtbare »Morgenübelkeit wie Prinzessin Kate« bekäme. Das Leben ist hart als Karrierefrau. Schließlich entscheidet sie sich, lieber Kredite aufzunehmen für die 100.000 Dollar an Kosten für eine Mietmutter. Die muss man zwar auch erst mal verdienen, aber unter dem Strich ist es offenbar immer noch finanziell rentabler, als sich Zeit für eine Schwangerschaft zu nehmen.

Nur kein schlechtes Gewissen bitte! Es gibt genügend Argumente, das Gebären gegen Bezahlung anderen zu überlassen. Wunderbar erklären die Vermittlungsagenturen dem gestressten Frauenpublikum, wie das mit den völlig berechtigten »sozialen« Gründen für den Bedarf an einer Ersatzschwangeren sei. Bei *Conceptual Options*[4], die seit 1999 im Geschäft sind, weiß man verständnisvoll um die Sorgen und Nöte von weiblichen High Potentials wie etwa Politikerinnen. Die könnten doch während einer »stressvollen Wahlkampagne nicht eine Schwangerschaft durchhalten«. Und man denke nur an all die unerwarteten und unplanbaren Komplikationen, die eine Schwangerschaft für den Terminkalender bringen können. Manche Frauen hätten Morgenübelkeit oder Bluthochdruck und könnten ihr Tagespensum dann nicht leisten. Wir lesen: »Manche dieser Frauen haben schon zu hart und zu lange gearbeitet, um ihre Position in der Karrierewelt zu opfern. Sie können es sich nicht leisten, schwanger zu werden. Buchstäblich nicht.« Ja, es ist besser, das übernimmt eine Frau, die nicht so *high potential* ist, denn die hat ja nicht so viel zu verlieren. Wie gut, wenn Frau es sich leisten kann, dass eine andere Geschlechtsgenossin schwanger wird, Bluthochdruck bekommt und sich morgens übergibt, statt zur Vorstandssitzung zu fahren. Wie sozial!

Nicht geklärt wird die Frage, ob all die erfolgreichen Arbeitsbienchen danach Zeit haben für das ganze Leben eines Kindes, wenn schon keine neun Monate für die Schwangerschaft da sind. Leider stellt diese Frage keiner der zahlreichen Medienberichte zu diesem Thema, aber dafür gibt es sicher Personal.

BLING-BLING-BABYS

Manchen reicht es nicht, Mietmutterkinder zu kriegen, sie müssen auch der ganzen Welt davon erzählen, es dokumentieren, sich feiern lassen. Je pompöser und ungewöhnlicher das Ganze ist, umso besser. Auf Instagram bejubelt ein schwules Influencer-Paar mit Fotostrecke die baldige Geburt des eigenen Sohnes, ausgetragen von der Mutter beziehungsweise Schwiegermutter des Paares, also der Oma des Kindes. Wer bislang dachte, in komplizierten Patchwork-Konstellationen zu leben, kann bei »Jensy und Genao« noch etwas lernen. Das inszenierte Kitsch-Bild[5] lässt sich kaum in Worte fassen. Wir sehen die Herren im schwarzen Anzug anbetend Richtung »Leihmutter«-Oma blicken, eine fesche Spätfünfzigerin halb nackt in rosafarbener Unterwäsche, mit farblich passenden Glitzer-High-Heels und überdimensionalen rosafarbenen Flügeln, die in dieser Inszenierung als Geburtsengel mit Föhnfrisur freudig strahlend den nackten Neunmonatsbauch umfasst. Im Begleittext bedankt sich der Sohnemann für das Wunder, das Gott in Form eines Engels vom Himmel habe fallen lassen, damit dieser Engel sein Kind austrage. Und natürlich liebe er seine »Mommy« sehr für diese »majestätische Geste«. Was für ein guter Junge! Auf anderen Bildern darf die Brut-Omi – immer noch halb nackt – auf einem silbernen Thron sitzen, während sich Sohnemann und Schwiegersohn über ihrem Kopf zum Kusse neigen und beide gleichzeitig den Bauch der Schwangeren tätscheln.

Auch die zweite Elternwerdung mittels Mietmutti findet sich bildreich inszeniert, inklusive Gender-reveal-Party, um der Welt das Geschlecht des Kindes zu präsentieren. Ein Mädchen! Wir dürfen teilhaben an Ultraschallbildern und daran, wie der Erstgeborene den Bauch der neuen Mietmutter betatscht, aus dem dann das Schwesterchen geboren werden soll. Dazwischen verbringen Jensy und Genao offensichtlich viel Zeit vor den Spiegeln ihres Fitnesstempels und auf Fernreisen. Eine schrecklich nette Familie.

In Spanien lässt die 68-jährige Schauspielerin Ana Obregon mit dem Samen ihres an Krebs verstorbenen Sohnes bei einer »Leihmutter« in den USA ein Kind des Toten produzieren und sich selbst als rechtliche Mutter eintragen. Seit Frühjahr 2023 ist sie damit gleichzeitig Oma und Mutter eines kleinen Mädchens, das praktischerweise dann auch noch ebenfalls Ana heißt. »Ich werde nie wieder alleine sein«, freut sich Oma-Mama Ana[6]. Der in Spanien recht bekannte TV-Star sagt, es sei der letzte Wille ihres Sohnes gewesen. Die freudige Nachricht wird als Coverstory des spanischen Boulevardmagazins *Hola!* verkündet. Seither kann man Oma-Mama und ihre Enkel-Tochter auf Instagram beim Heranwachsen beobachten. Wenn die kleine »Anita« volljährig ist, wird ihre Oma-Mama fast 90 sein – oder tot. Bei RTL[7] lässt man dazu das Influencer-Paar Horst und Manuel, die als »Influencer Dads« auf ihrem Social-Media-Kanal über ihre eigene »Leihmutterschaft« informieren, kommentieren. Sie finden Anas Verhalten »super egoistisch«, »wenig sinnvoll« und »nicht nachhaltig«, außerdem sei das »nicht zum Wohle des Kindes«. Das ist ganz mein Humor, wenn jene, die selbst rote Linien für ein eigenes Kind überschritten haben, öffentlich darüber sinnieren, warum das andere nicht tun dürfen. Manche sind eben doch gleicher.

In Georgien und auf Instagram wohnt die 26-jährige Millionärsgattin Christina[8] mit ihren 21 Kindern, eines hat sie selbst geboren, 20 davon hat sie innerhalb von 12 Monaten durch »Leihmütter« angeschafft. Eigentlich wollen sie und ihr Millionär Galip Öztürk gern 100 Kinder, plaudert sie weltweit in zahlreichen Boulevardblättern aus. Er sitzt aber seit Mai 2022 nun im Gefängnis wegen Geldwäsche und ein paar anderen Kleinigkeiten. Hoffentlich hat er genug Samen auf Vorrat eingefroren. Der Gatte floh einst aus der Türkei nach Georgien, als er 2013 wegen Anstiftung zum Mord vor Gericht stand und ihm eine lebenslange Haftstrafe drohte. Christina bespielt derweil das Instagram-Profil und die Presse mit aufwendigen Bildern, Videos und Geschichten[9]. Jedes einzelne Kind hat seine eigene Insta-Story, wir erhalten aber auch wertvolle Kochtipps und

Bilder aus der hauseigenen Kita. Nur einmal hätte eine »Leihmutter« ein Kind nicht rausrücken wollen, aber man hatte ja einen Vertrag, und immerhin haben die »Leihmütter« jede umgerechnet rund 8000 Euro bekommen. Das muss reichen, schließlich kosten die 16 Nannys, die jetzt mit in den Kinderzimmern wohnen, fast 100.000 Euro im Jahr. Galip und Christina haben die 20 Kinder damit quasi als Schnäppchen ergattert, für 160.000 bekommen andere nur ein einziges Kind in den USA, sie kauften damit 20 in Georgien. Man kann ja sagen, was man will, aber geschäftstüchtig sind sie jedenfalls.

Die Nutzung von »Leihmutterschaft« wird in den bunten Gazetten gerne ohne ethischen Ballast erzählt. Die Elternwerdung mittels Mietmüttern findet sich vielfach und bildreich inszeniert in allen sozialen Netzwerken. In dieser Welt sind »Leihmütter« aufopferungsvoll und begeistert über ihre Möglichkeiten, einem kinderlosen Paar zu helfen. Sie werden ordentlich bezahlt oder sind am besten gleich verwandt und machen es aus lauter Nächstenliebe. In dieser Welt sind die dazugehörigen Ehepartner verständnisvoll, die Großverwandtschaft in freudiger Erwartung und die Kinder immer glücklich. Wer nicht selbst Mutter werden kann oder will, lässt sich eben ein Kind liefern. Geld spielt keine Rolle.

Damit wird das Thema »Leihmutterschaft« im Fahrwasser der bunten Glitzerwelt der Stars dank freundlicher Berichterstattung über glückliche Mütter und Väter, die durch den Segen der modernen Reproduktionsmedizin zu spätem Elternglück gelangt sind, salonfähig gemacht und die Gewöhnung der Gesellschaft an diese neue Form des Kinderkriegens für alle Varianten von Beziehungsformen schleichend vorbereitet.

Ja, warum soll man sich nicht wie die Kardashians die Brüste, die Lippen oder die Kinder machen lassen, wenn es doch möglich ist? Oder will hier etwa jemand behaupten, den Kindern von Elton John fehle es an irgendetwas in dieser Welt, immerhin haben sie sogar zwei Väter, die sie lieben, und eine berühmte Patentante, die sicher einwandfreie Gutenachtlieder vortragen kann. Zauberhaft waren auch diese Bilder, als sie neulich mit den Beckhams und allen Kindern gemeinsam Familien-Yachturlaub in Südfrankreich machten. Das Konzept »Kinder für alle«, egal in welcher Lebens- und Beziehungskonstellation, egal in welchem Alter und egal was dafür ethisch, medizinisch oder finanziell überwunden werden muss, wird medial mit Hochglanzbildern pausbäckiger Kinder inklusive Jetset-Leben inszeniert.

So ganz neu ist die Idee, dass man zwar Kinder will, sei es als Erben einer langen Familientradition oder als Statussymbol, die Mühen der Aufzucht aber lieber andere erledigen lässt, nun auch nicht. High Society und Hochadel kennen schon immer das Weiterreichen des Nachwuchses an das bereitstehende Personal. Hätte man in früheren Zeitaltern bereits die reproduktionsmedizinischen Möglichkeiten von heute gehabt, es wäre schon damals in den Königshäusern nicht nur zum Fremdbetreuen und Fremdernähren, sondern auch zum Fremdgebären gekommen. Einst hatte man die Amme zum Stillen, heute hat man die »Leihmutter« zum Schwängern. Geblieben ist die Auslagerung der sogenannten »Reproduktionsarbeit«, aber auch des Reproduktionsrisikos auf gesellschaftlich niedrig gestellte Frauen. Denn es hat noch nie eine reiche Frau für eine arme Geschlechtsgenossin ein Kind ausgetragen. Sie selbst hat schließlich »zu viel zu verlieren«.

MUTTERSCHUTZ FÜR VÄTER

Die Propagandamaschinerie der glücklichen »Leihmutter«, die lauter glückliche neue Familienformen voller glücklicher Elternvariationen mit noch glücklicheren Kindern produziert, wird auch in deutschen Medien willig bedient. Hier wird vorbereitet, was später in Gesetzesvorhaben legalisiert werden soll. »Fläschchen geben und kuscheln statt Bundespolitik« vermeldet der *Nordkurier*[10] im August 2023 und überbringt die freudige Nachricht, dass der Bundestagsabgeordnete

Johannes Arlt von der SPD durch eine dänische »Leihmutter« sein Elternglück verwirklichen konnte, Fotos der glücklichen Väter mit Baby inklusive. Man lässt die Welt teilhaben an den Sorgen und Freuden der jungen Familie und daran, wie die frischgebackenen Väter mit dem Schlafentzug und dem Wickeln klarkommen, aber auch, dass sie diese ersten Wochen in Dänemark, am Wohnsitz von Arlts Mann verbringen würden. Wir lernen zudem, in Dänemark gäbe es »andere rechtliche Möglichkeiten für gleichgeschlechtliche Paare als in Deutschland«. Nicht nur den *Nordkurier*, sondern auch Johannes Arlt selbst[11] beschäftigt nun die Ungerechtigkeit, dass es für Politiker gar keine Elternzeitregelung gäbe. Oft werde gesagt, »dass ›die da oben‹ das normale Leben nicht kennen und man sich Politiker wünschen würde, die mit denselben Problemen kämpfen wie alle anderen«, so Arlt selbst, und in seiner Familienkonstellation greife nicht einmal der erst 2019 für weibliche Abgeordnete eingeführte Mutterschutz. Sie hätten also ein »gewöhnliches Betreuungsproblem« mit europäischer Dimension.

Nun könnte man Herrn Arlt erklären, dass die in Deutschland illegale »Leihmutterschaft« keine ganz normale Lebenserfahrung seiner deutschen Wähler ist und Mutterschutz etwas mit einer Schwangerschaft zu tun hat, die man schon persönlich vorweisen muss, bevor er noch beklagt, dass ihm als Mann niemand ein Wochenbett bereitstellt. Wenn wir schon mal dabei sind, wie geht es eigentlich der Mietmutter? In keinem Bericht ist davon etwas zu lesen. In der Tat gibt es keine Elternzeit für deutsche Bundestagsabgeordnete, die ins Ausland gehen, um dort eine Reproduktionsmethode zu nutzen, die nach deutschem Recht strafbar ist, weil man sie auch an ihrem Arbeitsplatz, dem deutschen Bundestag, zumindest bislang noch für eine Verletzung der Menschenwürde hält. Eine Strafanzeige statt Elternzeit wäre hier eine logischere Konsequenz, aber solche Inhalte passen auch redaktionell einfach nicht zum medial verkauften Babyglück. Es interessiert sich keine Staatsanwaltschaft und auch kein Parlamentskollege dafür, dass selbst Repräsentanten des Staates das deutsche Gesetz umgehen, um sich anschließend im Inland dafür auch noch feiern zu lassen.

KINDER GOTTES AUS KOLUMBIEN

Nicht nur die Politik, selbst die Evangelische Kirche in Deutschland hat bereits ihr erstes Mietmutter-Skandälchen. In Braunschweig beschäftigte über Monate der sogenannte Domkantor als Leiter der größten evangelischen Singschule des Braunschweiger Doms nicht nur die Presse, sondern auch die Hausjuristen der Evangelisch-Lutherischen Landeskirche. Die Story ist besser als jede lateinamerikanische Telenovela. In verteilten Rollen sehen wir den Domkantor Gerd-Peter Münden (55), der sich mit seinem angetrauten kolumbianischen Mann Esteban Builes-Münden (33) und mithilfe von Mietmüttern in Bogota zwei Kinder zulegen wollte. Während das Paar nach Kolumbien fliegt, um die Sache klarzumachen, schreibt seine entrüstete Kollegin und Dompredigerin an gut 600 Eltern und Kinder der Singschule eine wütende Mail, weil sie das Ganze eher für Ausbeutung von Frauen in Schwellenländern hält und die »Leihmutterschaft« diese Frauen auf ein »reines Mittel« reduziere. Die Stimmung eskaliert.

Es folgt der Auftritt des Landesbischofs Christoph Meyns[12], der dem Domkantor nun fristlos kündigt mit der Begründung, dass »Leihmutterschaft« nach deutschem Recht im Inland nicht zulässig sei. »Sie steht in Widerspruch zu den ethischen Grundsätzen der evangelischen Kirche. Insbesondere dann, wenn diese mit Geldzahlungen verbunden ist.«

Szenenwechsel nach Bogota, von dort lassen die beiden Mietmütter Fernanda (22) und Tatjana (23) durch die beiden potenziellen Väter die Nachricht überbringen, dass sie ja gar kein Geld wollen. Der Domkantor versichert zudem, sie lebten in geordneten Verhältnissen und es würden nur Arztrechnungen und »Verdienstausfälle« bezahlt. Kann ja nicht so viel sein, wenn Frauen in Bogota im Durchschnitt nur gut 200 Euro im Monat verdienen. Wie schön, dass da eine Klinik selbstlose Frauen an deutsche Reproduktionstouristen vermittelt. Fernanda handele im Andenken an ihren schwulen, verstoßenen und verstorbenen Cousin, er hätte es so gewollt, und Tatjana wiederum liebe einfach Kinder und wolle den beiden Männern ermöglichen, eine Familie zu gründen, lässt sich der Domkantor in der Presse zitieren.

In der zweiten Staffel der unfreiwilligen Inszenierung von »Braunschweig Tag und Nacht« folgt ein Arbeitsrechtsstreit, in dessen Verlauf der Chorleiter nun gegen seine Kündigung protestiert und spitzfindig argumentiert, zum Zeitpunkt der fristlosen Kündigung habe er ja noch gar nichts gemacht, das alles sei noch im Entscheidungsprozess gewesen, und außerdem, wenn überhaupt, erwäge man sowieso nur die altruistische Form, man pflege freundschaftliche Beziehungen zu den Frauen[13]. Die Klinik in Kolumbien vermittelt also nicht nur Dienstleistungen, sondern offenbar auch Freundschaften, das muss eine Art »Tinder für Kinder« sein. Im Sommer 2023 einigen sich die Parteien nach zwei Instanzen darauf, dass die Kündigung nicht rechtens war, weil er ja kein Kind geplant, sondern nur laut darüber nachgedacht habe, und dass er aber auch nicht weiterbeschäftigt wird. Schlussakt: Der Domkantor posiert mit demselben Kind, das zu diesem Zeitpunkt nicht nur längst gezeugt, sondern auch auf der Welt ist, für die Presse vor dem Braunschweiger Dom[14]. Das muss man jetzt nicht logisch nachvollziehen können.

SO SCHÖN WIE IM FILM

Unzählige Erfahrungsberichte über »Leihmutterschaft« finden sich in breiter Palette in deutschen Magazinen und Zeitungen, aber auch TV-Dokumentationen und Spielfilme existieren zahlreich. Nur wenige sind ausgewogen und beleuchten auch das Unglück und die Menschenrechtssituation der angemieteten Frauen. Während in der

Verfilmung des berühmten dystopischen Romans *The Handmaid's Tale* von Margaret Atwood eine sexuell ausgebeutete Dienstmagd im Haus des Kommandanten in einer steril gewordenen Welt nach dem Kind sucht, das man ihr weggenommen hat, kommen die im deutschen öffentlich-rechtlichen Fernsehen produzierten Spielfilme zum Themenkomplex »Leihmutterschaft« und neue Zeugungskonstellationen in der Regel als turbulente Komödien mit Happy End daher. Gerne flankiert man dort auch Gesetzesvorhaben der Regierung zu allen Themenkomplexen rund um Geschlechtervielfalt und glückliche neue Familienformen mithilfe der Reproduktionsmedizin mit dem dazu passenden Film in Fernsehen oder Kino. Ein Schelm, wer Böses dabei denkt oder hübsches Framing eines Themas unterstellt.

Als etwa die damalige SPD-Justizministerin Katarina Barley im Frühjahr 2019 ein Gesetz zur sogenannten »Mit-Mutterschaft« präsentierte, wonach man auch zwei Mütter, dafür aber keinen Vater in die Geburtsurkunde eines Kindes schreiben können soll, sendet die ARD am selben Abend den fertigen Film mit dem Titel[15] *Die Freundin meiner Mutter*. Die absurde Story: Der Sohn spendet auf Bitten seiner in späten Jahren lesbisch geouteten Mutter seinen Samen an deren neue Freundin für das ersehnte Wunschkind. Parallel schwängert er auch seine eigene Freundin und wird gleichzeitig Vater und Bruder von zwei Kindern. Alle glücklich, Abspann.

In den USA und in England ist das Thema längst in Film und TV komplett verarbeitet oder gar als Serie verfilmt. In der Sitcom *The new normal*, produziert von der NBC, wurde bereits 2012 »das neue Normal« in der Handlung so konstruiert: zwei Schwule mit Kinderwunsch, eine Alleinerziehende als »Leihmutter«, ein Baby und eine homophobe Oma, die alles blöd findet. Wenn das mal kein lustiger Kassenschlager sein soll! War es aber nicht. Selbst in den USA wurde die Serie wegen Protesten aus der Bevölkerung, aber auch wegen schlechter Einschaltquoten nach einer Staffel eingestellt. In Deutschland versuchte sich ProSieben[16] an der Vermarktung, verschob die Serie aber wegen ausbleibender Publikumsbegeisterung auch zügig ins Nachtprogramm und stellte sie dann ganz ein. Es ist sicher kein Zufall, dass der Produzent dieser Serie, Ryan Murphy, selbst wie das Serienpärchen mit seinem Mann und inzwischen drei Mietmutterkindern zusammenlebt.

DSDS: DEUTSCHLAND SUCHT DEN SUPERUTERUS

Apropos »eingestellt«: Im Frühjahr 2022 kursierte die Vorankündigung für eine neue Castingshow[17], bei der das C-Promi-Paar Rafi Rachek und Sam Dylan, deren Eignung als Väter wahrscheinlich aus ihrer Teilnahme an Qualitätssendungen wie *Bachelor in Paradise, Prince Charming* und *Promi Big Brother* herrührt, die perfekte Mietmutter für sein Wunschkind finden sollte. Interessierte »Menschen mit Uterus« konnten sich damals unter der Internetseite *www.ichbindierichtige.de* für das Spektakel bewerben. Es soll bereits ein Vertrag mit einer bekannten Streaming-Plattform existiert haben. Nachdem schon die Ankündigung des Projektes medial für Entsetzen sorgte, ist die Internetseite für das Uterus-Casting heute nicht mehr erreichbar und das Projekt offenbar gestrichen. Sam Dylan kündigte an[18], sich jetzt eine »Leihmutter« in Amerika zu suchen.

In einer ganzen Flut an Reportagen wird das neue Babyglück via Mietmutter medial begleitet. Bei RTL II[19] lassen sich bei *Eine Leihmutter ins Glück* die 54-jährige Sylvia und der 49-jährige Michael in mehreren Folgen einer Serie dabei filmen, wie sie am Ende sogar »doppeltes Glück« verwirklichen. In der Produktion *Axel und Jürgen – Schwule Väter besuchen ihre Leihmütter* von Stern TV[20], ausgestrahlt bei RTL, kann man die beiden Protagonisten begleiten, die inzwischen vier Kinder über Mietmütter in Indien und den USA haben. Wir lernen in den USA die alleinerziehende Jessica aus La Mesa kennen und auch ihren achtjährigen Sohn. Sie ist die Bauch-Mutter der Zwillinge von Axel und Jürgen, hat so was bereits zweimal für jeweils

20.000 Euro getan und bezeichnet es als eine »Win-win-Situation«. Damit habe sie ihren Sohn betreuen und gleichzeitig Geld verdienen können. Wenn das nicht eine vorbildliche Vereinbarung von Familie und Beruf ist! Sie erzählt auch freimütig, dass ihr Sohn sich wenig für die Schwangerschaften interessiert habe, »er war nur besorgt und hat gefragt, ob ich auch ihn weggeben würde«. Ein Gedanke, der nicht nur diesen Jungen, sondern auch andere Kinder von Mietmüttern beschäftigt, wie die weitere Recherche noch zeigen wird. Jessica ist zuversichtlich, das glaubhaft verneint zu haben, er habe begriffen, »dass das nicht unsere Babys sind«. Wir lernen aber auch Ashley kennen, die biologische Mutter der Zwillinge und dürfen dabei sein, wenn die Eizellmutti ihre Kinder das erste Mal sieht. Später trägt Jessica noch das Nesthäkchen Annika aus, ebenfalls mit der Eizelle von Ashley. RTL darf dabei sein und mitfilmen, wie Annika noch blutverschmiert direkt aus dem Bauch in die Kamera von Stern TV gehalten wird.

Beim ZDF[21] lernen wir Stefan, Victor und ihren einjährigen Sohn Philipp kennen, die bei aller Freude über das Kind zumindest realistisch nacherzählen, wie das war, als die Mietmutter in Minnesota vor Gericht zu Protokoll geben musste, auf das Kind zu verzichten und es dem biologischen Vater mit allen Rechten allein zu überlassen. »Ich will es aus dem Leben formulieren«, gesteht Vater Stefan: »Sie hat geheult wie ein Schlosshund.« Danach wird Mietmutter Jen über Skype zugeschaltet, sie hat bereits zwei eigene Kinder, schon einmal Zwillinge für ein niederländisches Paar ausgetragen, den Sohn für die Deutschen und plant bereits die nächste Mietmutterschaft. Sie sagt, es sei nicht dasselbe Gefühl wie bei ihren eigenen Kindern gewesen. Es ginge ihr nicht nur ums Geld, sie sei froh, helfen zu können. Warum sie dann geweint habe vor Gericht, will die Reporterin wissen. Sie sei eben eine emotionale Frau und weine auch wegen Kleinigkeiten.

MEDIAL VERZERRTE REALITÄT

Angesichts der Tatsache, dass wir hier über eine in Deutschland illegale Praxis reden, gibt es erstaunlich viele Dokus und Reportagen, die das Thema wenig kritisch betrachten, sondern eher ausführlich und wohlwollend, und das sowohl im privaten als auch im öffentlich-rechtlichen, also dem staatlich finanzierten Fernsehen. Gleichzeitig vermittelt es eine verzerrte und lückenhafte Realität der Problematik. Verzerrt, weil es inzwischen Zehntausende an Kindern gibt, die auf diesem Weg gezeugt wurden, ihre Schicksale und der »Normalfall«, aber auch der kriminelle Hintergrund dieser Praxis in den Hintergrund geraten, wenn die Scheinwerfer auf alternde Hollywood-Stars, schwule Väter oder exotische Fälle gerichtet sind.

Dass hier vor allem über die Konstellation Vater-Vater-Kinder berichtet wird, liegt schlicht am zahlenmäßigen Überangebot an Reportagen in genau dieser Konstellation, während sich heterosexuelle Paare offenbar weniger gerne vor Kameras bringen lassen. Manche schämen sich, manche Frauen sagen, sie fühlen sich unzulänglich durch das Scheitern ihres Körpers, manche verbergen aktiv vor Freunden und Familien, wie sie ihr Kind bekommen. Sie wollen einfach ein Kind und ihre Ruhe. Oft geben sie nur anonymisiert Auskunft, ohne gleichzeitig auch noch eine politische Agenda voranzutreiben.

Lückenhaft ist die gezeigte Realität, weil jene, die Kinder aus widerlicheren Motiven bestellen, als sich manche gerne vorstellen wollen, ausgeblendet werden. Um also das Klischee, dieses »Leihmutterschafts«-Ding sei ja nur so ein Spleen für »Reiche und Schwule«, nicht nur beim Namen zu nennen, sondern auch gleich zu beerdigen: Es wäre geradezu schön, wenn das so wäre, denn dann wäre das Problem kleiner. Stattdessen reden wir leider global über einen expandierenden Markt im Milliardenbereich mit sehr unterschiedlichen Kunden.

Der europäische Marktführer BioTexCom aus der Ukraine nutzt übrigens gerne das Filmmaterial deutscher Reportagen, um für sich und die eigenen Dienstleistungen zu werben. Auf der eigenen Homepage und den Social-Media-Kanälen bei Twitter[22] oder auch Facebook finden sich vor allem solche Ausschnitte aus Reportagen von ZDF, ARD, Arte, MDR, Bayrischem Rundfunk, aber auch PULS4 in Österreich oder N-TV, in denen genau das gesagt wird, was man gerne nach außsen spiegeln will: zufriedene Kunden, gesunde Babys, reflektierte »Leihmütter«, ein sauberes Geschäft und sicherer Service trotz Krieg. Selbst wenn eine Reportage auch kritische Punkte beleuchtet, werden dann eben nur Sequenzen in Video-Schnipseln herausgeschnitten mit dem Inhalt, den man gerne zeigen will. Die Gebührenzahler des öffentlich-rechtlichen Fernsehens tragen damit ganz unfreiwillig dazu bei, dass sich die Kinderhändler aus Kiew mit dem Produktionsmaterial deutscher Fernsehsender hübsch in Szene setzen und damit auch ihre Reputation aufmöbeln können: Seht her, wir sind transparent, haben nichts zu verbergen, zeigen euch das Geschäft. Alles ist sicher, sauber, glücklich.

Reportagen und Dokumentationen gibt es reichlich und durchaus aufwändig produziert. Für die Doku *Leihmutter, Eimutter und zwei Väter* aus dem Jahr 2013 begleitete der WDR[23] ein Männerpaar aus Essen ganze sieben Jahre mit der Kamera und filmte, wie die kleine Greta, die mithilfe von »Eimutter« Rose in »Leihmutter« Susan groß wurde, ihre Mütter in den USA kennenlernt und wie der Bruder Henri mit derselben Methode nun kommen soll. Wir sehen dann alles. Auch die Geburt von Henri im übervollen Kreißsaal, bei der nicht nur der WDR alles filmt, sondern der potenzielle Vater mit seinem Handy zusätzlich ungeduldig voll auf die ausgebreiteten Beine von Susan draufhält, auch Eimutter Rose fiebert mit. Die erst siebenjährige Greta muss beim großen Familienhappening im Kreißsaal ebenfalls anwesend sein, was sie offensichtlich völlig überfordert. Sie sitzt still auf ihrem Stuhl mit schreckensweiten Augen angesichts der Schmerzensschreie der gebärenden Susan und hält sich einfach nur die Ohren zu. Manchmal fände sie es schon unfair, dass alle ihre Mama hier haben und sie nicht, wird sie irgendwann in Deutschland in die Kamera sagen. Wir sehen auch die eigene kleine Tochter von »Leihmutter« Susan, der ihr »Bruder« Henri auf den Schoß gesetzt wird, während um sie herum alle Erwachsenen gewinnend lächeln. Sie ist keine zwei Jahre alt und versteht rein gar nichts von dem, was um sie herum passiert, und ganz sicher auch nicht, warum dieses Baby, das im Bauch ihrer Mutter wuchs, nicht hierbleiben, sondern mit den beiden Männern nach Deutschland fliegen wird. Während »Leihmutter«, Eimutter und die beiden Väter durchweg bemüht sind zu betonen, wie großartig das alles hier sei und dass man eine gemeinsame große Familie sei, werfen nur die Gesichter der Kinder manchmal den Schatten der Realität ins Bild.

Der Südwestrundfunk SWR[24] wartet mit *2 Väter und 3 Babys* mit einer ähnlichen Produktion auf, der »Traum von der eigenen Familie« sei für das schwule Paar ein langer und komplizierter Weg. Sie entscheiden sich für eine »Leihmutterschaft« in den USA. Die Regenbogenfamilie sei »ein Glück mit Hindernissen«. Das klingt fast schon nach einer Hochzeitsromanze und erinnert bereits im Titel an den Hollywood-Klassiker *Drei Männer und ein Baby*. In Folge zwei der Doku kommt Bauchmutter Robin inklusive ihrer eigenen 17-jährigen Tochter zu Besuch nach Deutschland, um die Babys einmal zu begutachten, die sie seit der Geburt nicht gesehen hat. »Natürlich ist sie die Frau, die die Kinder auf die Welt gebracht hat«, sagt einer der Väter, »aber sie ist ja nicht die Mutter. Sie hat uns geholfen, die Kinder zu bekommen.« Später wird sie auch noch das dritte Kind für die beiden Väter gebären.

Im Frühjahr erwartet den Zuschauer in der ARD[25] dann wieder Heiteres. In der Serie *Toni, männlich, Hebamme* über Geburtshelfer Toni, besser bekannt als der »Geburtsflüsterer«, steht die Folge »Die Leihmutter« zur Ausstrahlung bereit. Tonis Exfrau Hanna taucht da nämlich mit ihrem neuen Freund Alex und der georgischen Haushaltshilfe Natascha auf, die offenbar nicht nur das Bad und die Küche putzen, sondern auch das Kind von Alex gebären soll, der sich aber auch in Natascha verguckt. Es gibt wieder allerlei lustige Verwicklungen. Wir dürfen gespannt sein, wie Toni wieder den Braten aus dem Ofen oder die Kuh vom georgischen Eis holt.

VON PINGUINEN UND BAUCHMÜTTERN

Nicht zuletzt wird auch die nächste Kindergeneration in Kinderbüchern und selbst in Schulmaterialien auf das Mutterschaftskonzept »Leihmutter« als normale Variante der Familiengründung in Pastellfarben vorbereitet. Unvergessen bleibt der *Methodenschatz für Grundschulen zu Lebens- und Liebesweisen für echte Vielfalt unter dem Regenbogen*, den das zuständige Ministerium in Schleswig-Holstein einst nicht etwa bei pädagogischen Experten, sondern bei Lobbyverbänden in Auftrag gab. Dabei kamen Diktate heraus, in denen die Kinder lernen sollten, wie Polygamie, die illegale »Leihmutterschaft«, aber auch das Dreiecksverhältnis mit der Geliebten von Papa oder die Geschlechtsumwandlung bei ihren Eltern ganz kinderleicht funktioniert.

Das liest sich dann zum Beispiel so: »Marian erklärt: Meine Mama Loris kommt aus Dänemark und hat dort Samenzellen von einem netten Mann bekommen. Dann bin ich in ihrem Bauch gewachsen. In Deutschland hat mich dann meine Mama Dani adoptiert.« Wir wollen alle hoffen, dass der nette Mann gut bezahlt wurde für seine Samenzellen und die »Mama Loris« auch, dafür, dass der Marian in ihrem Bauch wachsen durfte. In dem Diktat steht ebenfalls der Satz: »Eigentlich ist es egal, wer mit wem wie genau verwandt ist.« Eine steile These, die so manche Samenspenderkinder, die ihre Väter in ganz Europa suchen und Samenbanken verklagen, sicher nicht teilen, demnächst können sie sich mit den »Eizellkindern« und den »Bauchkindern« zusammentun. Erst durch Proteste von Eltern und Kritik aus der Presse wurde das Schulmaterial wieder zurückgezogen. Die Frage bleibt, in wessen Interesse es ist, bereits Siebenjährigen in der Schule illegale »Leihmutterschaft« als normale Familienkonstellation nebenbei im Deutschunterricht zu präsentieren, obwohl ihnen alle ethischen, medizinischen und rechtlichen Bedenken in diesem Alter gar nicht vermittelt werden können? Ist das jetzt Bildung oder Gewöhnung für die Zukunft?

Kinderbuchautoren argumentieren hier mit der »Lebensrealität« der Kinder, die ja nun dank der juristischen Grauzone auf dem globalen Markt auch in Deutschland als Ergebnis einer Mietmutterschaft leben. Oder um es mit dem Bonmot von Angela Merkel zu sagen: »Nun sind sie halt da« und wollen auch wissen, wo sie herkommen. Entsprechend sind nicht wenige der Bücher, die auf dem Markt existieren, von Erwachsenen verfasst, die selbst über »Leihmutterschaft« Väter oder Mütter geworden sind. Das Buch *Papi, hast du ein Baby im Bauch?* von Marcel Kahl[26] wurde samt Autor wohlwollend durch den Zeitungswald, aber auch durch die gesamte öffentlich-rechtliche Medienlandschaft getragen, sogar bis in die *Tagesschau*. Aber auch die *Hessenschau* und das ARD-Magazin *ttt – titel thesen temperamente* berichteten ausführlich und wohlwollend in ihren Sendungen und auf ihren Social-Media-Kanälen[27] darüber. Kahl selbst hat über Mietmutterschaft mit seinem Mann Christian Zwillinge und erzählt entsprechend die Geschichte von der Frau, die ihre Eizellen schenkte, und der »Bauchmutter«, die ihren Bauch für die Dauer der Schwangerschaft ausgeliehen hat, und danach fuhren Papa und Papi ins Ausland, um die Babys abzuholen und mit nach Hause zu nehmen.

Zahlreiche Kinderbücher thematisieren Eizellspende, als wären es Hühnereier, die man eben einfach nur ausbrüten muss, und zwar egal von wem. Das Buch *Eduard Erpel und das zauberhafte Ei* stammt von Michael Hilscher, der sich laut offizieller Biografie »als alleinstehender schwuler Mann« dazu entschied, »ein Kind zu bekommen und Familie zu leben. Ganz nach seinem Credo: Geht nicht, gibt's nicht«. In seinem Buch schenkt Emilia Ente Eduard darin eines ihrer Eier, um seinen Traum als Enten-Papa mit einer Baby-Ente zu erfüllen. In *Ein Ei für zwei* von Susanne Lütje finden zwei Pinguine ein herrenloses Ei und brüten es aus, wobei absichtlich nicht klar wird, ob es sich bei dem Pinguinpaar um ein weibliches, ein männliches oder ein gemischtes handelt. Ist ja auch egal, Hauptsache, alle lieben sich.

Das Buch *Unsere Regenbogenfamilie! Für Babys braucht es Liebe* von Julia König, das Familiengründung laut Beschreibung[28] »mit Hilfe von Eizellspende, Samenspende und Leihmutterschaft« kindgerecht erklären soll und Platz lässt, um eigene Beiträge und Fotos einzufügen, listet mit Eizellspende und Leihmutterschaft gleich zwei Straftaten auf. Von derselben Autorin stammt auch das neue Buch *Glücksbotin für unser Wunschkind: Familiengründung mit Hilfe einer Leihmutter.* Das Cover ist gefüllt mit Herzluftballons, gruppiert um die Konstellation Mama, Papa, »Leihmutter«, Kind. Die schreibfreudige Autorin ist nach eigener Auskunft hauptberuflich Psychologin, die eine »integrierte psychosoziale Kinderwunschberatung« anbietet[29], die bei einer namhaften Klinikgruppe »fixer Bestandteil des Patientenangebotes« ist. Offenbar handelt es sich dabei um das österreichische Kliniknetz Next Fertility/IVF Prof. Zech in Bregenz, Österreich. Dort ist Eizellspende legal, »Leihmutterschaft« jedoch nicht. Es ist interessant, dass die »Leihmutterschaft« im Portfolio der Klinik nicht vorliegt, im Portfolio der Kinderbücher der hauseigenen Psychologin aber schon.

Durch die Bank nennen nahezu alle Agenturen und Kliniken weltweit den Prozess der »Leihmutterschaft« eine aufregende »Reise« zum eigenen Kind. Entsprechend finden sich dann noch jene Kinderbücher, die dies Vokabular identisch abdecken. In der nahezu hanebüchenen Geschichte *Die Reise zum Lebensbaum – Georg und Luis* von »PxG« begeben sich die beiden Hasenväter auf eine »abenteuerliche Reise«, um einen Babyhasen in einem Kätzchenbauch ausbrüten zu lassen. Fehlt noch ein Zauberspruch und dann kann nichts mehr schiefgehen. Im Kinderbuch *Eine Schwester für Louis* von Marco Scaiano begeben sich die beiden Papas mit dem kleinen Louis auf eine Reise in ein fernes Land, um mit der Hilfe von drei Frauen eine Schwester für ihn klarzumachen. Ja, was für ein Abenteuer!

Jetzt fehlen auf dem Kinderbuchmarkt nur noch die ungeschriebenen Kinderbuchklassiker *Conni kollabiert nach der Eizellspende* und *Die Drei Fragezeichen finden die Eizellmutter in einem georgischen Frauenhaus*. Die eignen sich aber weniger gut als Gutenachtgeschichten.

Kapitel 2

WAS KOSTET EIN KIND, UND WO KAUFT MAN EIN?

Der Supermarkt der unbegrenzten Möglichkeiten

Die Frage »Wo kommen die kleinen Kinder her?« war früher eine Sache für Aufklärungsbücher im Kindergartenalter, im Zeitalter der modernen Reproduktionsmedizin ist es ein Thema für Juristen und globale Märkte. Seit das Kinderkriegen nicht mehr Spaß, sondern Geschäft ist, sind unzählige Interessen und entsprechend auch Akteure daran beteiligt. Brauchte es früher nur einen Mann, eine Frau und eine Gelegenheit, sind heute nicht nur willige Frauen als Eizellspenderinnen und als Brutfrauen nötig, sondern auch Labore, Ärzte, Juristen und Vermittler, aber auch Logistikexperten, um die Nachfrage nach einem eigenen Kind auf einem globalen Verschiebebahnhof zu ermöglichen, vor allem dann, wenn es im eigenen Land nicht erlaubt ist, eine Frau für die Dienstleistung des Gebärens anzuheuern.

Die gute Nachricht ist: In den allermeisten Ländern weltweit ist es nach wie vor verboten oder inzwischen wieder verboten. Die schlechte Nachricht bleibt: Das Verbot der einen ist immer der neue Markt der anderen. Weltweit haben sich einige echte Hotspots der Szene entwickelt. In Europa ist dies eindeutig die Ukraine, die laut Auskunft des ukrainischen Marktführers BioTexCom nicht nur 70 Prozent des einheimischen, sondern auch 25 Prozent des Weltmarktes bedient[30]. Auch im Krieg geht das Geschäft munter weiter, man passt sich nur pragmatisch mit neuen Niederlassungen in Grenznähe oder Zweigstellen weltweit an. Rund 2500 Babys werden dort jährlich produziert, 90 Prozent davon für das Ausland. Der Krieg hat bloß für einen Engpass an jungen, willigen Frauen in der Ukraine gesorgt, die man rekrutieren kann. Ersatz findet sich aber in anderen armen Regionen Osteuropas, wie etwa in Georgien, Rumänien oder Bulgarien.

Die Märkte haben sich in den vergangenen Jahrzehnten mehrfach verschoben und sind in einer Art Mietmutterschafts-Hopping von Land zu Land weitergezogen, sobald nationale Gesetze das Geschäft vermiesten. Zwischen klarem Erlauben und Verbieten dieser Praxis liegen dann noch jene Länder, die entweder keine, lückenhafte oder gar widersprüchliche Regelungen haben und somit Platz für eine juristische Grauzone lassen, oder auch jene, die nur bestimmte Varianten der Mietmutterschaft zulassen wie etwa die »altruistische« oder nur für bestimmte Elternpaare oder auch nur Einzelkomponenten wie etwa die Eizellspende.

Man muss also unterscheiden zwischen erlaubt, verboten und nicht geregelt, altruistisch, kommerziell oder beides. Je nach Land wird zudem unterschieden, *wer* es tun darf: Ist es erlaubt für Paare, alle Paare oder nur für verheiratete, für heterosexuelle oder auch für homosexuelle Paare, nur für Einheimische oder auch für Ausländer oder für mindestens einen Einheimischen bei einem Paar. Und was ist mit Singles?

DEUTSCHE GRAUZONE

In Deutschland ist »Leihmutterschaft«, wie in den meisten europäischen Ländern, in jeder Form verboten. Genaueres regelt das Embryonenschutzgesetz (ESchG)[31], das vor allem aus der Perspektive des Kinderschutzes gestaltet ist und die Würde des Kindes verteidigt gegen Missbrauch durch Erwachsene, aber auch gegen wissenschaftliche Ambitionen und Begehrlichkeiten der Forschung. Das Kind soll kein Ding sein, egal ob es erst ein Zweizeller oder ein Neugeborenes ist.

Entsprechend ist auch die Eizellspende in Deutschland verboten, um eine Spaltung zwischen genetischer und austragender Mutter gar nicht erst zustande kommen zu lassen. Aber auch, um massive Gesundheitsrisiken bei den »Spenderinnen« zu vermeiden. Damit wird garantiert, dass jene Frau, die das Kind auf die Welt bringt, tatsächliche und einzige Mutter ist. Deutschland versucht den Grundsatz *mater semper certa est* (die Mutter ist immer sicher) zu halten. Wird ein Kind durch künstliche Befruchtung gezeugt, was in Deutschland jährlich rund 7000 Mal passiert, dürfen grundsätzlich nur Eizellen einer Frau entnommen werden, die dann auch *derselben* Frau wieder eingesetzt werden, und ihre Eizellen dürfen auch nur zu genau diesem Zweck entnommen und befruchtet werden.

Ebenfalls strafbar ist die Vermittlung von »Leihmutterschaft«, das wiederum ist im zweiten Abschnitt des Adoptionsvermittlungsgesetzes (AdVermiG)[32] in Paragraf 13 geregelt und nennt sich dort »Verbot der Ersatzmuttervermittlung«. Verboten ist damit nicht nur der Versuch, die unterschiedlichen Parteien zusammenzubringen, sondern nach Paragraf 13d auch, aktiv »Ersatzmütter oder Besteller-Eltern durch öffentliche Erklärungen, insbesondere durch Zeitungsanzeigen oder Zeitungsberichte, zu suchen oder anzubieten«. Es gibt also so etwas wie ein Werbeverbot.

Nicht alle Beteiligten machen sich also in diesem Geschäft strafbar, wenn sie die Ersatzmutterschaft zu realisieren versuchen, sondern nur die Ärzte, die alle dafür nötigen medizinischen Dienstleistungen anbieten, und auch die Vermittler, die zwischen willigen Brutfrauen und potenziellen Besteller-Eltern den Kontakt herstellen, und das unabhängig davon, ob sie dafür Geld nehmen oder nicht. Der Paragraf im Adoptionsvermittlungsgesetz verbietet also nur die Vermittlung, nicht aber die Ersatzmutterschaft selbst auf deutschem Boden. Wird ein Kind dennoch in Deutschland durch eine Ersatzmutter geboren, wäre die Gebärende und nicht die Bestellmutti gesetzlich automatisch die Mutter. Das wiederum regelt das Bürgerliche Gesetzbuch (BGB) in Paragraf 1591: »Mutter eines Kindes ist die Frau, die es geboren hat.« Nicht bestraft werden explizit und auch gesetzlich garantiert in Paragraf 14a Absatz 3 die Brutfrau oder die Besteller-Eltern. Sie alle agieren im legalen Bereich, finden aber in Deutschland niemanden, der ihnen medizinisch dabei hilft. Die Übergabe des Kindes von einer »Leihmutter« an einen Besteller wäre auf jeden Fall illegal.

Das erklärt auch die leicht schizophrene Rechtslage, dass die medizintechnische Durchführung der »Leihmutterschaft« also einerseits verboten ist, die Austragung der »Ersatzmutterschaft« aber nicht und dass es für die Besteller-Eltern auch nicht verboten ist, die in Deutschland illegalen Dienstleistungen dann eben im Ausland zu suchen und zu nutzen. Nur die medizinischen Dienstleister und die Vermittler machen sich strafbar – aber tatsächlich auch nicht alle. Willkommen in der Grauzone Deutschland.

Faktisch finden nämlich auf deutschem Boden legal sogenannte Babymessen statt, wo genau diese Vermittlung von »Ersatzmutterschaft« sogar offen angeboten wird. Wieso geht das jetzt? Ganz einfach, da die Durchführung der Ersatzmutterschaft dort durch ausländische Agenturen und Vermittler vorbereitet wird, drückt die deutsche Justiz hier offenbar beide Augen zu. Man muss also ein ausländischer Anbieter sein und Deutsche ins Ausland locken, dann darf man das Vermittlungsverbot nach Paragraf 13 ignorieren und wird auch nicht bestraft, wenn man in Deutschland Ersatzmutterschaften für das Ausland anbahnt. Man darf dann auch im deutschen Internet und auf deutschen Veranstaltungen dafür werben, darüber in Zeitungsartikeln und in den Medien sprechen und es bekannt machen. Durch diese Regelungslücken und Grauzonen bereitet die deutsche Justiz selbst den Nährboden dafür, dass die Bürger es dann eben im Ausland tun und alle Welt die dazu nötigen Dienstleistungen in Deutschland und in deutscher Sprache anbieten darf.

Vermittelt also ein Deutscher in Deutschland eine Ersatzmutterschaft und tut er das gar gegen Geld, dann kommt er nach Paragraf 14b desselben Gesetzes bis zu drei Jahre ins Gefängnis oder zahlt eine Geldstrafe. Vermittelt ein Ausländer in Deutschland eine Ersatzmutterschaft im Ausland, darf er dafür einen hübschen Messestand aufbauen und bekommt Sendezeit in deutschen TV-Produktionen, um die Großartigkeit seiner Dienstleistung zu bewerben.[33]

AM ANFANG WAR DIE PETRISCHALE

Das Geschäft mit der Mietmutterschaft nahm seinen Anfang im Land von Klonschaf Dolly. Bereits im Jahr 1985 erblickte das erste Kind mit dieser Methode in England das Licht der Welt. Die Britin Kim Cotton ist damit die erste offizielle Mietmutter der Welt. Sie soll dafür 6500 britische Pfund von den Bestellern und weitere 15.000 Pfund von einer Zeitung bekommen haben, die dann exklusiv berichten durfte. Sie stand auch ein weiteres Mal für die Geburt von Zwillingen zur Verfügung, angeblich unentgeltlich für einen Freund. Danach gründete sie 1988 eine erfolgreich agierende Initiative namens *COTS*[34] (Childlessness Overcome Through Surrogacy), die bis dato über 1113 Mal erfolgreich zwischen Mietmüttern und Besteller-Eltern vermittelte, und ist damit Pionierin in diesem Geschäft. Man muss Mitglied werden und erhält dann gegen die Mitgliedsgebühr zahlreiche Dienstleistungen, individuelle Beratungen, Vertragsentwürfe oder auch eine Registrierung als willige Mietmutter. In England ist bis heute nur die sogenannte altruistische Mietmutterschaft legal. Es dürfen entsprechend nur medizinische Kosten, sonstige Auslagen und Aufwandsentschädigungen gezahlt werden. Wie viel Geld abseits offizieller Wege wirklich fließt, kann niemand überblicken. Die Kinder müssen dann innerhalb von sechs Wochen bis spätestens sechs Monate nach der Geburt rechtlich auf die Besteller übertragen werden. Solange man die britische Staatsbürgerschaft hat, gibt es keine weiteren Beschränkungen, wer solche Dienstleistungen in Anspruch nehmen darf. Das gilt für alle Paarkonstellationen und auch für Singles.

Wie viele Kinder seither weltweit durch Mietmutterschaft geboren wurden, kann niemand gesichert sagen. Es gibt nur Schätzungen einzelner Länder und Märkte. Nicht einmal der wissenschaftliche Dienst des deutschen Bundestages hat abgesicherte Zahlen, obwohl er sich bereits im Jahr 2018 ausführlich in einem Gutachten[35] mit der aktuellen Lage und der Rechtssituation nach Ländern sortiert befasst hat. Auch das EU-Parlament hat bereits seit dem Jahr 2013 einen ausführlichen Bericht[36] vorliegen, ausgearbeitet im Auftrag der Generaldirektion interne Politikbereiche unter dem Titel »Das System der Leihmutterschaft in den EU-Mitgliedsstaaten«. Auch dort hat man keine verlässlichen Zahlen, sondern nur Hinweise, Schätzungen oder vereinzelt Angaben aus einzelnen Ländern oder von den Kliniken und Agenturen selbst, was weder vollständig noch verlässlich ist. Dass es in einem legal undurchsichtigen Geschäft keine belastbaren Zahlen gibt, ist nahezu logisch. Niemand registriert das zuverlässig, und was auf dem Schwarzmarkt unterhalb des Radars nationaler Aufsichtsbehörden los ist, kann man nur erahnen.

Auch aus den Fertilitätskliniken sind nicht aus allen Ländern belastbare und vollständige Zahlen zu haben, weil zwar die Einzelschritte wie Eizellspende, Samenspende oder auch künstliche Befruchtung vielleicht noch dokumentiert sind, aber nicht zwingend, was mit den Embryos dann geschehen ist und wer sie eingepflanzt bekommen hat. Trägt die Mietmutter zudem eine eigene Eizelle aus (sogenannte konventionelle Mietmutterschaft), braucht sie möglicherweise gar kein Labor und es wird gar nicht klinisch registriert. Wieder in anderen EU-Ländern wird die altruistische Variante nach der Geburt als Adoption abgewickelt und auch als solche statistisch erfasst.

ZWISCHEN ELDORADO UND TOTALVERBOT

In Europa besteht rechtlich eine breite Ablehnung der Mietmutterschaft. Insgesamt 22 Länder verbieten sie explizit durch unterschiedliche Gesetze, darunter Deutschland, Österreich, die Schweiz, Frankreich, Polen, Bulgarien, Kroatien, Dänemark, Estland, Finnland, Italien, Island, Lettland, Litauen, Malta, Norwegen, die Slowakei, Slowenien, Spanien, Schweden und Serbien. Portugal beschränkt sie auf medizinische Ausnahmefälle. Georgien ist bereits wieder auf dem Rückzug und hat seine Gesetzeslage aktuell zum 1. Januar 2024 verändert und sie nun ebenfalls verboten.

Wie bereits am Beispiel Deutschland gezeigt, heißt das leider nicht, dass in diesen Ländern nicht dennoch Mietmutterschaft in Anspruch genommen wird, sondern nur, dass es im Inland jedenfalls nicht möglich sein soll. Zuletzt hat Italien mit einem neuen Gesetz nachkorrigiert, um den Reproduktionstourismus der Italiener einzudämmen. Seit Juli 2023 ist dort ein Gesetz in Kraft, wonach Italiener, die eine »Leihmutter« im Ausland beauftragen, ebenfalls mit Strafverfolgung zu rechnen haben und somit die Kinder nicht legal nach Italien bringen können. Litauen hat im Juni 2020 auch ein umfassendes Gesetz verabschiedet, um den Markt ohne juristische Lücken einzudämmen.

Andere europäische Länder wie Belgien, die Tschechische Republik und die Niederlande haben kein explizites Verbot, aber Regelungen, wonach Mietmutterschaftsverträge als rechtlich nichtig oder nicht bindend gelten. Es bleibt ein nicht explizit geregelter, aber dennoch möglicher Markt für nicht-kommerzielle, also »altruistische« Vereinbarungen zwischen Mietmüttern und Bestellern. Die Sache ist aber vor allem für die Besteller rechtlich ein hohes Risiko, weil sie keinerlei Garantie besitzen, sollte die Mietmutter das Kind behalten oder auch abtreiben wollen – oder es einem anderen geben. 2005 berichteten Medien europaweit[37] über den Fall einer Niederländerin, die ihren Bestellern das Kind nicht aushändigte, sondern es offenbar über das Internet einem anderen Paar für 15.000 Euro übergeben hatte, nachdem zuvor ein Deal mit einem weiteren Paar für 10.000 Euro geplatzt war. Faktisch finden sich in Belgien also trotz Nichtregelung und ohne rechtliche Garantie für Besteller mehrere Kliniken, in denen offiziell Mietmutterschaft zugelassen ist und praktiziert wird, wie etwa im Centre Hospitalier Régional de la Citadelle in Lüttich, in den Universitätskliniken Gent und Antwerpen und im Krankenhaus Saint-Pierre in Brüssel. Das Kind gilt bei der Geburt als Kind der Mietmutter und kann erst durch ein Adoptionsverfahren den Besitzer wechseln.

Albanien, Andorra, Bosnien-Herzegowina, Ungarn, Monaco, Rumänien und San-Marino haben keinerlei Gesetze zur Mietmutterschaft, was die Rechtslage völlig unklar macht. Sehr klar ist die Rechtslage in Europa derzeit nur in der Ukraine, wo man schlicht alle Varianten für alle erlaubt, Georgien hat sich wie gesagt zumindest gesetzlich wieder zurückgezogen und ist allerhöchstens auf dem Schwarzmarkt weiter aktiv. Wie sich die neue Gesetzeslage Georgiens auswirken wird und wohin das Billiggeschäft weiterwandert, wird sich bald zeigen. Aus Russland verließen in den vergangenen Jahren über 45.000 Babys das Land an Besteller weltweit. Im Jahr 2022 änderte man aber auch dort die Rechtslage und bedient jetzt nur noch Einheimische. Der Präsident der Staatsduma, Wjatscheslaw Wolodin, begründete dies folgendermaßen: Man wolle mit dem Verbot den Handel mit russischen Kindern verhindern, »die Kleinen werden vor Situationen geschützt, in denen sie bei LGBT-Paaren landen oder Opfer von Verbrechen, insbesondere des Organhandels, werden«.[38] Weltweit wurde das medial unter dem Aspekt der LGBT-Feindlichkeit empört zur Kenntnis genommen, nur wenige bemängelten gleichzeitig das grundsätzliche Phänomen der Mietmutterschaft, und bis heute ging niemand der Frage nach, wie Mietmutterschaft und Organhandel möglicherweise Hand in Hand arbeiten.

BIG FERTILITY IN DEN USA

Jedes Ding hat seine Zeit – oder auch seinen Zeitgeist. Jedes Handelsgut und jedes Marktsegment offenbar auch. Nach dem Zeitalter von Big Data folgt nun Big Fertility[39], das große Geschäft mit der Fruchtbarkeit der einen und der Unfruchtbarkeit der anderen Frau. Größter offizieller Marktanbieter weltweit sind derzeit die USA. Die Vereinigten Staaten gelten als Goldstandard der Branche. Nirgendwo bekommt man rechtlich und mit hoher vertraglicher Absicherung leichter ein Kind. Das hat seinen Preis, denn dafür ist es dort auch am teuersten. Zwischen 100.000 und auch über 160.000 Dollar liegt der Durchschnittspreis eines Kindes, je nachdem welche Zusatzleistungen, Garantien, Selektionsverfahren oder auch Flatrates man bucht.

Die US-Bundesbehörde *Center for Disease Control and Prevention*[40] (CDC) registriert die jährlichen Zahlen der verschiedenen Varianten künstlicher Befruchtung. Zwischen 1999 und 2013 kamen demnach in den USA bereits 18 400 Kinder durch Mietmütter auf die Welt. Die jährlichen Steigerungsraten sind enorm. Waren es 1999 »nur« 727 Mietmutterkinder, waren es im Jahr 2011 bereits 2841, im Folgejahr 3432 und im Jahr 2019 bereits 9195 Kinder. Im Jahr 2020 sank die Zahl etwas auf 7786 Kinder, was wahrscheinlich den Lockdowns und Reisebeschränkungen durch die Corona-Pandemie zu verdanken ist. Inzwischen hat sich das wieder stabilisiert. Die CDC hat das Datenmaterial von über 90 Prozent aller Fertilitätskliniken des Landes, rechnet man die fehlenden und eventuell privaten Arrangements ohne klinische Verfahren hinzu, ist es wohl nicht übertrieben, von jährlich 10.000 Kindern auszugehen. Hochburgen in den USA sind Kalifornien, New York und Texas. Die Rechtslage ist in jedem Staat individuell geregelt, allerdings ist »Leihmutterschaft« bereits in den meisten Staaten der USA legal.

Das amerikanische Marktforschungsinstitut *Global Market Insight*[41] (MGI) spricht in seinem ausführlichen Bericht von einem jährlichen Marktvolumen für das Jahr 2022 von 14 Milliarden US-Dollar, und das ist nur der legale weltweite Markt. Die Zahlen stammen von 14 marktführenden Unternehmen aus 14 verschiedenen Ländern. Man prognostiziert bei MGI zudem, dass der Weltmarkt in zehn Jahren bereits bei 129 Milliarden US-Dollar liegen wird, 61 Milliarden davon dann in Europa. Der asiatische Markt wächst derzeit am schnellsten, dort erwartet man in zehn Jahren ein Marktvolumen von 24 Milliarden US-Dollar.

Die großen Unternehmen bieten alle nicht nur »Leihmutterschaft«, sondern die ganze Palette der Reproduktionsmedizin an, von Samenspenden über den Einfrierservice für die eigenen Eizellen bis hin zu künstlicher Befruchtung, Embryotransfer oder auch Dingen wie »Family Balancing«. So nennt man es in der Verschleierungssprache der Branche, wenn Embryonen nach Geschlecht aussortiert werden, damit Eltern das »Geschlechter-Gleichgewicht« ihrer Familie steuern können.

Einer der größten Player in den Staaten ist etwa *IVIRMA Global*[42]. Diese Unternehmensgruppe für »reproduktive Gesundheit« hat 74 Kliniken in 9 Ländern und Patienten aus 180 Ländern und rühmt sich selbst, dass täglich mehr als 100 Kinder dank IVIRMA geboren werden. Der Schwerpunkt liegt in den USA, Spanien und England. Ein weiteres großes Unternehmen ist *Boston IVF*. Es hat über 20 Standorte in den USA und zusätzliche Partner. Man wirbt explizit um die LGBT-Kundengruppe und bietet spezielle Angebote für Lesben, Schwule und auch Transgender an. *Ovation Fertility*[43] versucht offenbar ebenfalls gezielt, die LGBT-Community als Zielgruppe anzusprechen. Auf der Startseite im Internet wirbt das Unternehmen prominent mit 40 Jahren Erfahrung, über 3000 geborenen Mietmutterschaftskindern, Kunden aus 61 Ländern und einer Gay-Quote von 31 Prozent. Auch andere Anbieter umwerben teilweise sogar exklusiv diese Zielgruppe wie etwa *Samelove Surrogacy*[44]. Partnerorganisationen wie *Gays With Kids*[45] und Community-Plattformen wie *Men Having Babies* kooperieren mit ihnen. Auf deren Seiten finden sich zudem weitere Listen und Rankings für LGBT-freundliche Agenturen. *Extraordinary Conceptions*[46] hat Standorte in den USA, Kanada, Mexiko, Argentinien und wirbt auch für seine »Hybrid Surrogacy Programs« für Kunden aus jenen Ländern, die über den Erdball hinweg agieren müssen, weil die Gesetze in ihren Ländern ihnen Steine in den Weg legen.

Circle Surrogacy legt preislich noch einen obendrauf, hier kann man bis zu 190.000 Dollar im All-inclusive-Programm ausgeben, wenn man Mietbauch und Fremdei braucht. Davon fließen 60.000 an die Bauchmutter[47]. Bei *Growing Generations*[48] checkt man auf der Internetseite wie im Grandhotel entweder beim Concierge, dem VIP Concierge oder beim Executive VIP Concierge ein. In Geld ausgedrückt kostet das billigste Kind hier 180.000 Dollar und im High-End-VIP-Bereich dann auch gerne über 300.000 US-Dollar. *New Hope Fertility* gibt an, seit 2006 über 15.000 Babys auf die Welt gebracht zu haben. Sie arbeiten mit lokalen Partnern in allen Bundesstaaten der USA zusammen und liefern selbst alle reproduktionsmedizinischen Dienstleistungen, die es dafür braucht. *Bourn Hall International* ist auch im arabischen Markt aktiv mit Kliniken in Dubai, Abu Dhabi und Al Ain.

Das *Pacific Fertility Center* in Los Angeles, ein Unternehmen von *Hatch Fertility*, vermittelt an weitere Agenturen. Die Muttergesellschaft Hatch bietet eine Auswahl aus 8000 Mietmüttern und Eizellspenderinnen, 13 verschiedene Sprachen, 30 Jahre Erfahrung und einen Service in 50 Ländern. Das Paket mit »Baby-Garantie« kostet 225.000 US-Dollar[49]. Unter 100.000 Dollar sind Kinder in den USA eher schwer zu haben. Wer nicht so viel Geld hat, sucht sich weltweit billigere Standorte – und findet sie auch.

KINDER DURCH INDER

In Indien entstand nach der Legalisierung im Jahr 2002 der erste offizielle, kommerzielle Markt weltweit. Wobei man im Fall von Indien auch gleich von einer Ausbeutungsmutterschaft, wenn nicht gar von einer neuen Form von Kolonialismus reden kann angesichts dessen, was sich daraufhin in dem Land abspielte, dessen Bevölkerung massiv von Armut betroffen ist und in welchem das durchschnittliche Monatseinkommen einer Frau auch noch im Jahr 2023 keine 200 Euro beträgt – vor 20 Jahren dürfte es nicht einmal die Hälfte gewesen sein. Der Mythos der selbstbestimmten Reproduktionsarbeiterin kann in indischen Slums restlos beerdigt werden.

Bereits im Jahr 2012 war der Markt derart aufgeblasen, dass selbst vorsichtige Berechnungen bis dahin von 25.000 Kindern ausgingen, die im Zuge der Mietmutterschaft in den über 3000 Fruchtbarkeitskliniken Indiens geboren wurden. Die Hälfte davon ging an ausländische Besteller[50] weltweit. Der reiche Westen bestellte sich Kinder in Indien. Die zahlungskräftige Klientel bescherte einen explodierenden Markt für Vermittler, Kliniken und Ärzte mit einem jährlichen Marktvolumen von geschätzten 2 bis 3 Milliarden US-Dollar jährlich[51]. Indien war eben viel billiger als der damals bereits existierende amerikanische Markt. Dort zahlte man für ein Kind zwischen 100.000 und 150.000 Dollar, in Indien bekam man dafür locker drei Kinder.

Bereits nach wenigen Jahren waren für die Weltöffentlichkeit die Ausbeutung und das Drama der indischen Frauen, die sich dafür hergaben, nicht mehr zu übersehen. Todesfälle, sklavenähnliche Unterbringung oder auch Frauen, die unversorgt vor Krankenhäusern verbluteten, konnten medial nicht mehr vertuscht werden. Die Mischung aus Bevölkerungsarmut, Analphabetismus und gesetzlichem Wilden Westen war der perfekte Nährboden zur Ausbeutung der Frauen. Das böse Wort der »Baby-Fabriken« machte die Runde, wurden die Frauen doch in der Regel abgeschottet von ihren Familien in speziell angemieteten Wohnungen untergebracht. Manchen wurden bis zu vier Embryos eingepflanzt, sie mussten Abtreibungen erdulden, die man »Reduktionen« nennt, und nach Fehlgeburten wurden sie unversorgt vor die Tür gesetzt. Die meisten von ihnen waren wahrscheinlich nicht einmal in der Lage, die Verträge zu lesen, die man sie unterschreiben ließ. Und selbst wenn, wurden sie damit in der Regel ja nicht geschützt, sondern entrechtet, weil sich Kliniken, Ärzte, Vermittler und auch Besteller darin von jeder Haftung auch für gesundheitliche Folgen befreiten. Wie praktisch, wenn die Frauen ungebildet und verzweifelt sind und nicht einmal genau wissen, in was sie alles einwilligen.

Von den 40.000 bis 60.000 Euro, die so ein Kind auf dem asiatischen und indischen Markt kostete, sahen die Mietfrauen in der Regel nicht mehr als 5000 Euro[52], wenn überhaupt. Den Rest steckten sich Ärzte und Agenturen ein.

Dennoch machten Tausende von Frauen mit, oft sahen sie darin die einzige Chance, sich und auch ihre eigenen Kinder zu ernähren. Selbst eine Summe von nur 2000 Euro wird unter solchen sozialen Umständen und bei einem landesüblichen Monatslohn von nicht mehr als 100 Euro zum reinsten Vermögen. Im Gegenzug verpflichteten sie sich zu allen erdenklichen medizinischen Untersuchungen und Behandlungen. Manche wurden nur bei »Erfolg« bezahlt, blieben mit Komplikationen in der Schwangerschaft oder nach einem Kaiserschnitt ohne Behandlung. Sie hatten keine Ansprüche und keine Rechte. Erst im Jahr 2015 begann die Regierung, die Notbremse zu ziehen, und sorgte in den Folgejahren mit restriktiven Gesetzen dafür. Zuerst durften nur noch einheimische Paare die Mietmutterschaft nutzen, und das auch nur in der altruistischen Variante, was den offiziellen Markt nahezu zum Erliegen brachte. Seit 2022 ist es auch für Inländer gesetzlich komplett verboten.

Es steht zu befürchten, dass der Handel mit Neugeborenen zumindest teilweise direkt auf den Schwarzmarkt verlegt wurde, wo bereits seit Jahrzehnten ein gewaltiges Problem mit illegalem Organhandel herrscht. Auch dort hat übrigens die Einführung von gesetzlichen Verboten nichts gebracht. Inzwischen kann man auf dem Schwarzmarkt nicht nur Nieren, sondern auch die Gebärmutter von Frauen zur Transplantation[53] kaufen. Die Frauen spenden sie nicht immer freiwillig. Andere kommen zur Gebärmutterentnahme, haben danach aber auch eine Niere weniger. Es gibt unzählige erschütternde Recherchen über Menschen am täglichen Existenzminimum in Indien, die für 500 oder 1000 Euro ihre Niere[54] verkaufen, in manchen Familien auch die Nieren ihrer Kinder. Gleichzeitig verschwinden jedes Jahr Zehntausende Kinder in Indien ganz. Mädchen will sowieso kaum jemand großziehen, sie werden nach der Geburt getötet, ausgesetzt, mit Säure verätzt, zwangsverheiratet. Aber sie können ja auch nützlich sein als Prostituierte für Sex und zum Fremdgebären. Und wenn gar nichts mehr geht, besitzen sie ja noch Organe.

DIE KINDER-KARAWANE ZIEHT WEITER

Mit den gesetzlichen Einschränkungen in Indien zog die Karawane des Brutkastengeschäfts weiter und wich, teilweise inklusive der indischen Frauen, unmittelbar über die Grenze nach Kambodscha oder Nepal aus. Es folgten die Märkte in Thailand und auch auf Laos. Zum Teil wurden die Schwangeren auch hin und her verschoben und zum Gebären ins Ausland gebracht. Als die indische Regierung beispielsweise 2012 zunächst nur die »Leihmutterschaft« für homosexuelle ausländische Paare verbot, offenbarte sich erst drei Jahre später eher durch Zufall, besser gesagt durch eine Naturkatastrophe, wohin sich der Markt verlagert hatte. In Nepal erschütterte damals ein heftiges Erdbeben die ganze Region. Auch die israelische Regierung sendete umgehend Rettungsmannschaften nach Nepal, um israelische Staatsbürger auszufliegen. Es handelte sich dabei aber nicht um Wanderer, sondern um die Kinder schwuler Israelis, ausgetragen von indischen Frauen in Nepal, die aber nach israelischem Recht schon bei der Geburt als israelische Staatsbürger galten[55]. Wo ein Wille ist, ist auch ein Land. Nur jene indischen »Leihmütter«, die noch schwanger waren, wurden ebenfalls mitgenommen und aus dem Erdbebengebiet gerettet. Die Frauen, die schon entbunden hatten, blieben zurück. Der Brutkasten ist wertlos, sobald er geleert wurde.

In Israel war »Leihmutterschaft« damals zwar gesetzlich unter strengen Auflagen bereits möglich für israelische Staatsbürger derselben Religion, aber erst seit 2022 auch für Alleinstehende und für homosexuelle Paare. Dort wird von einer staatlichen Kommission aus Ärzten, Religionsvertretern und Juristen jeder einzelne Fall geprüft. Die »Leihmutter« kann Geld bekommen, es ist aber nicht zwingend der Fall. Laut Auskunft des israelischen Gesundheitsministeriums finden sich jährlich nur rund 100 Frauen in Israel, die sich unter diesen Umständen dazu bereiterklären[56].

Thailand besaß einen ähnlich florierenden Markt wie Indien, hat aber ebenfalls, nachdem Skandale das Land erschütterten und damit die Menschenrechtsverletzungen und den Reproduktionstourismus offenlegten, mit restriktiven Gesetzen reagiert und die »Leihmutterschaft« 2015 wieder verboten. »Die Bäuche von Thailands Frauen sollen nicht zu den Bäuchen der Welt werden«, erklärte damals Wanlop Tankananurak als Mitglied des thailändischen Parlaments gegenüber der Presse[57] das neue Verbot. Die lokalen Medien hatten schon lange über das »Rent-a-Womb-Geschäft« und die »Baby-Fabriken« berichtet. Fälle wie jenes australische Paar, das ein behindertes Kind nicht abholen wollte[58], sondern nur den gesunden Zwilling, oder auch der schwerreiche Japaner, der sich gleich zehn Kinder auf einmal bestellt hatte, brachten das Fass dann zum Überlaufen. Seither dürfen nur noch inländische Paare unter strengen Auflagen eine Mietmutter engagieren. Das offizielle Geschäft kam damit weitgehend zum Erliegen. Wie der Schwarzmarkt aussieht, weiß niemand im Detail.

WO EIN WILLE IST, IST AUCH EIN LAND

Was jedoch sicher ist, ist das Weiterwandern des Geschäftes in immer wieder neue Länder und das Austricksen der lokalen Gesetzgebung auch durch die Schaffung eines Filialsystems. Warum nur Restaurants als Franchise-Unternehmen führen, um Burger und Fritten zu verkaufen, wenn man das eigene Know-how in Sachen Kinderverkauf ebenfalls mit weltweiten Filialen zu Geld machen kann?

Als der asiatische Markt zusammenbrach, poppte der ukrainische Markt in Europa auf, um das Billiggeschäft der Branche abzufedern für jene, die sich immer noch nicht den Goldstandard in den USA oder Kanada leisten konnten. Und als die Inder 2022 das Geschäft komplett verboten, richteten sich sofort indische Agenturen mit indischen Mitarbeitern in Georgien ein und besorgten für reiche Inder oder auch andere Länder die Kinder dann eben im Ausland. Freimütig ließ sich der Geschäftsführer des indischen Anbieters *ARTbaby*, Ravi Sharman, zitieren[59], der seine Filiale in Tiflis aufbaute und über die laxe Gesetzeslage in Georgien geradezu ins Schwärmen geriet: »Die Leihmutter hat keine Rechte an dem Kind. In der Geburtsurkunde wird weder die Leihmutterschaft noch die Leihmutter erwähnt. Ein Anwalt ist nicht erforderlich.« Ein billiges Baby mit Blankopapieren ohne Hinweis auf das Mietmutterverfahren, was will man mehr? Mit solchen Behörden lässt sich ungestört arbeiten. Sie finden sich nicht nur in Georgien. Zahlreiche Agenturen arbeiten länderübergreifend mit diversen Standorten und lokalen Kooperationspartnern. Sie werben in verschiedenen Sprachen und protzen mit der Vielsprachigkeit ihrer Mitarbeiter, die die Kundschaft in ihrer Muttersprache beraten können – von Indisch über Spanisch bis Mandarin.

Eizellen, Samenspenden und Embryos werden längst quer durch die halbe Welt geflogen, Schwangere und Neugeborene auch. Manche Agenturen werben damit, dass sie die Geburt des Kindes in jedem beliebigen Land stattfinden lassen können, damit die Besteller auf jeden Fall dabei sein können. Dass das Kind, egal wer es wo auf die Welt bringt, am Schluss offizielle Papiere erhält, ist einfach nur eine Frage dessen, welches VIP-Paket man bereit ist zu bezahlen. *Lowcost IVF*[60] aus Zypern wirbt etwa mit seinem »Cyprus-America Surrogacy Services«-Programm dafür, besonders günstig zu sein. Durch eine Kooperation mit der amerikanischen *The Surrogacy Group* verbindet man die billige Medizintechnik auf Zypern mit der Rechtssicherheit der USA und kann damit günstiger produzieren als amerikanische Kliniken. Der Geschäftsführer der *Surrogacy Group* wurde 2019 zu ein paar Jahren Haft verurteilt, weil er das Geld für die Mietmütter nicht auszahlte und damit 40 Kunden prellte.

DAS PERFEKTE AUSBEUTUNGS-TRIO: ARMUT, KORRUPTION, GESETZLOSIGKEIT

Lateinamerika und Mexiko sprangen ebenfalls auf das in Asien zusammenbrechende Geschäft nahezu nahtlos auf. Beide Kontinente folgen demselben Schema: der unwiderstehlichen Mischung aus Armut, Korruption und gesetzlichem Brachland, gepaart mit niedrigem Bildungsniveau und hoher Perspektivlosigkeit. Und so ist es kein Zufall, sondern Konsequenz, dass in Mexiko mit seiner laxen Gesetzgebung in der allerärmsten Region Tabasco der Markt ab 2013 erblühte. Damals schloss sich in Indien das legale Fenster für homosexuelle Paare, in Russland, der Ukraine und Georgien wurden auch nur verheiratete heterosexuelle Paare bedient. Man wich nicht nur nach Nepal, sondern auch nach Mexiko aus. Die mexikanischen Behörden beziffern die Kundschaft aus diesem Bevölkerungssegment auf 70 Prozent der Bestellungen in Mexiko. Die Schweizer Professorin Carolin Schurr, Leiterin der Abteilung Sozial- und Kulturgeographie an der Universität Bern, berichtete bereits im Jahr 2014 von ihren Studien vor Ort in Yucatan, Cancun und Villahermosa über globale Ungleichheit am Beispiel der »Leihmutterschaft« über das System, die Kundschaft, die korrupten Agenturen und die betrogenen »Leihmütter« in Mexiko[61].

Es ist, als würden Kundennachfrage, Produktion und Warenströme schlicht umgeleitet wie bei jedem anderen Produkt auf dem Weltmarkt. Im Jahr 2016 zogen die Behörden in Mexiko dann die Notbremse, bis dahin kamen jährlich zwischen 100 und 500 Kinder auf die Welt, je nachdem, ob man Behörden, Experten oder Einheimische fragt. Die Justizbehörden in Tabasco äußerten bei der Begründung für das Verbot auch den Verdacht, dass sich Reiche aus Industrienationen Kinder als zukünftige Pflegekräfte für ihr Alter, zum Zweck der Kinderpornografie oder sogar als Organspender bestellten. Oder, um es mit den Worten von Juan José Peralta Fócil[62] zu sagen, dem damaligen Rechtskoordinator für den mexikanischen Bundesstaat Tabasco, angesichts von Kunden in einem Alter jenseits der 70 Jahre: »Was will jemand in diesem Alter mit einem Kind?« Gute Frage.

Das Geschäft ist jetzt schlicht nach Kolumbien umgezogen. Neues Land, neuer Markt – und nicht selten dieselben Agenturen. Ein großer Player ist in der Region beispielsweise *Global Star Surrogacy*[63], man rühmt sich, bereits über 2800 Babys für Kunden aus über 73 Ländern mit einer Erfolgsquote von 99,3 Prozent ermöglicht zu haben. Dafür nutzen sie manchmal auch gleichzeitig zwei »Carrier«, also Kinder-»Transporteurinnen«, sprich Mietmütter. Daher gibt es immer noch eine Niederlassung in Mexiko, aber auch jeweils eine in Kolumbien, Argentinien, Indien, den USA, in der Ukraine, in Georgien, auf Zypern, in Kasachstan und Armenien.

Auch Kuba hat im Jahr 2022 die »Leihmutterschaft« legalisiert. Im sogenannten »Cuban-Family-Code-Referendum« wurden gleichzeitig die Einführung gleichgeschlechtlicher Ehen, das Adoptionsrecht für Homosexuelle, die Elternschaft für mehr als zwei Personen und eben auch »Leihmutterschaft« gleich in einem Aufwasch durchgesetzt[64]. Zwar soll nur die altruistische Variante erlaubt sein, was jedoch der Schwarzmarkt auf Kuba bereithält angesichts von Armut und Korruption im Land, kann man wahrscheinlich vorzeichnen.

BABY-ERNTE IN AFRIKA

In Afrika ist die Rechtslage nur in wenigen Staaten überhaupt klar. Südafrika ist das einzige Land mit eindeutigen gesetzlichen Bestimmungen. Erlaubt ist nur die altruistische Variante, wenn mindestens einer der Besteller einheimischer Staatsbürger ist und man nachweisen kann, finanziell für ein Kind sorgen zu können. Wie in vielen Dingen unterscheidet sich der Rest des Subkontinentes gravierend davon.

Es wiederholt sich auch hier das Schema Armut, Korruption, mangelnde Bildung und fehlende Menschenrechte als Treiber für das blühende Geschäft mit dem Kinderhandel. Länder, die sowieso bereits ein Problem mit Menschenhandel haben, bekommen durch die Reproduktionsmedizin einen Zusatzschub durch eine weitere Ausbeutungsvariante. Kenia, Ghana und Nigeria sind die Hotspots.

Schon im Jahr 2006 berichtete die UNESCO[65] über das Problem des »Baby-Harvesting«, also der Baby-Ernten auf sogenannten Baby-Farmen, wo man schwangere Frauen festhielt und ihre Kinder später auf dem nationalen und internationalen Adoptionsmarkt verkaufte. Die *International Crimes Database*, ein Projekt des niederländischen *Asser-Instituts*, beschreibt ausführlich in ihrem Bericht 2013[66], wie sich das Geschäft später erweiterte – wie immer, wenn ein Markt dafür da ist. Zuerst hat man schwangere Frauen unter falschen Versprechungen von Jobs oder Zugang zu einer Abtreibung verschleppt und ihre Kinder nach der Geburt international an Adoptionswillige oder als spätere Sex- oder Arbeitssklaven verkauft. Später erweiterte man das Geschäft durch das gezielte Kidnappen von Frauen, die dann auf den Farmen vergewaltigt und geschwängert wurden. Man bezeichnet die Vorgänge in Nigeria aber auch als einen neuen Trend des bereits existierenden Menschenhandels. Das Papier ist bereits über zehn Jahre alt, das Geschäft läuft weiter.

Gerade in Bezug auf Afrika sollte die Tatsache der Versklavung von Menschen und das Verkaufen von Kindern eine höhere Sensibilität erwarten lassen. Es ist kein gesellschaftlicher Fortschritt, wenn jetzt Schwarze andere Schwarze ausbeuten, verkaufen und versklaven und nicht mehr weiße Kolonialherren.

ABER ALTRUISTISCH GEHT DOCH, ODER?

Die Vorstellung der selbstlosen Hingabe einer Frau, damit ein fremder Mensch Mutter oder Vater werden kann, während sie selbst sich nur genügsam am Glück der Fremden ergötzt und bescheiden auf eine Entlohnung verzichtet, um dies Wunder des Lebens und die Quelle der Lebensfreude nicht durch Geld zu entehren, kann sich eigentlich nur jemand ausgedacht haben, der noch nie ein Kind geboren hat. Es müssen dieselben Menschen sein, die an die Geschichte von der Prostituierten glauben, die das täglich mehrfach aus lauter Freude am Sex tut. Wahrscheinlich ist das Märchen von der »selbstlos Gebärenden« aber die perfideste Erfindung findiger Geschäftemacher. Politisch bemüht man gerne Beispielgeschichten von der einen Schwester, die für ihre krebskranke andere Schwester nach deren Chemotherapie ein Kind austrägt. Oder von der Mutter, die dasselbe für die durch Chemotherapie unfruchtbare Tochter tut. Die Fälle mag es sicher vereinzelt geben, Zahlenmaterial zu dieser Frage existiert nicht. Die herzerwärmenden Geschichten sind der Türöffner, das Prinzip »Gefühl schlägt Fakten« wirkt auch in dieser Branche.

Nicht-kommerziell heißt nicht un-problematisch. Alle ethischen, medizinischen, menschenrechtlichen Bedenken bleiben bestehen, egal ob keines oder viel Geld fließt. Immer noch wechselt ein Kind den Besitzer, das Grunddilemma löst sich nicht auf. In der praktischen Umsetzung der angeblich nicht-kommerziellen Variante zeigt sich zudem sehr schnell, dass selbstverständlich immer noch Geld verdient wird. Die Kosten für die Vermittlungsagenturen und die hohen Kosten für den medizinischen Part der Kliniken, also alle Kosten für Eizellspende, Transport, Medikamente, IVF-Verfahren und so weiter, bleiben und damit auch alle ethischen Problematiken rund um Eizellspende, Selektionsverfahren bei künstlicher Befruchtung und dem Verbrauch von Embryonen. Damit verändert sich aus der Perspektive der gut verdienenden Kliniken und Vermittler für alle nötigen Dienstleistungen im Reproduktionsgeschäft rein gar nichts.

Sie verdienen genauso weiter wie in jenen Ländern, wo auch die kommerzielle »Leihmutterschaft« legal ist. Man lässt also automatisch eine kommerziell ausgerichtete Infrastruktur weiterwachsen und verdienen. Nur der Brutkasten wird billiger, er soll nicht entlohnt werden.

Und nicht einmal das stimmt. Denn es ist keineswegs so, dass kein Geld an die Mietmutter fließt, man nennt es bloß nicht Honorar, sondern »Aufwandsentschädigung«. International sind solche Regelungen auch unter dem Begriff »Expenses only«-Gesetze bekannt. Welche Ausgaben da nun entschädigt werden, ist flexibel und vom Einkommensdurchschnitt der Länder abhängig, in denen die »selbstlose« Frau angemietet wird. Dazu werden weitere Ausgaben bezahlt wie Reisekosten, Kosten für Kleidung, Kosten für Verdienstausfall, Kosten für Betreuung der Kinder, die zu Hause versorgt werden müssen, weil Mami ein fremdes Kind austrägt. Der Terminus »Verdienstausfall« soll das wegfallende Einkommen in der Zeit der Schwangerschaft beschreiben, das wiederum kann sich nur an den durchschnittlichen Einkommen der Frauen in ihren Heimatländern bemessen, sollten sie überhaupt vorher in Arbeit gewesen sein.

Das lädt geradewegs dazu ein, in Ländern nach Frauen zu suchen, die sowieso nichts haben, und sie im Zweifel sogar für die Dauer der selbstlosen Hingabe als Kinderlieferant bei sich im eigenen Land unterzubringen. Das monatliche Durchschnittseinkommen für Frauen in der Ukraine liegt um die 350 Euro. In Kolumbien ist man mit 200 Euro schon ganz gut dabei. In Indien leben Millionen Frauen von der Hand in den Mund. Es ist ja kein Zufall, dass sich der Markt immer in genau jenen Regionen entwickelt, wo große Armut herrscht und vor allem auch die Armut der Frauen. Das Mietmutterschafts-Eldorado von Mexiko lag wie gesagt in der Provinz Tabasco, genau jener Region des Landes, die auch innerhalb von Mexiko die ärmste Region darstellt. Wenn das Jahresgehalt einer Frau nun, selbst wohlwollend gerechnet, nicht mehr als 2000 bis 4000 Euro beträgt und man ihr Auslagen in Höhe von 8000 Euro anbietet, klingt das in europäischen

Ohren nach einer lächerlichen Summe, im Heimatland der Frau sind es jedoch manchmal vier Jahresgehälter. Das ist ein Schnäppchen für reiche Europäer, die gleichzeitig arme Frauen auf anderen Kontinenten über den Tisch ziehen. Kolonialismus ist noch eine freundliche Beschreibung dessen, was hier geschieht.

25.000 SELBSTLOSE BRITISCHE PFUND

Doch blicken wir einmal nach England, wo die altruistische Methode bis heute praktiziert wird. Selbstredend wird auch in England seit Jahren durch Lobbyisten gefordert, eine kommerzielle Variante zu legalisieren, was allerdings auch durch den aktuellen Bericht der britischen und schottischen Rechtskommission zum Stand der Mietmutterschaft 2023[67] erneut nicht empfohlen wurde. In der Begründung heißt es, das wäre doch eine recht gravierende Veränderung des Status quo, den man allenfalls durch eine breite Zustimmung rechtfertigen könnte. Die gibt es aber laut Bericht auch in England nicht, ganz im Gegenteil. Nicht nur die Gegner von Mietmutterschaft, sondern auch jene, die an der altruistischen Mietmutterschaftspraxis beteiligt sind, sprechen sich laut Bericht mehrheitlich gegen eine Kommerzialisierung aus.

Gleichzeitig sieht man dennoch Reformbedarf, weil die rechtliche Situation von Mietmutter, Besteller-Eltern und Kind in der praktischen Anwendung, bei Komplikationen in der Schwangerschaft und auch bei wichtigen medizinischen Entscheidungen nach der Geburt völlig unzureichend ist, da das Kind erst dann offiziell den Bestellern gehört, wenn es rechtlich auf dem Amt eingetragen ist. Das kann Monate dauern. Vorher gilt es rechtlich als Kind der Mietmutter und sogar als Kind ihres Ehemannes, wenn sie einen hat. Sie muss es nicht einmal aushändigen. Wie viele Kinder in England durch Mietmutterschaft geboren wurden, kann allerdings auch die Rechtskommission des britischen Parlamentes nicht feststellen, weil sie zugeben muss, dass wahrscheinlich nicht alle diese Kinder amtlich registriert sind. Im Jahr 2021 waren es jedenfalls 450 registrierte Kinder. Da es aber keine Registrierungspflicht gibt, weiß man nicht, wie viele private Vereinbarungen getroffen wurden und wie viele Kinder für wie viel Geld tatsächlich die Seiten gewechselt haben.

Auch in England agieren Vermittlungsagenturen wie etwa *Brilliant Beginnings*[68], die ihren Service mit der Vermittlung einer Mietmutter inklusive Rechtsberatung für Summen zwischen 25.000 und 30.000 britischen Pfund anbieten und darauf hinweisen, dass die Kosten für die »Aufwendungen« der Mietmutter und die medizinischen Kosten darin nicht enthalten sind. Obwohl hier sehr offensichtlich mit dem Geschäftsmodell »Altruismus« in viele Richtungen Geld verdient wird, wird die Agentur selbst von staatlichen Behörden, wie etwa der schottischen Regierung[69], wärmstens empfohlen. Ob die Mietmutter von der Agentur einen Anteil dieser Summe bekommt, steht nirgendwo.

Bei *Sensible Surrogacy*[70] listet man die Gesamtkosten für eine Mietmutterschaft in England auf mindestens 50.000 Pfund. Die »Aufwendungen« für die Mietmutter dürfen demnach laut Gerichtsurteilen, die dazu bereits gefällt wurden, bis zu 25.000 Pfund betragen und beinhalten alle Dinge, die mit der Schwangerschaft in Verbindung gebracht werden. Von Kleidung über Schwangerschaftsgymnastik bis hin zu Urlaubskosten, Zahnarztbehandlungen, Versicherungen und Vitaminen kann alles entschädigt werden. 25.000 Pfund klingt nicht sehr selbstlos, im Niedriglohnbereich sprechen wir also in Wahrheit über mehr als ein Jahresgehalt für eine Schwangerschaft. Die »altruistische Leihmutterschaft« ist die Einstiegsdroge ins Geschäft.

Es wäre spannend, zu erfahren, was man in Deutschland an selbstloser »Aufwandsentschädigung« für angemessen hielte, bevor es verbal zur Bezahlung avanciert. Eine Kassiererin verdient bei uns im Jahr brutto auch nur rund 28.000 Euro, das sind, je nach Tageskurs, übrigens fast genau 25.000 britische Pfund.

EINE EINLADUNG IN DIE ILLEGALE GRAUZONE

In England bestätigt sich das weitbekannte Phänomen, dass die Legalität der altruistischen Variante ein Umfeld schafft, in dem auch illegale Praktiken unterhalb des Aufmerksamkeitsradius der Behörden ungestört stattfinden können, weil lokale Behörden das Geflecht aus illegalen Praktiken im Inland und legalen Angeboten im Ausland nicht durchschauen und Straftaten nicht beweisen können.

Im Jahr 2022 geriet der weltweit agierende Mietmutterschaftsanbieter *New Life Global* in die Schlagzeilen, weil man ihm vorwarf, die Gesundheit seiner Mietmütter zu riskieren. Das Unternehmen brüstet sich damit, weltweit über 7000 Babys erfolgreich produziert zu haben. Hauptsitz des weltweit agierenden Unternehmens ist London. Gründerin ist die georgische Ärztin Dr. Mariam Kukunashvili, die ihr Luxusleben gerne bei Instagram präsentiert und als Expertin für Mietmutterschaft in Georgien von der Cambridge-Universität an Buchprojekten[71] beteiligt wird. Während in England selbst angeblich nur Gespräche arrangiert werden, um Eltern zu treffen, »die bereit sind, über Leihmutterschaft/Eierspende zu sprechen«, arbeitet man mit Niederlassungen in Georgien, der Ukraine, China, Indien, Südafrika, Mexiko und Polen an der Umsetzung. Dort sind dann auch jene Reproduktionstechniken legal, die man den Kunden in England bei künstlicher Befruchtung offiziell nicht anbieten kann, wie etwa der gleichzeitige Transfer von drei oder vier Embryonen, die Geschlechterselektion oder Eugenik, um kranke Embryonen auszusortieren[72].

In zehn Sprachen heuerte das Unternehmen weltweit durch Facebook-Anzeigen gezielt junge Frauen als Mietmütter an und versprach ihnen in Lockangeboten Summen, die in ihren Heimatländern teilweise mehrere Jahresgehälter bedeuten. In dieser rechtlichen Grauzone kann niemand mehr überblicken, welche Dienstleistungen wirklich altruistisch für Engländer erbracht werden – zumal, wenn Mietfrauen aus weiteren Ländern involviert sind –, wo auf der Welt die Befruchtung und Optimierung der Embryos stattfindet und wie viel Geld am Ende an wen fließt. Aus dem britischen Rechtsraum heraus agiert es sich aber offenbar sehr gemütlich. Solche Zustände drohen jedem Land, das die altruistische Variante einmal ermöglicht. Es ist wie eine Einladung zum parallelen kommerziellen Markt.

GRIECHISCHER ALTRUISMUS

Wie die sogenannte altruistische Variante kommerziell ausgeschlachtet und illegal missbraucht werden kann, wenn sie erst einmal erlaubt ist, macht auch Griechenland eindrücklich vor. Hier werden bis zu 10.000 Euro Aufwandsentschädigung an die angeblich »selbstlos« agierenden Frauen bezahlt. Mietmutterschaft darf hier angeblich nur nach vorheriger gerichtlicher Genehmigung stattfinden. Es gibt zudem eine staatliche Behörde, die das – genauso angeblich – überwacht.

Die Realität sieht dann so aus: Im Sommer 2023 hob die Polizei auf der Insel Kreta einen Menschenhändler- und Leihmutterschaftsring aus und verhaftete die Betreiber des *Mediterranean Fertility Center*. Die Polizeiermittlungen erwähnen[73] allein für den neunmonatigen Ermittlungszeitraum 182 Fälle von »Ausbeutung von Frauen im Bereich der Eizellentnahme und Leihmutterschaft«. Es sei ein internationales Netzwerk an Maklern aufgebaut gewesen, um ausländische Frauen nach Griechenland zu schaffen und sie dort als Eizellspenderinnen und zum Gebären zu nutzen. In 14 voll eingerichteten und überwachten Wohnungen fand man bei der Razzia rund 30 Frauen aus Moldawien, der Ukraine, aus Georgien, Rumänien und auch Bulgarien. Die Polizei beziffert den Nettogewinn für die Händler der Agentur auf 70 Prozent der Summen, während die Besteller aus der ganzen Welt zwischen 70.000 und 100.000 Euro pro Kind bezahlten. Unter den zahlreichen Verhafteten waren nicht nur der 73-jährige Betreiber der Klinik und eine Hebamme, sondern auch der Leiter des staatlichen

Aufsichtsamtes für die assistierte Reproduktion, den der griechische Gesundheitsminister dann erst mal seines Amtes entheben musste, weil er am Geschäft beteiligt war, statt es zu verhindern.

Die Polizei sagt, das Netzwerk sei seit Jahrzehnten aktiv an mehreren Standorten Griechenlands. Die Anklagen erstrecken sich auf Menschenhandel, Vermittlung der Adoption von Minderjährigen, Kauf und Verkauf von genetischem Material oder befruchteten Eizellen, Fälschung von Krankenakten zum Zwecke des Verkaufs von genetischem Material, Fälschung von ärztlichen Bescheinigungen für den gerichtlichen Gebrauch, Vortäuschung von Scheinehen, Betrug und Körperverletzung. Für 70.000 Euro Nettogewinn bei jedem einzelnen Kind lässt man sich schon etwas einfallen.

Aber ja sicher, auf dem Papier hat Griechenland genau wie England nur selbstlos agierende Frauen in der Branche. Lupenreiner griechischer Altruismus.

Kapitel 3

DIE LOGIK DES MARKTES

Zwischen Lieferkettenstau und guten ukrainischen Genen

Warum soll man sich nur ein Auto oder eine Pizza bestellen und liefern lassen, wenn man das Ganze auch mit Kindern machen kann? Heißt es nicht in der englischen Sprache sowieso *to deliver a baby* für den Akt des Gebärens? »Geliefert wie bestellt« bekommt im Kontext der globalen Mietmutterschaft eine ganz neue Dimension. Wer einmal damit beginnt, den Menschen nicht mehr als individuelle Person, sondern als optimiertes Ergebnis eines Produktionsprozesses zu betrachten, als Produkt, das auf dem Weltmarkt als Ware den Besitzer wechselt, bekommt es mit allen üblichen Problemen des Handels zu tun: Lieferkettenstau, Produktionsfehler, fehlender Nachschub, Überschussproduktion, kaputte Maschinen, Arbeitsunfälle, falsche Ersatzteile, vertauschte Zutaten, unqualifiziertes Personal, dubiose Zulieferer, unzufriedene Kunden, aufmüpfige Mitarbeiter, die Auslieferung falscher Pakete, komplizierte Handelsgesetze, Betrug, gebrochene Verträge und Geschäftsführer, die mit Geldkoffern untertauchen.

»Murphys Gesetz« gilt auch auf dem menschlichen Verschiebebahnhof: Was schiefgehen kann, geht schief. Die Logik des Marktes ist nur einer von sehr vielen Gründen, warum es immer eine Illusion bleiben wird, dass man all das einfach nur vernünftig gesetzlich regeln müsse – dann ginge auch alles in Ordnung. Bis ein Mensch gezeugt wird, im Bauch einer Frau heranwächst, geboren wird, um irgendwann beim Kunden anzukommen, kann allein schon aufgrund der zahlreichen beteiligten Akteure und der komplizierten Produktionsprozesse bei jedem einzelnen Zwischenschritt enorm viel schiefgehen. Und da haben wir noch nicht einmal darüber gesprochen, welche Probleme erst entstehen, wenn das Kind von seinem neuen Besitzer gar nicht zum Liebhaben bestellt wurde, sondern zu ganz anderen Zwecken.

Man bekommt das Tor zur Hölle nicht wieder zu, wenn man es erst einmal mutwillig geöffnet hat. Wo ein Menschenleben nichts wert ist und man einmal mit dem Überschreiten roter Linien begonnen hat, ist der sich daraus entwickelnde illegale Markt wie eine Hydra, deren Köpfe mit immer neuen Ausbeutungsmöglichkeiten zwischen Kinderraub, Kinderhandel, Organhandel, Zwangsprostitution, Kinderpornografie und manchmal einer Kombination mehrerer Faktoren nachwachsen. Mietmutterschaft ist nur ein Puzzleteil von vielen, ein »Möglichmacher«, ein Instrument des Profits. Die Logik des Marktes ist erbarmungslos und fragt nicht nach Kinderrechten, Frauenrechten oder ethischen Grundsätzen, sondern nach Wachstum und Profit.

Mitten in Europa existiert ein Eldorado des Menschenhandels und ermöglicht mit seinen laxen Gesetzen nicht nur eine massive Ausweitung des Marktes auf diesem Kontinent. Es fungiert darüber hinaus als Drehscheibe und Möglichmacher für zahlreiche Agenturen aus dem Ausland, die in einem globalen Netzwerk agieren und in der Ukraine unter dem dortigen Deckmantel der Legalität eine Heimstätte finden, auch wenn ihre Ursprungsländer diese Praxis auf heimischem Boden verbieten. Legale und illegale Komponenten werden damit über Ländergrenzen hinweg verstrickt, Straftaten verschleiert, einzelne Dienstleistungsschritte an Subunternehmer ausgelagert und die Kundschaft dorthin gelockt. Nahezu exemplarisch kann anhand der Ukraine demonstriert werden, wie das schmutzige Geschäft hinter pastellfarbenen Fassaden funktioniert.

BESTELLT UND NICHT ABGEHOLT

Der Kollateralschaden des Marktes lag im Frühjahr 2020 in den Hotelzimmern von Kiew. Hunderte von Neugeborenen hingen in der Ukraine fest und lieferten der Welt erstmalig einen ungeschönten Blick nicht nur auf die Dimension, sondern auch auf die menschliche Tragik dieses Geschäftes mitten in Europa. Da jeden Monat rund 200 »Leihmutter«-Kinder in der Ukraine geboren werden, warteten bereits nach kurzer Zeit Hunderte Babys darauf, von ihren Bestellern abgeholt zu werden, die aber aufgrund internationaler Corona-Lockdowns und -Reisebeschränkungen nicht einreisen konnten. Bestellt und nicht abgeholt durch Lieferkettenstau.

Nicht nur die Besteller-Eltern schwankten zwischen Ratloskeit und Verzweiflung, auch der ukrainische Marktführer BioTexCom bemühte sich sichtlich, im Internet das Publikum zu beruhigen sowie diplomatische Lösungen und Sondergenehmigungen zu erwirken. Genaugenommen war man auf die Situation überhaupt nicht vorbereitet, sie sollte ja niemals eintreten. In den hübschen Hochglanzprospekten kommen die Eltern im Idealfall zum geplanten Kaiserschnitt, bleiben mit dem Kind in den dafür bereitgestellten Hotelzimmern und Wohnungen, bis der Papierkram erledigt ist, und fahren dann glücklich mit Kind samt Geburtsurkunde nach Hause. In der Realität war der kindliche Kollateralschaden gerade elternlos.

In einem Video auf dem hauseigenen YouTube-Kanal betrieb *BioTexCom* dann Imagepflege[74]. Man sah einen großen Raum mit 46 Kinderwagen, wie sie in den besten DDR-Krippen-Zeiten nicht schöner hätten aufgereiht werden können. Die Szenerie wechselte zwischen herzzerreißendem Brüllen, dem Anwalt von *BioTexCom*, der die Dringlichkeit des Problems vorstellte, und aufopferungsvollen Kinderschwestern wie aus dem Bilderbuch, die bemüht waren, jedes Kind zu baden, zu schaukeln und zu füttern. Man veranstalte Skype-Anrufe zu den »Eltern«, um ihnen ihre Kinder im firmeneigenen »Venice Hotel« in Kiew zu zeigen, wo die »kleinen Gäste jetzt auf ihre

Eltern warten«. Man könne nur ahnen, »wie es sich für Eltern dieser Sweeties anfühlen« müsse, Tausende von Kilometern von ihren lang erwarteten Kindern entfernt zu sein. Und man erinnerte daran, dass die Quarantäneregelungen daran schuld seien. Nicht, dass hier noch einer die Agentur verklagt.

Wie praktisch, dass die neugeborenen Sweeties selbst noch nicht sprechen konnten, um einmal zu erzählen, wie sie das so fanden. In den besten Filmszenen sah man maximal sieben Mitarbeiterinnen in albernen Tierbaby-Leibchen gleichzeitig auf den adrett arrangierten Bildern, deren Wahrheitsgehalt wir mal einfach wohlwollend stehen lassen. Jede von ihnen hatte also etwa sieben Neugeborene zu versorgen. Diese 46 Babys stehen exemplarisch nicht nur für die vermuteten 500 in der Ukraine, sondern für wahrscheinlich Hunderte an weiteren Neugeborenen weltweit in ähnlichen Problemlagen.

»SOCIAL DISTANCING« FÜR NEUGEBORENE?

Man könnte nun einwenden, dass diese Eltern ja nichts dafürkönnen, dass ihr Kind gerade in einem Massenlager brüllt, schließlich wollen sie es ja holen, dürfen aber nicht. Die Besteller-Eltern aus der *Bio-TexCom*-Hotel-Warteschleife stammten laut Video aus Mexiko, den USA, Deutschland, Spanien, Italien, England, Frankreich, Bulgarien, Rumänien, Portugal und noch weiteren Ländern. Der YouTube-Kanal von *BioTexCom* sendet Videos auch auf Chinesisch, Japanisch, Rumänisch, Bulgarisch, Spanisch, Englisch und Französisch.

Man könnte aber auch sagen: Wer solche Prozesse in Gang setzt, verursacht eben Risiken und Nebenwirkungen. Den Schaden tragen jedenfalls die Kinder. Ich nehme doch an, dass wir gesellschaftlich nicht diskutieren müssen, dass ein Neugeborenes keinesfalls versteht, warum es keine Eltern hat, diese nicht anreisen und es bereits seit Wochen oder Monaten in einem vollen Raum mit 45 anderen Babys liegt und wir alle froh sein können, wenn das Prinzip »sauber – sicher – satt« gehalten werden kann. Dem Kind helfen keine Skype-Konferenzen, denn die Grundbedürfnisse eines Neugeborenen sind nicht mit »Social Distancing«-Regelungen in Einklang zu bringen.

Genaugenommen hat man all diesen Kindern ein doppeltes Trennungstrauma zugemutet. Direkt nach der Geburt sind sie von der einzigen Person getrennt worden, die sie bislang kannten: der Frau, in deren Bauch sie wuchsen. Danach sind sie von völlig Fremden notdürftig versorgt worden, bis sie schließlich nach Wochen oder Monaten erneut in fremde Hände kamen – zu jenen, die jetzt beanspruchen, die Eltern zu sein. Diese Bürde zum Start ins Leben werden sie alle allein tragen müssen.

In den Medien tauchten übrigens keine Berichte auf, wie, wann und ob alle Kinder ihre Besteller jemals erreichten. Es ist anzunehmen, dass unterhalb des Radars der Weltöffentlichkeit zahlreiche Regierungen im Zuge der Diplomatie beide Augen zumachten und im Sinne der Kinder Grenzen für Durchreisen öffneten.

STAFFEL ZWEI WECHSELT IN DIE KRIEGSKULISSE

Durch den Ausbruch des Krieges in der Ukraine wiederholte sich dann das Szenario unter noch schlimmeren Bedingungen im Jahr 2022. Wieder gab es Hunderte von Kindern, doch diesmal nicht in aufgehübschten Hotelzimmern, sondern in umfunktionierten Wäschekörben in Luftschutzkellern. Während nämlich Tausende von Ukrainern mit ihren Kindern versuchten, vor dem Krieg ins Ausland zu fliehen, durften die schwangeren Mietmütter der Ukraine nicht das Land verlassen, um sich zu retten. Sie waren ja vertraglich gebunden, dazubleiben, um auf keinen Fall im Ausland zu gebären, wo das Kind dann juristisch als ihr eigenes gelten würde und die Übergabe an die Besteller Kinderhandel wäre. Allein die Firma *BioTexCom* sprach damals von akut 600 Schwangeren. Täglich kämen bis zu drei Kinder dazu, erzählte der *BioTexCom*-Rechtsberater Denis Herman[75] der Presse, das sind im Monat rund 100 Babys. Gleichzeitig warnte das Unternehmen seine Mietfrauen auf allen Social-Media-Kanälen, das Kind im Ausland zu bekommen.

Auch die bereits geborenen Kinder konnten nicht einfach außer Landes gebracht werden. Zum einen war das schlicht aus logistischen Gründen nicht möglich und zum anderen konnten sie ja nur in der Ukraine an die Besteller übergeben werden, wenn man sich nicht des Menschenhandels auf beiden Seiten schuldig machen wollte.

Viele Besteller scheuten zwar nicht das Überschreiten aller ethischen Grenzen bei der Bestellung, aber dann doch das Überqueren der realen ukrainischen, um ihr Kind aus dem Kriegsgebiet persönlich abzuholen.

Wieder sendete *BioTexCom* Videos in die Welt, hinterlegt mit sanfter Musik, und präsentierte im Clip »Das Leben der Ungeborenen in Kriegszeiten« lauter niedliche Knuddelbabys, die gefüttert und gebadet werden. Es wurde versichert, dass alle Neugeborenen an einem sicheren Ort seien und alles bekämen, was sie brauchten, »Essen, Wärme, ein Bad und natürlich die Liebe unserer Mitarbeiter«. Diese trugen beim Berühren der Kinder blaue Latexhandschuhe[76]. Auf anderen Bildern, die in der Presse kursierten, sah es chaotischer aus: Kinder lagen in unterschiedlichsten Plastikwannen, an denen Namenszettel mit Pflastern angeheftet waren. Man möchte gar nicht wissen, wie viele möglicherweise verwechselt wurden in dem Durcheinander.

Abseits der Schönfärberei erzählten Mietmütter ganz andere Geschichten in den Medien. Oksana ist 32, hat einen Mann und eine neunjährige eigene Tochter. Sie ist im neunten Monat schwanger für ein Paar aus Bulgarien und kauert tagelang mit der ganzen Familie in einer U-Bahn-Station in Kiew. Sie fliehen nach Norden in ihre Heimatstadt Sumy, um dort zu überleben, und hoffen, dass die Kämpfe abklingen, damit sie in eine Klinik kann, wenn die Wehen einsetzen.

Sie macht das Ganze, um Geld für eine Operation ihres Vaters zu verdienen. Sie darf nicht ausreisen wegen der Schwangerschaft, ihr Mann nicht, weil er kriegstauglich ist, dazwischen eine Neunjährige und ein fremdes Kind im Bauch. Andere Mietmütter fliehen nach Polen in die Sicherheit. Sie hätten aber versprochen, vor der Geburt zurückzukommen, versichert *BioTexCom*-Pressesprecherin Maria Holumbovska gegenüber *Euronews.*

In der Zwischenzeit harren ältere Pflegerinnen von *BioTexCom* in Kiew aus und kümmern sich um die Kinder, damit ihre jüngeren Kolleginnen, die selbst kleine Kinder haben, fliehen können. In dem fensterlosen Bunker liegt auch der kleine Valeriy. Er ist schon seit Monaten hier. Seine Besteller aus China haben ihn bislang nicht abgeholt – erst wegen Corona und jetzt wegen des Krieges[77]. Hoffentlich hat er mehr Glück als die kleine Bridget und sie kommen überhaupt. Bridget war mit einer Behinderung auf die Welt gekommen, ihre amerikanischen Besteller wollten sie nicht mit diesem Produktionsfehler. Sechs Jahre war sie Waisenkind in der Ukraine[78], dann fand sich eine andere Familie aus den USA, die sie adoptierte und trotz Krieg aus der Ukraine schaffte. Behinderte Kinder sind ein Tabuthema der Branche. In der Regel werden sie vorher abgetrieben, damit sie gar nicht erst auf die Welt kommen. Zielvorgabe ist ein gesundes Kind. Wer so viel Geld für das einzige Kind ausgibt, will sich nicht mit Handicaps herumschlagen. Die Agentur *New Life Global* warb zeitweise aktiv mit dem Versprechen, man müsse behinderte Kinder nicht mitnehmen. Diese landeten in georgischen Waisenhäusern[79].

Ein anderes, neugeborenes Zwillingspaar muss aus einem russischen Waisenhaus heraus gerettet werden. Die Mietmutter war nach Kriegsausbruch nach Russland geflohen und hat die Kinder nach der Geburt dort abgegeben. Die Besteller aus Texas setzten alle Hebel in Bewegung. Die Zwillinge hatten Glück, dass sie laut amerikanischem Recht sofort als Amerikaner gelten, solange sie genetisch mit einem Besteller verwandt sind – auch wenn sie nicht in den Staaten geboren sind. Eine Non-Profit-Organisation namens *Project Dynamo* holte die

Kinder in einer Geheimaktion über Estland persönlich heraus[80], wie genau, will man nicht sagen. *Project Dynamo* besteht aus US-Veteranen, die weltweit in Spezialaktionen ihre Landsleute aus jenen juristischen »Grauzonen« befreien und nach Hause bringen, wo Behörden offiziell nicht eingreifen können. Sie retten Geiseln und Opfer von Menschenhandel[81].

AMTSHILFE FÜR STRAFTÄTER?

Kann man der Mietmutter verdenken, dass sie ihre eigene Haut rettete und dafür die Kinder einfach mit ungewisser Zukunft im Waisenhaus abstellte? Es waren ja nicht ihre, sie sollten es nie sein. Hat sie eine Pflicht, sich um sie zu kümmern, wenn die Besteller nicht kommen? In einem Bericht von *Euronews*[82] echauffiert sich ein Mitarbeiter von *Growing Families*, dass manche Besteller versuchen, »ihre« »Leihmutter« zu dirigieren und zu bevormunden. Dass manche Paare »ihre« Mietmutter gedrängt hätten, in sicherere Teile der Ukraine zu fliehen oder sogar nach Georgien, wo »Leihmutterschaft« legal sei. »Das ist moralisch nicht richtig«, sagt er, die Frauen seien schließlich kein Eigentum und könnten nicht gezwungen werden, umzuziehen. *Growing Families* lässt sich dabei als »ehrenamtliche Organisation« vorstellen. Tatsächlich ist das Unternehmen seit über zehn Jahren auf verschiedenen Kontinenten und in zig Ländern im Geschäft und rühmt sich, bereits bei über 3000 Mietmutterschaften weltweit erfolgreich vermittelt zu haben – und natürlich bietet es seine verschiedenen Beratungspakete gegen Geld an. Es arrangiert alles, von Flugreisen für tiefgefrorene Embryos über juristische Hilfe zum Ausstellen von Papieren[83] bis hin zur Beratung für die rechtssicheren Knebelverträge, die man den Mietmüttern aufdrängt. Mitten im Kriegsschlamassel von Kiew, in das nun auch seine Kunden involviert waren, fiel ihm plötzlich die Moral wieder ein.

»Helft den Eltern, ihre Kinder zu holen!«, titelten die Zeitungen und verbreiteten die Forderungen aus der Ukraine. In ganz Europa griffen damals die Medien die dramatischen Appelle hilfloser Besteller und Agenturen auf[84]. Manche Eltern schlugen sich auf eigene Faust ins Kriegsgebiet durch und verließen ohne Papiere, aber mit Kind in übervollen Zügen das Land. Die Botschaften, die es zum Ausstellen der Pässe eigentlich bräuchte, waren längst nicht mehr erreichbar. Einem französischen Paar mit neugeborenen Zwillingen drohte auf der Odyssee die Babynahrung auszugehen. Sie beschwerten sich medial, dass man ihnen nicht helfe, sie könnten mit zwei Neugeborenen doch nicht mit dem Auto fliehen[85]. Auch in Frankreich ist »Leihmutterschaft« verboten, aber jetzt rief man denselben Staat um Beihilfe zum Kinderhandel an? Der französische Justizminister Jean-Yves Le Drian ließ ausrichten, dass Frankreich keine Unterstützung bei der Ausreise leisten könne.

Ja sicher, wer angesichts der Bilder dieser kleinen Würmchen in ihren Plastikschalen in Luftschutzräumen nicht emotional aufheizt, hat kein Herz. Gleichzeitig bedeutet Unterstützung für diese Eltern juristisch, ihnen bei der Durchführung einer Straftat behilflich zu sein. Muss der Staat jenen helfen, die sich bewusst über die Rechtsordnung ihrer Länder hinwegsetzen und im Ausland das tun, was im eigenen Land verboten ist? Sicher ist, man muss allein schon aus humanitären Gründen den Kindern helfen, die Eltern müsste man aber genaugenommen anzeigen und festnehmen.

Niemand weiß, wie es den Hunderten Mietmüttern heute geht, ob und wie sie nach der Geburt medizinisch versorgt wurden. Für Besteller und Agentur endet die Verantwortung, sobald der Brutkasten seine Leistung erbracht hat. Auch zu diesen Frauen war von der viel zitierten »feministischen Außenpolitik« der deutschen Bundesregierung nie ein Wort zu hören.

Das Geschäft läuft inzwischen trotz Krieg unbeirrt weiter. *BioTexCom* ist bemüht, auf allen Kanälen zu bestätigen, dass die Lage ruhig sei und das Geschäft weitergehe. Man habe es trotz Krieg nie eingestellt. Stolz vermeldet man im November 2023, dass trotz des Krieges auch in diesem Jahr bereits 759 Kinder für Kunden auf der ganzen Welt geboren worden seien. Gleichzeitig wurde der Produktionsprozess angepasst und erweitert. Es ist jetzt nicht mehr nötig, zur Abgabe seines genetischen Materials nach Kiew zu reisen, es gäbe jetzt einen Abholservice. Wir sehen im dazu erstellten Firmenvideo[86] sonnige Bilder flanierender Menschen in Kiew, alles ist wie aus dem Urlaubsprospekt. Krieg? Wo denn? Im September 2023 bestätigen mir auf der Babymesse in Köln mehrere Anbieter, die in der Ukraine agieren, dass ich mir keine Sorgen machen müsse, sollte ich ein Baby haben wollen. »Ist kein Problem!« Es sei völlig ungefährlich, nach Kiew zu kommen. Man habe aber für die ängstlichen Kunden, die nicht weit ins Landesinnere wollten, in Grenznähe neue Räume angemietet und auch an der tschechischen Grenze, wo man ebenfalls Treffen mit den Mietmüttern, vertragliche Formalitäten und die Übergabe von Eizellen und Samenspenden arrangieren könne. Krieg ist kein Hindernis für ein Geschäft.

GANZ NORMALES MARKTVERSAGEN

Es ließe sich einwenden, dass weltweite Pandemien oder auch Kriege doch nur Ausnahmefälle seien, die dann auch Ausnahmeprobleme und bedauerliche, vereinzelte Kollateralschäden verursachten, während es zu Normalzeiten nicht dazu käme. Das ist auch das, was alle hören wollen, die diese Dienstleistungen nutzen, oder jene, die daran arbeiten, sie in ihren Ländern zu legalisieren.

Die Agenturen selbst sparen nicht an blumigen Beschreibungen ihres umfassenden Angebotes. Zuverlässigkeit, Diskretion, medizinische Präzision, Rechtssicherheit und am Ende garantiert ein gesundes Kind zum besten Preis sind jene Schlagworte, mit denen sie bemüht sind, Seriosität auszustrahlen und Vertrauen zu gewinnen. Konkurrenz belebt auch hier das Geschäft. Gerne wird auf den unzähligen Anbieterseiten vor den Scharlatanen der Branche und den unsicheren Rechtsverhältnissen anderer Länder gewarnt, frei nach dem Motto: Kommen Sie zu uns, da sind Sie auf jeden Fall in guten Händen.

Faktisch beginnen die Probleme bereits beim Zeugungsmaterial und der Frage, ob man den Fruchtbarkeitskliniken und ihren Betreibern vertrauen kann. Das betrifft nicht nur den Bereich der Mietmutterschaft, sondern alle Behandlungsoptionen im Rahmen von künstlichen Befruchtungen. Fatale Beispiele von absichtlichen und unabsichtlichen Verwechslungen säumen die Geschichte der Reproduktion im Reagenzglas. Denn während man sich bei einer natürlichen Zeugung jedenfalls in der Regel noch erinnern kann, mit wem man es getan hat, machen Labore und Samenbanken auch Fehler, nutzen den falschen Samen oder die falschen Eizellen, andere Ärzte betrügen gar absichtlich.

VATER VON 600 KINDERN

In den Niederlanden erzwangen Kinder, die alle vom selben Arzt Jan Karbaat[87] in einer Klinik erzeugt wurden, gerichtliche DNA-Tests, um den ungeheuren Verdacht zu bestätigen, dass wahrscheinlich nahezu 200 Kinder gar nicht mit dem Samen ihrer Väter, sondern mit jenem des Arztes gezeugt wurden. Der Arzt ist seit 2017 tot, seine Witwe versuchte, die Aufdeckung des Skandals zu verhindern, 200 Halbgeschwister suchen sich jetzt gegenseitig. Karbaat agierte erst in einer Fruchtbarkeitsklinik in Rotterdam und betrieb später seine eigene Klinik in Bardendrecht. 2009 wurde sie von den Behörden geschlossen, da unzählige Missbräuche ans Licht kamen.

Ein anderer Niederländer musste im April 2023 erst gerichtlich gestoppt werden[88], nachdem er als Samenspender bereits Vater von mindestens 550 Kindern war, obwohl in den Niederlanden gesetzlich verankert ist, dass ein Mann nicht mehr als 25 Kinder in 12 verschiedenen Familien durch Samenspende zeugen darf. Was nutzen Gesetze, wenn es kein zentrales Register und keine Aufsichtsbehörde gibt? Wie viele Samenspenden der Niederländer eventuell im Ausland zusätzlich abgegeben hat, weiß überhaupt niemand.

In den USA ereignete sich ein ähnlicher Skandal rund um den Reproduktionsmediziner Dr. Donald Cline. Der Fall wurde gar auf Netflix in einer Dokumentation[89] aufgerollt. Auch er benutzte heimlich sein eigenes Sperma, über 50 Halbgeschwister sind bereits gefunden. In Deutschland suchen ebenfalls bis heute Samenspenderkinder nach ihrer wahren Identität. In Essen landete 2020 ein bis dahin angesehener Medizinier vor Gericht, der heimlich sein eigenes Sperma verwendete. Der Beschuldigte Dr. Katzorske war nicht irgendjemand, sondern sogar der Leiter des »Arbeitskreises Donogene Insemination« an der Uniklinik Essen[90]. Er hat jahrzehntelang praktiziert. Wie viele Menschen davon betroffen sind, ist bis heute nicht klar, er hat bislang nur »zwei bis drei« Fälle freiwillig eingeräumt. Der erste Skandal dieser Art flog aber bereits 2012 in England auf, wo der Österreicher Bertold Wiesner, lange Zeit als Pionier der Branche bekannt, schon seit den 1940er-Jahren in seiner eigenen Klinik agierte. Man vermutet, dass auch er Vater von rund 600 Kindern ist[91].

FREMDE EIER, VERTAUSCHTE KINDER

Ähnliches kann sich selbstverständlich auch bei Eizell- und Embryonenspenden ereignen, also bei allen Methoden der künstlichen Reproduktion. In Österreich wurde der Fall zweier Schwestern bekannt[92], die beide in einer renommierten österreichischen Klinik im Zuge künstlicher Befruchtung gezeugt wurden. DNA-Tests bei den erwachsenen Mädchen ergaben, dass bei beiden etwas nicht stimmte. Anstatt aus dem Erbgut ihrer Eltern ist die eine weder mit der Eizelle ihrer Mutter noch mit dem Samen ihres Vaters gezeugt, ihre Schwester ist zumindest mit der Mutter biologisch verwandt, aber auch nicht mit dem Vater.

In Kalifornien wurde der Fall einer Mietmutter bekannt, die aus Versehen nicht nur den eingesetzten Embryo eines chinesischen Paares austrug, sondern auch parallel ein eigenes Kind, das man fälschlichweise zunächst für den Zwilling hielt. Nach der Geburt hat sie die Kinder nicht einmal gesehen, was vertraglich so geregelt war. Erst später erhielt sie Fotos, ein Kind sah »heller« aus. Sie hatte sich schlicht nicht ans »Sexverbot« für schwangere Mietmütter gehalten und auch mit ihrem Mann aus Versehen ein Kind gezeugt, medizinisch als »Überschwängerung« bekannt. Es folgte ein Rechtsstreit und nach zehn Monaten kam der eine Junge wieder zurück von den Chinesen zu seinen biologischen Eltern.[93]

In wie vielen Fällen es zu Verwechslungen und Fehlern kommt, lässt sich nur anhand von Indizien und aufgedeckten Skandalen vermuten. Samenbanken, Eizelllabore und Mietmutterschaftsagenturen haben überhaupt kein Interesse an einer Aufklärung – weder gegenüber den Kindern noch gegenüber den Eltern und schon gar nicht gegenüber staatlichen Behörden. Zurück bleiben Eltern, die oft erst Jahre später durch Zufall oder bei medizinisch notwendigen Untersuchungen erfahren, dass ihr Kind gar nicht mit ihnen verwandt ist, und Kinder, die nach ihrer Identität suchen.

EINMAL UMTAUSCHEN BITTE

Die besseren Anbieter arbeiten inzwischen mit einem Gentest nach der Geburt. Wobei die Frage offenbleibt, was mit dem bereits geborenen Kind passieren würde, sollte sich herausstellen, dass tatsächlich Produktionsmaterial vertauscht wurde. Zurückgeben? Umtauschen? Wenn Missbrauch und Schluderei schon in Ländern mit hohen gesetzlichen Standards und Regelungen geschehen, was kann dann in Ländern passieren, die von Korruption und Gesetzlosigkeit geprägt sind? Wer kann überprüfen, was im Reagenzglas eines Labors in Mexiko, Kasachstan, Nigeria oder einem anderen Land am Ende der Welt geschieht? Es bleibt auch mit ausgehändigtem Gentest immer noch offen, ob dieser stimmt.

»Wir machen standardmäßig in unserer Klinik DNA-Tests, also sind Verwechslungen ausgeschlossen«, brüstet sich schließlich selbst *BioTexCom*-Geschäftsführer Tochilovsky, der in den vergangenen Jahren mehrfach unter Anklage und Hausarrest war wegen Verdachts auf Kinderhandel, Urkundenfälschung und Steuerhinterziehung. Faktisch führen die Agenturen die Tests selbst durch oder von ihnen beauftragte Labore. Keine Aufsichtsbehörde und auch kein Gericht überprüft das in der Ukraine, das bestätigt das ukrainische Gesundheitsministerium auf Anfrage einer aufwendigen gemeinsamen Recherche der Zeitungen *Welt am Sonntag, Kölner Stadtanzeiger, Politico* und *Newsweek Polen,* deren Lektüre unbedingt lohnt[94]. Auch die Botschaften der Besteller-Eltern überprüfen das nicht durch eigene DNA-Tests.

Aus derselben Recherche ergaben sich zig Verdachtsfälle mit Unregelmäßigkeiten. Im Text kommt auch Juriy Kovalchuk zu Wort, der damals bei der ukrainischen Staatsanwaltschaft gegen zahlreiche Widerstände ermittelte. Nicht nur die Politik im eigenen Land und Vorgesetzte bremsten ihn aus, auch die Kollegen in den Ländern der Besteller-Eltern zeigten sich wenig kooperationsbereit. Er spricht von über 200 Verdachtsfällen, in denen er deswegen nicht weiterkommt, und äußert auch die Beobachtung, dass *BioTexCom* in der ukrainischen Politik zahlreiche gute Freunde habe.

Apropos Umtauschen: Es kam auch jener Fall von *BioTexCom* ans Licht, bei dem zwei deutsche Paare den Albtraum vertauschter Kinder nach der Geburt erlebten. Beide hatten nahezu gleichzeitig bei *BioTexCom* jeweils Zwillinge abgeholt. Erst nachdem sie bereits Wochen zu Hause waren, kam der Hinweis aus Kiew, dass es eine bedauerliche Verwechslung gegeben habe. Die DNA-Tests seien mehrfach überprüft worden, zwei Jungs seien falsch zugeordnet worden. Beide Paare beschlossen, das Ganze ohne Behörden zu regeln, da sie

Angst hatten, dass man ihnen die Kinder wegnehmen könnte. Der Austausch fand heimlich und privat statt, später wechselten sie den Kinderarzt, damit auch an dieser Front bei der nächsten Vorsorgeuntersuchung niemand Verdacht schöpft.

Ein italienisches Paar hatte 2011 weniger Glück. Ihr blondes Baby aus Kiew machte die Behörden misstrauisch angesichts der dunkelhaarigen Eltern. Der angeordnete DNA-Test offenbarte, dass der eingesendete Samen des Vaters offenbar nicht verwendet wurde. Man nahm ihnen das Kind weg, sie sahen es nicht wieder. Ohne genetische Verwandtschaft war das faktisch Kinderhandel. Ein Paar aus den USA sendete tiefgefrorene Embryonen nach Kiew, danach hieß es, der »Transfer« habe leider nicht geklappt, später hörte man gar nichts mehr. Der Mann reiste persönlich zu *BioTexCom* nach Kiew und hakte nach. Dort bedankte man sich herzlich für die »Embryonenspende«, die er geleistet habe. Bis heute wissen die Amerikaner nicht, was mit ihren Embryonen geschehen ist. Ein Kind haben sie nie erhalten. *BioTexCom* spricht von bedauerlichen Einzelfällen. Oder ist es nur die Spitze des schmutzigen Eisbergs?

GUTE GENE UND FLATRATES AUS DER UKRAINE

Die ukrainischen Eizellspenderinnen und Mietmütter werden derweil wie Zuchtstuten von ihren Zuhältern im Internet angepriesen. Ausschließlich erstklassiges Genmaterial habe man beim ukrainischen Babyzüchter *Feskov* im Angebot. Wie ein Marktschreier preist man auf schlecht übersetzten deutschsprachigen Internetseiten in pathetisch-patriotischem Ton das reinrassige Erbgut der Ukraine und die zahlreichen Vorteile der ukrainischen Frau an[95]:

> »Die Genetik der Ukrainer lockt zukünftige Eltern durch ihre offensichtlichen Vorteile an. Das ist eine gesunde, starke und

> freie Nation. (...) Gene der Ukrainerinnen heißen Schönheit und Gutmütigkeit, Friedensliebe und Arbeitsamkeit, Ausdauerfähigkeit und Weiblichkeit, wie bei echten Wirtinnen des heimischen Herdes. Das sind Kernwerte. Aber bei Umständen weisen ukrainische Gene die ganze Kraft der Freiheitsliebe, Kampflust und Tapferkeit auf. Solch eine Ansammlung von unikalen Eigenschaften sagt von guten, gesunden Genen.«

In der hauseigenen Rassenlehre[96] weist man auch auf den großen Vorteil »uralter« euroasiatischer Gene der Ukrainer hin, wodurch das Kind ukrainischer Eizellspenderinnen also nicht nur klug, schön und tapfer wird, sondern auch europäisch aussieht. Was vielen Bestellern durchaus wichtig ist, gerade wenn sie vor dem eigenen Umfeld zu Hause die Mietmutterschaft lieber verbergen wollen. Fehlt nur noch ein abgestempelter ukrainischer Arierausweis. Man bietet der internationalen Kundschaft auch »IVF-Programme mit Eizellen oder Sperma der Spender des asiatischen, afroamerikanischen, indischen und skandinavischen Phänotyps« an.

Der Service von *Feskov* demonstriert lehrbuchmäßig, wie man lokale Gesetzgebungen umgeht und selbst Dinge möglich macht, die eigentlich verboten sind, indem man Genmaterial, aber auch Schwangere in der Welt hin und her verschiebt, je nachdem, wo man sie gerade braucht und wie es sich der lokalen Gesetzgebung der Besteller am besten anpasst. Sie wollen die günstigen Preise der Ukraine, aber trotzdem bei der Geburt dabei sein, ohne in die Ukraine zu reisen? Kein Problem, der Brutkasten wird dann eben zur Entbindung nach Tschechien oder nach Kanada, in die USA, nach Argentinien oder in die Niederlande, nach Griechenland oder Österreich geschafft. Jeder bekommt ein Kind – egal wer er ist und woher er kommt. Das billigste Programm kostet 17.000 Euro, wenn man seine »eigene« »Leihmutter« privat organisiert und gleich mitbringt, auch egal aus welchem Land. Man schafft den Brutkasten also zum Befruchten in die Ukraine, weil der klinische Prozess dort billiger ist.

Dort wird er so oft geschwängert, bis es klappt. Dazu gibt es Flatrates in den VIP-Paketen und eine 100-Prozent-Schwangerschaftsgarantie inklusive Regelung aller Papiere mit den ausländischen Botschaften in der Ukraine.

Wie aus einer Menükarte kann man alle möglichen Konstellationen wählen: mit Geschlechterwahl des Kindes, mit und ohne »garantierte Geburt eines gesunden Kindes«. Spezialangebote für Single-Frauen, »Deluxe«-Angebote ohne Wartezeiten und inklusive Selektion, um kranke Kinder zu verhindern, speziell dafür gibt es das Paket namens »Gesunde Generation« für 90.000 Euro inklusive Aufbewahrung des Nabelschnurblutes und der Stammzellen. Wie das versprochene VIP-Paket mit Geburt im Wunschland logistisch funktioniert, zeigt der Werbetext zum Paket »Deluxe USA«[97], bei dem am Ende der Produktionsstraße ein gesundes Kind mit amerikanischem Pass herauskommt:

> »Die Kosten des Programms umfassen die Leihmuttergebühr, eine IVF-Behandlung, medizinische Überwachung, den Transfer der Leihmutter zu einer USA-Klinik für die Entbindung, Rechtsdienstleistungen. Und das alles zu ukrainischen Preisen! Sie werden garantiert die Eltern eines gesunden Kindes, indem Sie nur EINMAL bezahlen. Keine Zusatzzahlungen und keine Bezahlung der misslungenen Embryotransfers! Erst wenn Sie alle Dokumente für Ihr Kind erhalten, gilt der Dienst als geleistet. Unsere Juristen helfen Ihnen dabei, einen USA- bzw. Kanada-Pass zu erhalten. Während der Preis nur für eine Leihmutter in den USA um ein Vielfaches höher ist als die Kosten für unser gesamtes garantiertes Programm.«

ERMITTLUNGSGRUPPE »OPERATION SPANIER«

Auch Firmengründer Alexander Feskov ist bei den Polizeibehörden kein Unbekannter. Sowohl in der Ukraine als auch in Tschechien wird seit 2019 gegen ihn ermittelt. 2022 wurde in der Ukraine Anklage gegen ihn erhoben, das Geschäft geht trotz all dem bis heute unbehelligt weiter. Verhandelt werden sollen die Fälle von mindestens 30 Mietmüttern, die in einer Klinik in Prag aufflogen, weil man sie aus der Ukraine nur zum Gebären in die Tschechische Republik geschafft hatte[98]. Das tschechische Innenministerium nannte die Ermittlungen »Operation Spanier« – nach dem ersten Fall, den es bereits vor drei Jahren ins Visier nahm, als ein Kind direkt nach der Geburt aus Prag nach Spanien gebracht wurde. Ende 2021 gab man Ermittlungsergebnisse der Abteilung Organisiertes Verbrechen bekannt, man arbeitet mit den ukrainischen Kollegen zusammen. Sechs Personen wurden bereits verhaftet und auch Bargeld in Dollarscheinen beschlagnahmt. Andere Gelder flossen auf zypriotische und Schweizer Bankkonten aus dem Umfeld von Feskov. Man geht davon aus, dass 1,2 Millionen Gewinn erwirtschaftet wurden. Im Bericht des Innenministeriums heißt es[99]:

> »Die Täter rekrutierten Frauen mit geringem Einkommen, um an einem sogenannten Leihmutterschaftsprogramm teilzunehmen. Die Frauen reisten in die Tschechische Republik, um ihre Kinder zur Welt zu bringen (...). Anschließend wurden die Leihmütter gezwungen, sich als leibliche Mütter auszugeben und auf ihre Elternrechte zugunsten von Ausländern zu verzichten.«

Man inszenierte also eine nachgeburtliche Vaterschaftsanerkennung der Besteller inklusive anschließender Adoption durch den Mann.

Tschechien ist als Drehscheibe ideal, weil es eines der Länder ohne klare Gesetzgebung zur Mietmutterschaft ist. Alle spielten mit, das Krankenhaus, das sich unwissend gab und keine Fragen zu ukrainischen Schwangeren stellte, aber auch die Behörden in Prag. Es konnten zwei bestimmte Prager Standesämter lokalisiert werden, in denen die Papiere für die Geburtsurkunden und Vaterschaftsanerkennungen ohne Fragen ausgestellt wurden. Sie reklamieren, nicht gegen Gesetze verstoßen zu haben. Wie aus dem Bilderbuch für organisierte Kriminalität zeigt sich hier der Vorteil gesetzlich ungeregelter Länder. Die Kunden stammten laut der Ermittlungen aus Spanien, China, den USA, Norwegen, Schweden, Deutschland und Griechenland und waren in der Regel alleinstehende und auffällig viele ältere Männer und auch homosexuelle Paare, die das Verbot der Mietmutterschaft für Singles und Homosexuelle in anderen Ländern mit dieser Methode umgehen. Der älteste Kunde war laut Polizeisprecher 66 Jahre alt. Wie auch in Mexiko stellt sich hier erneut die Frage: Was will jemand in dem Alter mit einem Baby, und wer überprüft das?

Um die rechtliche Grauzone auszunutzen, hatte *Feskov* eine ganze Reihe von Subunternehmen beauftragt, wobei die einzelnen Glieder dieser Handelskette sich teilweise gar nicht kannten beziehungsweise angewiesen waren, zu schweigen. Es ist für die Polizeibehörden in Prag bis heute schwer, nach tschechischem Gesetz Menschenhandel nachzuweisen. Der Sprecher der Polizeizentrale zur Bekämpfung des organisierten Verbrechens (NCOZ), Jaroslav Ibehej, erklärt das Problem[100]:

> »Das Prinzip, dass ein Mann an eine Klinik (in der Ukraine) herantritt, den geforderten Betrag bezahlt, sein Sperma entweder direkt an die Klinik übergibt oder an die Klinik schickt und nach einem Jahr in die Tschechische Republik kommt, um das neugeborene Kind in Empfang zu nehmen, wobei das Kind eine bloße Ware ist, ein Tausch gegen Geld, erscheint zwar aus der Sicht eines Laien als Kinderhandel, aber nicht aus strafrechtlicher Sicht.«

Um den Tatbestand des Kinderhandels nach tschechischem Recht zu erfüllen, müssten die Polizeibeamten beweisen, dass die Kinder absichtlich bei Pädophilen untergebracht oder für Pornodrehs verwendet wurden. Das wiederum lässt sich nicht beweisen, und dann sind die Kinder auch schon im Ausland.

Kapitel 4

»WIR MACHEN ALLES«

Baby 4 Sale – auf Kinder-Shopping-Tour in Deutschland

Szenenwechsel nach Deutschland, Köln im Oktober 2023. Es ist mehr als ein schlechter Scherz, dass auch die Agentur *Feskov* völlig unbehelligt als Standanbieter auf der deutschen Kinderwunsch-Messe *Wish for a Baby*[101] stehen darf, während in mehreren europäischen Ländern gegen die Betreiber wegen Menschenhandel ermittelt wird und in der Ukraine gar Anklage erhoben wurde. Wenn hier also alle auf »Surrogacy-Journey« unterwegs sind, gehe ich selbst einfach mal shoppen im Oktober 2023 in Köln, um zu sehen, wie einfach oder auch kompliziert es ist, auf deutschem Boden ein Kind zu bestellen. Die Messe ist inzwischen eine Institution in ganz Europa. Sie findet nicht nur seit einigen Jahren in Berlin und Köln statt, sondern auch in Mailand, Paris oder Brüssel. Auch 2024 wird sie wieder in Berlin sein. Bereits seit Jahren findet ein ähnliches Konzept als Konferenz unter dem Namen »Men Having Babies« in Brüssel[102] seinen Raum, weil man in Belgien die Gesetzeslücke nutzt, dass Werbung für kommerzielle Mietmutterschaft nicht explizit verboten ist.

Von der deutschen Justiz interessiert sich offensichtlich niemand dafür, dass mitten in Köln Mietmutterschaft, Eizellspende und anonyme Samenspende wie auf einem Marktplatz beworben und damit in Deutschland illegale Praktiken angeboten wurden. Wäre man von staatlicher Seite genauso tolerant bei einer »Wish for Steuerflucht«-Messe mit Anbietern aus der Schweiz, den Kaimaninseln und Dubai, die einem bei der Steuerhinterziehung helfen und Dienstleistungen anbieten, um sein Geld illegal an den deutschen Behörden vorbeizuschleusen? Aber gut, da geht es ja um Steuereinnahmen und nicht bloß um gehandelte Kinder. Man muss sicher Prioritäten setzen.

Dass man gerade in Köln besonders um die Zielgruppe schwuler Paare wirbt, ist an dem verregneten Sonntag im Oktober nicht zu übersehen. Überall weisen Regenbogenfähnchen und andere Accessoires und Buttons darauf hin, »LGBT-friendly« zu sein. An jedem zweiten Messestand von amerikanischen Anbietern arbeiten strahlend lächelnde schwule Männer, die auch stolz von ihrer eigenen »surrogacy journey« erzählen können. Bei *Pride Angel* kreiert man gleich nur »families with pride«. Bei *California Fertility Partners* erzählt mir Guy nicht nur stolz von seinen eigenen Kindern, sondern auch, dass man »seit 30 Jahren Regenbogenfamilien« helfe. Sie seien die Ersten gewesen, die es mit einem britischen Paar auch international angeboten hätten. Ein Viertel der Kaufsumme bekäme die Mietmutter, und die Mietmütter freuen sich alle auf den Job. »Sie zahlen davon das College ihrer Kinder oder renovieren ihr Haus.« Auch bei *Circle Surrogacy* empfängt mich ein schwuler Vater und bei *Tree of Life* steht Christian, laut Selbstbeschreibung die zweite Hälfte eines schwulen Paares. Er hält unter dem Titel »Zwei Allgäuer mit Kinderwunsch« einen der zahlreichen Vorträge am Nachmittag, um aus erster Hand zu berichten.

Überall ist man bemüht, mir mitzuteilen, dass ihr Kundenstamm sehr, sehr unterschiedlich sei. Es seien vor allem verheiratete Paare, aber auch alleinstehende Frauen. Warum stehen hier dann aber überproportional viele schwule Männer mit Kind und preisen die Mietmutterschaft aus Eigenerfahrung an?

SO SICHER WIE EIN DIAMANTENKOFFER

Mietmutterschaft- und Eizellspendeangebote dominieren zwar die Messe, in der Angebotspalette finden sich aber auch Achtsamkeitskurse, Vitaminmischungen und Ernährungsberatung für die Frau mit unerfülltem Kinderwunsch. Es gibt verschiedene Adoptionsvermittlungsberatungen für alle Beziehungskonstellationen. Die AWO-Fachstelle Regenbogenfamilien ist vor Ort und auch eine Selbsthilfegruppe für Regenbogenfamilien. Es gibt Beratung, wie man sich fruchtbarkeitsfördernd richtig ernährt (ich muss viel mehr Eiweiß essen), und bei *Lucksess* auch eine Paarberatung, damit man vor lauter Sex nach Stundenplan nicht die Romantik verliert. Eine Samenbank für anonyme Samenspender aus Dänemark lockt vor allem lesbische Paare und alleinstehende Frauen an. Sie wirbt damit, die weltgrößte anonyme Samenbank zu sein. Die skandinavischen Damen sind nett. Ich sehe als alleinstehende Frau ab 40 vermutlich wie ein gefundenes Fressen für sie aus. Im deutschen Prospekt, den sie mir in die Hand drücken, sind lauter Bilder schöner Samenspendermänner, die sich freuen, mir ihren Samen anbieten zu dürfen. Im Kleingedruckten steht, dass dies leider nur Fotomodelle sind. Ich könnte aber in der Datenbank beim *Cryos Face Matching* einen finden, der mir ähnlich sieht, und auch einen »Exklusivsamenspender« für mich ganz allein bekommen. Das ist fast schon romantisch.

Im Foyer steht der Lieferservice *IVF Couriers*, den man engagieren kann, um Sperma, Eizellen und Embryonen um die halbe Welt zu senden. Sie nutzen dafür dieselben Trockeneiskannen, wie ich sie aus dem Kofferraum meines Vaters erinnere. Er war Tierarzt und fuhr damit auf Schwarzwälder Bauernhöfe, um mit dem Samen stattlicher Stiere Kühe namens Rosi, Berta und Susi zu besamen. Bei *IVF Couriers* sind die Trockeneisbehälter versiegelt. Der teure Stoff ist im Flieger besser gesichert als jeder Diamantenkoffer. Der Behälter bekommt am Flughafen Sonderbehandlung und wird nicht bei Sicherheitskontrollen geröntgt und am Schluss nur persönlich überbracht.

»So was verschickt man ja nicht mit UPS«, sagt mir Mitarbeiterin Susan lachend. Das modern gezeugte Kind wird zwar nicht vom Storch gebracht, die Einzelteile zu seiner Produktion kommen aber in der Tat mit dem Bringdienst. Ich habe vergessen zu fragen, ob sie auch ganze Kinder liefern.

An einem anderen Stand bietet mir ein türkischer Landsmann bei *Acibadem* in gebrochenem Englisch eine Stammzellenoptimierung, eine Behandlung mit plättchenreichem Plasma oder auch eine Exosom-Therapie an, um meine eigenen Chancen bei der künstlichen Befruchtung zu steigern. Ich nehme dann doch lieber die esoterischen Kekse bei den farblosen Mädchen mit dem Achtbarkeitsprogramm. Die Medikamente und Hormonpräparate kann mir *Serpha* aus den Niederlanden schicken, dort seien sie billiger als in Deutschland, erfahre ich.

»YES, EVERYTHING IS LEGAL«

Auch die Agentur *Success* aus dem Billigsegment mit Sitz auf Zypern ist vertreten. Ich werde sofort von mehreren Mitarbeitern in Beschlag genommen. Sie haben an ihrem Stand einen Babywickeltisch aufgebaut, an dem eine junge Dame in absurder pinker Krankenschwesternkleidung unermüdlich eine lebensgroße Babypuppe an- und auszieht. Sie kommt sofort eiligst angelaufen und fragt, ob ich die Puppe auch einmal halten wolle, um meine Muttergefühle in Wallung zu bringen. Ich bin seit 40 Jahren aus dem Puppenalter raus, ergreife ein paar Prospekte und die Flucht, bevor ich noch einen Wickelkurs machen muss. Später versuche ich es aber noch einmal online bei *Success*. Man hält dort rund um die Uhr einen Chat bereit. Eine Kataryna fragt mich innerhalb von Sekunden, wie sie helfen könne, sie böten Mietmutterschaftsprogramme auf Zypern an. Ich frage, was ich tun muss, um ein Kind nach Deutschland zu bekommen, bräuchte aber Ei, Samen und Mietfrau.

Kein Problem für Kataryna. Ich könnte das IVF-Programm ohne Limit an Embryotransfers und die »Leihmutter« für nur sensationelle 35 550 Euro haben. Und »yes, everything is legal«. Im Prospekt steht zudem, ich hätte »die Möglichkeit, die letzten drei Schwangerschaftsmonate vor der Geburt bei der »Leihmutter« zu verbringen und die Zeit vor der Geburt zu genießen«, und zwar in *meinem* Land. Sie kommt nach Deutschland? Es bleibt wage, wo die Geburt stattfinden soll. Man sichert aber zu, »ein Neugeborenes wird registriert und die Dokumente werden gemäß den Gesetzen« meines Wohnsitzes erstellt. Katy sagt, man würde drei Verträge machen, einen mit der Klinik, einen mit mir und einen mit der Mietmutter. Diese würde dann alle Papiere unterschreiben, und ich kann das Baby haben. Ich äußere die Sorge, dass die Mietmutter das Kind nicht hergeben könnte. Katy nimmt das gelassen, die Surrogate sei nicht an meinem Kind interessiert, sie habe ihre eigenen. Und außerdem: »Sie bekommt ihr Honorar nicht, bevor sie nicht alle nötigen Papiere unterschrieben hat.« Dann kann ja nichts mehr schiefgehen.

10 SPANISCHE EIER BITTE

Die in Deutschland illegale Eizellspende von fremden Frauen bieten mir zahlreiche Stände an. Das *Vida Fertility Institute* ist aus Spanien, hat aber auch einen deutschsprachigen Service. Ich kann nach Madrid kommen oder nach Alicante, um mich dort mit einem Ei befruchten zu lassen. Für nur 1100 Euro zusätzlich kann ich mir auch die Eierstöcke verjüngen lassen, für 11.000 Euro bekomme ich bis zu sechs Embryonen. Alicante scheint das spanische Fruchtbarkeits-Eldorado zu sein, nahezu alle Anbieter haben dort eine Klinik.

Gestlife Surrogacy sitzt auch in Spanien, bietet mir aber nicht nur Eizellen, sondern auch die in Spanien illegale Mietmutterschaft an. »Wie soll das gehen?«, frage ich Mitarbeiter Oscar. Er sagt, das sei kein Problem, sie haben Partner in Kiew, und sie vermitteln nicht nur in Deutschland, sondern haben Niederlassungen in über acht Ländern. Man rühmt sich, auch eine inklusive Versicherung zu haben. Falls die Eispenderin oder die Mietmutter während des ganzen medizinischen Prozesses an Komplikationen stirbt, bekommt ihre Familie 20.000 Euro. Wie fürsorglich! Ich bekomme also die Eier aus Barcelona und das Kind aus Kiew. Susan könnte das in der Eiskanne alles hin und her fliegen. Toll!

Beim Stand des *Nadezhda Women's Health Hospital* aus Bulgarien erhalte ich nicht nur Prospekte, sondern auch einen feministischen Vortrag von einer resoluten jungen Dame. Sie würden alles machen außer »Leihmutterschaft«, in Bulgarien habe man aber mehr medizinische Optionen als in Deutschland. »Jede Frau hat das Recht, vom Fortschritt der Medizin zu profitieren«, und es würde Zeit, dass man auch in Deutschland mal die Gesetze ändert. Amen. Eine feministische Frauengruppe protestierte derweil am ersten Tag vor der Tür gegen diese Messe – der Feminismus ist sich in Köln ganz und gar nicht einig.

»Ach, die waren nicht lang da«, winkt Victoria T. Ferrara ab. Sie hat ihren Stand gleich am Eingang der Halle, ist Juristin, Gründerin von *Worldwide Surrogacy* und eine Heldin der Szene. An einem anderen Stand raunt mir später ein Mitarbeiter ehrfürchtig zu: »Victoria is here!« Sie habe das Recht auf Mietmutterschaft im US-Bundesstaat New York durchgekämpft. Victoria ist gelassen amerikanisch, auskunftsfreudig und sympathisch. Früher war sie als Punkrockerin und lesbische Aktivistin unterwegs, heute kämpft sie auf der juristischen Bühne. Nur noch die drei US-Staaten Michigan, Nebraska und Louisiana würden Mietmutterschaft nicht zulassen, sagt sie mir, dass der Rest es erlaubt, ist auch ihr persönliches Verdienst.

Man muss hier übrigens nicht verdeckt recherchieren. Obwohl ich mich bei ihr und bei allen anderen offen als Journalistin vorstelle, hat niemand Skrupel oder Hemmungen, Auskunft zu erteilen. Sie gehen aber offenbar automatisch alle davon aus, dass ich ihnen wohlgesonnen bin. Warum soll ich ihnen die Illusion nehmen?

»WE CAN GUARANTEE YOU A BABY«

Insgesamt sind die amerikanischen Anbieter dominant vor Ort. Sponsor der Messe ist das *Fertility Institute in San Diego*. Dr. Susanna Park kann dort nicht nur auf Englisch, sondern auch auf Koreanisch und Spanisch die Dienste anpreisen. Ich bekomme gleich handschriftlich von ihr die Internetseite *eggdonors.com* empfohlen, um mich mal umzuschauen nach einer geeigneten Eizellspenderin. »We can guarantee you a baby«, sagt sie zu mir. Man habe zudem eine Geld-zurück-Garantie. Soll ich ihr sagen, dass ich schon vier habe? Das *Utah Fertility Center* bietet mir ein Programm mit unbegrenztem Embryonentransfer für 45.000 Dollar an, da kämen aber noch die Agenturkosten und die Mietmutter drauf, alles zusammen rund 95.000 Dollar. Die Samenspende für 1000 Dollar ist daran noch der kleinste Posten. Ebenfalls aus Kalifornien sind Carol Weathers und ihr *Building Families Inc.* Dort wirbt man mit dem Slogan »Their Bun My Oven« (Ihr Brot, mein Ofen) für den Verkauf weiblicher Bratröhren zu Fortpflanzungszwecken.

Bei *Vittoriavita* mit Sitz in Kiew bekomme ich es billiger. Das Baby-Garantie-Programm in der Ukraine kostet dort nur 54.000 Euro, in Georgien ausgetragen kostet es 62.000. Dafür hat Dr. Susanna aber einen lustigen Kugelschreiber für mich. In einer klaren Flüssigkeit schwimmen in dem Stift ständig fünf blaue Spermien eifrig einer pinken Eizelle hinterher.

»Wir machen alles«, verspricht mir Dr. Zoreva von *IMED Family Agency* aus Kiew auf meine Frage, was er mir anbieten kann. Sie operieren mit Niederlassungen in Georgien, Armenien, Zypern und Griechenland. Ich kann nicht nur eine garantierte Geburt eines lebenden Kindes buchen, sondern auch die »100 Prozent Geld zurück«-Garantie. Ich soll nicht zu *BioTexCom* gehen, sagt er, die seien dubios.

WIE TINDER MIT GUTEN GENEN

Sich eine Frau aus Russland aus dem Katalog zu bestellen, bekommt im Zeitalter der Fruchtbarkeitsindustrie eine ganz neue Bedeutung. Die Russin ist heute auch gerne Ukrainerin, Georgierin, Spanierin oder Amerikanerin, und man muss ihr nicht einmal an die Wäsche, um von ihr Kinder zu bekommen. Heiraten muss man sie dafür auch nicht, nur bezahlen. Mehrere Agenturen bieten mir an, ich könne mich ja schon mal in der Datenbank umsehen, um mir eine passende Eizellspenderin und eine Mietfrau herauszusuchen. Ja, warum nicht ein bisschen im Katalog blättern?

Bei *Extraordinary Conceptions* soll ich schon bei der Registrierung meine eigene sexuelle Orientierung angeben, meinen Familienstand und ob ich schon mal festgenommen oder gar wegen eines Kapitalverbrechens verurteilt wurde. 300 bis 400 »Leihmutterschaften« vermittelt man dort jährlich. Im Welcome-Video führt CEO Mario Caballero stolz durch die großzügigen Abteilungen und Büroräume seines Unternehmens, um vor den Bildern seiner eigenen Zwillinge zu enden, die – natürlich – durch Mietmutterschaft zur Welt kamen. Man ist bemüht, die professionelle Auswahl von Mietmüttern und Eizellspenderinnen zu betonen. Nur erstklassige Ware im Regal!

Innerhalb von Minuten bin ich in der Datenbank und kann in rund 630 »Leihmutter«-Profilen aus den USA und Kanada surfen und nach meinen Vorlieben sortieren. Es ist wie Tinder, aber mit guten Genen. Zu sehen sind Steckbriefe mit Profilbild, Alter, Herkunftsstaat, Augenfarbe, Haarfarbe, Haartyp (glatt, wellig, lockig), Größe, Gewicht und Rasse. Ja, hier gibt es genau wie bei *Feskov* auch noch Rassen! Ich kann Frauen in allen Hautfarbrichtungen haben, von »kaukasisch-weiß, pazifisch-isländisch, hispanic/latino, african-american, asian, asian/mix, Alaska Native, East Indian« bis »Mittlerer Osten« ist alles im Angebot. Namen gibt es nicht, nur ID-Nummern. Was ja auch irgendwie passt, sie sollen ja auch nicht Mensch, sondern nur eine Nummer sein.

JUNG, BILDUNGSARM, MITTELLOS

Klickt man die kurzen Steckbriefe auf der digitalen Pinnwand an, bekommt man seitenweise Selbstauskünfte der Frauen über Hobbys, Essensvorlieben, ob sie sportlich sind, alle medizinischen Informationen, Ausbildung und ihre Motivation. Ich nenne sie mal Jenny, sie ist 25, hat mit 17 die Schule verlassen, keine Ausbildung, dafür aber schon zwei Kinder. Jenny träumt davon, ihren Schulabschluss zu machen, um vielleicht später ans College zu gehen, um Tierarzthelferin zu werden. Ihre Motivation: Sie freue sich, einer Familie zu helfen, während diese wiederum ihr als »stay at home mom« zu einem »kleinen Extraeinkommen« verhelfen könnte, damit sie ihrer eigenen Familie finanziell helfen kann.

Viele der Frauen sind sehr jung, haben keine große Ausbildung, einfache Jobs, alle haben schon Kinder. Bei vielen Agenturen sei das Pflicht, erklärt mir ein anderer Berater auf der Baby-Messe. Zum einen soll die volle Funktionstüchtigkeit des Brutkastens nachgewiesen sein, bevor man ein teures Ei in sie einpflanzt. Zum anderen soll die Frau ihre eigene Familienplanung abgeschlossen haben, falls sie durch Komplikationen bei der Mietmutterschaft anschließend selbst unfruchtbar wird. Ein dritter Grund steht auch noch im Raum, wird aber nicht so offen kommuniziert: Sie soll vor allem das Kind nicht behalten wollen. Die Gefahr einer emotionalen Bindung zu dem Kind, das sie neun Monate in sich trägt, soll so klein wie möglich gehalten werden, auch indem man es mit Frauen zu tun hat, die ihre Muttergefühle auf bereits existierende eigene Kinder konzentrieren.

DIE GESCHIEDENE AB 40

Ich nenne sie Kelly. Sie ist der klassische Typus »ältere erfahrene Mutter, die wieder Kapazitäten nach der Scheidung hat«. Sie ist hochgebildet, zwei Bachelor, ein Master, war auf drei Auslandseinsätzen als medizinisches Personal in Afrika und Lateinamerika und zieht als Hobby Hunde und Kätzchen groß. Sie sieht großartig aus, ist 44 und hat jahrelange Erfahrung in Sachen Schwangersein und Geburt als Krankenschwester im Kreißsaal. Ihr Stammbaum weist Spuren deutscher, irischer und französischer Vorfahren auf, auch das wird abgefragt. Seitenweise gibt es standardisiert Selbstauskünfte im Steckbrief: Sie ist heterosexuell, katholisch getauft, geht aber nicht zur Kirche. Kelly hat zwei Tattoos, zwei Piercings, einen Führerschein und ein Auto. Sie ist kerngesund, gegen Hepatitis B geimpft und hat die Blutgruppe A+. Sie hat zwei Kinder vaginal entbunden, hatte beim zweiten Kind aber einen Schwangerschaftsdiabetes, und sie hat vorher nie ein Kind zur Adoption freigegeben. Sie wäre bereit, sowohl mit heterosexuellen als auch mit homosexuellen Paaren, mit Singles und mit »Interracial«-Paaren zu arbeiten. Sie wäre bereit, auch nach der Geburt in engem Kontakt mit den neuen Eltern zu sein, um eine »ausgeweitete Familie« zu bilden, akzeptiert aber auch, wenn die geplanten Eltern keinen Kontakt wünschen. Kelly würde sich maximal zwei Embryos einpflanzen lassen.

Ihr ist laut Formular bewusst, »dass die Schwangerschaft reduziert werden kann« wegen Faktoren wie »Anzahl, Gesundheitsrisiken und/oder bestätigten Normabweichungen wie etwa Down-Syndrom«. Kelly ist bereit, alle nötigen Tests und auch eine Fruchtwasseruntersuchung während der Schwangerschaft zu machen, sollte es medizinisch empfohlen werden. Sie ist auch zu einer Abtreibung bereit, sollten die geplanten Eltern das Kind wegen einer »katastrophalen genetischen Abnormalität« wie etwa Down- oder FragilX-Syndrom nicht wollen, wegen kosmetischer Gründe wie Gaumenspalte oder Klumpfuß oder falschen Geschlechts würde sie es aber nicht tun. Ihre Motivation: Sie möchte Geld sparen, seit der Scheidung wohnt sie mit ihren Kindern nur noch in einer Genossenschaftswohnung, sie will wieder ein großes Haus mit Hof für Kind und Hund. Sie sichert zudem zu, verstanden zu haben, dass sie während der gesamten medizinischen Behandlung keinen Sex mit ihrem Partner haben kann, solange sie nicht eine Eileiter-Trennung und er nicht eine Sterilisation nachweisen kann. Nicht, dass da aus Versehen ein eigenes Kind gezeugt wird, was bei anderen Frauen schon vorkam.

DIE PROFESSIONELLE

Ginger ist 36 und bereits eine Professionelle. Ihre erste »Leihmutterschaft« sei eine derart gewinnbringende und positive Erfahrung gewesen, dass sie gleich gewusst habe, dass sie das nochmal machen wolle. Sie ist eine auffällige Rothaarige und sieht als Managerin eines Fitnesscenters und ausgebildete Personal Trainerin auch genau so aus. Sie hat drei Tattoos, ist verheiratet, nicht pleite, in den letzten sieben Jahren nicht aus ihrer Wohnung geflogen und auch in keiner Entzugsklinik gewesen. Auch sie ist kerngesund, hat ihr eigenes und das erste Mietmutterkind mit Kaiserschnitt entbunden. Sie sagt, sie wolle als Individuum respektiert und »nicht nur als Dienstleisterin betrachtet werden«. Sie geht alles sehr strategisch an: Ihr Mann wird ab Herbst sechs Jahre am College studieren, sie will ihn dabei unterstützen, das Einkommen wird gut gebraucht. Wie schön, wenn Männer entdecken, dass sich mit der Fruchtbarkeit ihrer Frauen Geld verdienen lässt, um sich selbst zu verwirklichen, während sie anschafft.

DIE ALLEINERZIEHENDEN

Meggy ist 30 und ein »American Indian«, alleinerziehende Mutter eines entzückenden Sohnes, hat vier Tattoos, sieben Piercings und ihre Vorfahren gehörten zum Stamm der Lumbee. Sie hat eine genitale Herpes-Infektion bereits hinter sich und arbeitet als Kellnerin, hat aber offenbar keine Ausbildung. Ihr Wunschtraum ist es, einmal Hebamme zu werden, wenn ihr Sohn etwas älter ist. Sie wäre bereit, sich bis zu drei Embryos auf einmal einpflanzen zu lassen und Zwillinge auszutragen, Abtreibung wäre okay aus allen Gründen, außer wegen falschen Geschlechts des Babys. Sie bereut, nicht gleich nach der Highschool ans College gegangen zu sein, aber genau das soll dann nach der Mietmutterschaft passieren.

Marla ist schwarz, alleinerziehende Mutter ohne Ausbildung, geboren als Muslima und bisher nur einmal verhaftet worden, weil ihre Waffenlizenz abgelaufen war. Sie hat leider Erfahrung mit häuslicher Gewalt und verschiedene Geschlechtskrankheiten hinter sich, hatte zwei Abtreibungen und eine Geburt mit Komplikationen und will später keinen Kontakt zur geplanten Familie und zum Kind.

GUTE GENE VON DER OSTKÜSTE

Interessant ist die »Ivy League«-Suchfunktion bei den Anbietern. Dabei kann man bei den Damen nicht nur Rassen und Hautfarben selektieren, sondern auch vermutete Intelligenzquotienten, indem man gezielt nach einer »Leihmutter« sucht, die an einem Elite-College war. Von über 630 Frauen bei diesem Anbieter-Portfolio spuckt das System nur zwei potenzielle Frauen aus, und nach Durchsicht der Profile sind beide nicht gerade glaubwürdig: Eine Jüdin deutsch-israelischer Abstammung, sie ist 36, hat drei eigene Kinder geboren, zwei Fehlgeburten und eine »Leihmutterschaft« schon hinter sich. Jetzt bietet sie sich wieder als »Leihmutter« an. Sie gibt selbst an, auf einem Technical College gewesen zu sein, als Technikerin in der Notaufnahme zu arbeiten, und ihr Wunsch sei es, möglichst bald wieder ans College zu gehen, um ihren Bachelor (!) zu machen. Ivy League hatte früher eindeutig mehr Lametta.

Die zweite Dame von einer angeblichen Elite-Universität ist 30, hat zwischen zwei lebend geborenen Kindern zwei Abtreibungen hinter sich, stammt vom Stamm der Cherokee und einem Weißen ab. Zu ihrer Schulbildung gibt es nur die Angabe, sie habe seit neun Monaten einen Job als »Krisenmanager« und ihr Abschluss sei ein

Master – in was auch immer. Ihre Haare sind schreiend pink. Keines von den beiden Profilen klingt nach einem Abschluss einer Eliteuni wie Stanford, Harvard und Yale, die bekanntermaßen zwischen 40.000 bis 80.000 Dollar Studienkosten pro Jahr bedeuten.

Nun gut, man könnte es auch anders sehen: Sie sind nur die Brutkästen. Was interessieren die Hobbys und der Schulabschluss, wenn die Gene sowieso nicht von ihr selbst, sondern von einer Eizellspenderin und einem Samenspender stammen? Beim Eizellen-Tinder in der zweiten Datenbank werden zusätzlich zum Lebenswandel und zur Bildung vor allem die Gesundheit bis in die Großelterngeneration der Spenderin hinein gecheckt. Nur gute Gene kommen ins Regal! Niemand will schließlich eine Eizelle mit dem Risiko von familiären Erbkrankheiten oder an Krebs verstorbene Großeltern. Die Frauen bieten zahlreiche Bilder von ihrer Familie und auch Kinderfotos von sich selbst an, damit man schon mal sehen kann, wie das eigene Kind aussehen könnte. Mein Kind soll klug, schön und gesund werden – ich suche diesmal gleich nur noch im Luxussegment nach High-End-Eizellen. Klotzen, nicht kleckern!

Nur eine einzige Eizellspenderin findet sich mit Doktortitel. Sie kann nach Eigenauskunft fließend Mandarin sprechen und arbeitet in einer Klinik mit Kindern, die seltene Krankheiten haben. Ihr Ziel in den kommenden Jahren ist es, Professorin zu werden. Das Ganze ist bloß noch nicht verifiziert. Die süße Blonde hingegen hat zwar noch keinen Doktortitel, sieht aber aus wie aus einer amerikanischen Zahnpastawerbung. Alles an ihr ist kerngesund und schön und ihre Familie im Stammbaum zurückverfolgbar bis auf die *Mayflower*. Die nehme ich. Ich muss sofort Susan anrufen, damit sie die Eier verpacken und versenden kann.

ICH KAUFE MIR EIN KIND

Das perfekte, gesunde, zeitnah lieferbare Kind ist nur eine Frage des Geldes. Sie wollen gute Gene? Kostet extra. Sie wollen es schnell geliefert ohne Warteschleife? Kostet extra. Sie wollen eine Baby-take-home-Garantie? Kostet extra. Sie wollen ein garantiert gesundes Kind? Kostet extra. Ach, Sie wollten nur einen Jungen? Kostet auch extra. Sie wollen gleich drei auf einmal? Kein Problem, kostet nur extra. Jeder will hier ein Kind, aber absolut niemand interessiert sich in diesen Katalogen, an den Messeständen und bei den Agenturen für seine Rechte als Mensch. Es soll endlich kommen und Freude verbreiten und seine Wunscheltern glücklich machen – schließlich war es ganz schön teuer. Es wird Zeit, das Thema vom Kopf wieder auf die kleinen Kinderfüße zurückzustellen.

Kapitel 5

KINDER KAUFT MAN NICHT

Warum man Kinderhandel nicht schönreden, sondern unterbinden muss

Kinder kauft man nicht. Kinder sind Menschen und keine Dinge. Kinder haben Rechte. Nahezu jeder in der westlichen Hemisphäre würde spontan zu diesen Aussagen heftig nicken. Dennoch werden seit vielen Jahrzehnten weltweit Kinder in zahlreichen Varianten gekauft, gehandelt und versklavt. Die kleinen »Schätzchen« sind schlicht zu wertvoll, als dass niemand mit ihnen Handel treiben wollte. Ihr Wert wird aber nicht überall und von allen in menschlicher Würde, sondern oft in Dollar berechnet. Dafür sind die Gewinnmargen schlicht zu hoch, die Gelegenheiten zu günstig und die Kinder zu wehrlos. Man kann Kinder einfach liebhaben, aber leider auch ausbeuten – als Arbeiter in Fabriken und Minen, als Kindersoldaten, als Sexsklaven und als Organspender.

Um an fremde Kinder heranzukommen, kann man sie ihren Eltern rauben, sie entführen, zwangsverheiraten oder ihre Mütter nötigen, sie gleich nach der Geburt zur Adoption freizugeben – seit einigen Jahrzehnten kann man Kinder aber auch auf Bestellung in fremden Bäuchen produzieren lassen. Die sogenannte »Leihmutterschaft« ist damit nicht nur zweifelhafter Glücksbringer für unfruchtbare Erwachsene mit einem sehnlichen Wunsch nach einem Kind, sondern gleichzeitig auch Ermöglicher für die gezielte Produktion von Kindern abseits des Schutzes durch Behörden und ihre biologischen Verwandten. Oder glaubt jemand, dass jene, die Frauen global wie Müll behandeln, das nicht auch mit Kindern tun? Babys sind der Goldstandard des Menschenhandels. Unverbraucht, leicht zu handhaben, vielseitig einsetzbar.

Selbstredend mangelt es in Deutschland nicht an verbaler Unterstützung für Kinder. Wir haben alle »ein Herz für Kinder«, kämpfen für »Kinderrechte ins Grundgesetz«, spenden an Kinderhilfswerke und belehren unsere Kinder gar in den Schulen über ihre Rechte, die sie im Zweifel gegen ihre eigenen Eltern auch noch gerichtlich durchsetzen können. Während meine Kinder nach solchen Schul-Aktionstagen nach Hause kamen, um mir als Mutter wortreich ihr Recht auf Taschengeld zu erklären, will ihnen die deutsche Bundesregierung gerade sogar das Recht verschaffen, gegen meinen Willen ihr Geschlecht zu wechseln. Gleichzeitig will dieselbe Regierung legalisieren, dass sie als Babys im Zuge »altruistischer Leihmutterschaft« nach der Geburt in fremde Hände gegeben werden dürfen und dass sie im Frühstadium ihrer Entwicklung nicht als Kinder gelten sollen, damit die Forschung ein paar Wochen mehr an den Embryos herumexperimentieren kann. All das geschieht selbstverständlich nur im Namen des Kindeswohls.

KEIN WELPENSCHUTZ FÜR KINDER

Auch auf internationaler Ebene spart man nicht an öffentlich gepriesenem Kinderschutz. Bereits am 20. November 1989 wurde die Kinderrechtskonvention der Vereinten Nationen[103] verabschiedet. Man garantiert den Kindern darin zahlreiche Schutz- und Anspruchsrechte wie etwa in Artikel 7 das Recht zu wissen, wer die eigenen Eltern sind, und von ihnen betreut zu werden und in Artikel 9 noch einmal spezifiziert das Recht auf Umgang mit beiden Elternteilen. Diese

Rechte werden im Zuge der Mietmutterschaft und künstlichen Befruchtung ständig und flächendeckend missachtet. Die deutschen Samenspenderkinder mussten sich bis zum Bundesverfassungsgericht hochklagen, um zu erfahren, wer ihre Väter sind, während die Eizellkinder und die Mietmutterschaftskinder sich schon mal warmlaufen können.

In Deutschland existieren für Hunde bessere Schutzgesetze als für menschliche Neugeborene. Welpen dürfen laut Hunde-Tierschutzverordnung Paragraf 1 Absatz 4 erst acht Wochen nach der Geburt von ihrer Mutter getrennt werden. Man gesteht ihnen wenigstens ein bisschen Nestwärme zu. Kinder, die durch eine Mietmutterschaft geboren werden, kommen in der Regel sofort nach der Geburt weg von jenem Menschen, den sie als einzigen kennen: der Frau, in deren Bauch sie gewachsen sind. Manchmal bekommen sich Mietmutter und Kind gar nicht zu Gesicht. Das Kind darf nicht gestillt werden, und vom ersten Atemzug an wird über seinen Kopf hinweg entschieden, wen es als Eltern betrachten soll und muss. Artikel 7 und 9 der Kinderrechtskonvention sind für diese Kinder nicht das Papier wert, auf dem sie stehen. Aus der Perspektive eines Kindes gibt es in diesem Moment nur eine einzige Mutter: die Frau, die es geboren hat. Es weiß nichts über Gene, es weiß aber, wen es schmeckt und riecht und wessen Herzschlag und Stimme es wiedererkennt. Diese Frau ist die einzige Konstante und die einzige Sicherheit in einer neuen, fremden, lauten Welt. Es ist einem Kind völlig egal, ob diese Frau bezahlt wurde oder nicht und wie der Gesetzgeber gerade seine Existenz »rechtlich zuordnet«, weil ein Haufen Erwachsener viele Verträge vor seiner Zeugung unterschrieben hat. Es wird aber nicht vergessen, wenn wir ihm diese Frau wegnehmen, denn aus seiner Perspektive ist es seine einzige Mama[104].

ALLE KENNEN DAS PROBLEM

In Artikel 35 der Kinderrechtskonvention verpflichten sich die Staaten zudem, »die Entführung und den Verkauf von Kindern sowie den Handel mit Kindern zu irgendeinem Zweck und in irgendeiner Form zu verhindern«. Es ist also auch für »gute« Zwecke verboten, Kinder zu handeln. Deutschland ist nur einer von inzwischen 196 Staaten, die diese Rechte der Kinder als Selbstverpflichtung ratifiziert haben. Menschenhandel wird zudem im Deutschen Strafgesetzbuch unter Paragraf 232[105] verboten und spezifiziert, um sexuellen Missbrauch, Zwangsarbeit, aber auch Nötigung zur Organspende unter Strafe zu stellen. Handel mit Minderjährigen wird dabei noch härter bestraft. Grundsätzlich verbietet es sich in Deutschland aber allein schon als Ableitung aus der Verfassung. Es mangelt also nicht an verbaler Zustimmung und gesetzlicher Verankerung, nur an der konsequenten Umsetzung.

Dass »Leihmutterschaft« aber im Kontext des Kinderhandels betrachtet werden muss und es einen längst existierenden Reproduktionstourismus gibt, ist auf staatlicher Ebene lange bekannt. Das deutsche Auswärtige Amt[106] belehrt genau deswegen auf seiner Internetseite über die Tücken der rechtlichen Situation und darüber, unter welchen Umständen ein Kind eine deutsche Staatsangehörigkeit und einen Pass zur Einreise nach Deutschland bekommen kann und wann nicht. Gleichzeitig gibt es freundlicherweise auch Hinweise darauf, wie eine nachträgliche Anerkennung dennoch machbar ist, zitiert gar das passende Gerichtsurteil dazu – gibt also Auskunft, wie man das deutsche »Leihmutterschafts«-Verbot erfolgreich umgeht.

An anderer Stelle warnt die deutsche Botschaft in Mexiko-Stadt[107] wiederum massiv vor der Teilnahme an »Leihmutterschaft«-Programmen und den Versprechungen dieser Agenturen von einfachen Papieren, im Zweifel drohten lange Verfahren oder gar die Einweisung der Kinder in Waisenhäuser. Die deutsche Botschaft in Kiew liefert denselben Warnhinweis, aber auch eine genaue Anleitung, wie man die Vaterschaft eines Kindes anerkennen lassen kann, um anschließend einen deutschen Pass für ein Kind zu bekommen[108]. Es reicht dafür beispielsweise, dass die Mietmutter unverheiratet ist und die Vaterschaft bestätigt, während das von Amts wegen nicht durch DNA-Tests überprüft wird.

Kinder drohen im Zuge der zunehmenden Verbreitung von »Leihmutterschaft« zur Ware zu werden, warnte im März 2018 dann auch die UN-Sonderberichterstatterin Maud de Boer-Buquicchio in ihrem Bericht für den Menschenrechtsrat in Genf[109]. Es sei »ein wachsender Wirtschaftszweig, der durch die internationale Nachfrage angetrieben wird«. So, wie die kommerzielle »Leihmutterschaft« derzeit in einigen Ländern praktiziert würde, liefe es »in der Regel auf den Verkauf von Kindern hinaus«. Sie bestätigte auch, dass sich in Ermangelung von gesetzlichen Regelungen »kommerzielle Leihmutterschaftsnetzwerke weiterhin von einer Gerichtsbarkeit zur anderen bewegen«. Auch das erwähnte Länder-Hopping ist also als Phänomen durchaus offensichtlich. Ursache dafür sieht sie sehr klar in der privatrechtlichen Regelung abseits staatlicher Kontrolle. Private Verträge böten aber »keine Garantie für Menschenrechte«. Sie betont auch das Machtgefälle, wenn »Eltern aus wohlhabenden Staaten Leihmütter in Entwicklungsländern engagieren«, hier sei eine Anfälligkeit für Ausbeutung sichtbar. Der Hauch von modernem Kolonialismus ist ebenfalls kein Geheimnis. Sie beklagt aber auch, dass die sogenannte »altruistische Leihmutterschaft« nicht ausreichend reguliert sei, um eine Kommerzialisierung zu verhindern. Auch diese Abgrenzungsschwierigkeit und Vermischungsgefahr sind allen Behörden bekannt.

Nahezu alle Problemfelder und Scheinlösungen des Marktes werden hier offen angesprochen. Es sollte also niemand behaupten können, man habe nichts gewusst.

ES GIBT KEINEN »MENSCHENWÜRDIGEN MENSCHENHANDEL«

Ein Kind, das nicht von liebenden Eltern versorgt und gehütet wird, ist ungeschützt vor Missbrauch und Ausbeutung in zahlreichen Variationen. Wird es von seinen leiblichen Eltern geliebt, wird es zumindest gesucht, wenn es verschwindet. Ein Kind, das von niemandem vermisst wird, ist praktisch vogelfrei. Was, wenn es genau dafür gezeugt wird? Die »legale Leihmutterschaft« avanciert damit zum Steigbügelhalter der organisierten Kriminalität. Auch jene, die glauben, nach vermeintlich sauberen Regeln zu handeln, machen sich die Hände schmutzig, indem sie das globale System mit ihren Honoraren anfeuern und zu seiner gesellschaftlichen Legitimierung und Legalisierung beitragen. Die Nutzung der Option »Leihmutterschaft« fördert Gefahren und Nebeneffekte, die man zusätzlich zu den immer stehen bleibenden ethischen Konflikten in Bezug auf das Kind und die Mietfrau kostenlos mitgeliefert bekommt, auch wenn man nie darum gebeten hat und glaubt, sich in einer Art »Ablasshandel« moralisch freigekauft zu haben, indem man den gemieteten Bauch doch für seine Verhältnisse anständig bezahlt hat.

Wenn die Mietmutterschaftszuhälter auf Kreta mit jedem einzelnen geborenen und verkauften Kind Gewinne in Höhe von bis zu 70.000 Euro erwirtschaften, ist es nahezu Beihilfe zum organisierten Verbrechen, bei diesen ein Kind zu bestellen.

Man muss also bei der »Leihmutterschaft« über Kinderhandel sprechen und es auch genau so nennen, weil er faktisch stattfindet. Daraus folgt unweigerlich, dass man sie in all ihren Varianten verbieten muss. Es kann nicht darum gehen, das Ganze hübsch zu gestalten, sondern darum, gar nicht erst damit zu beginnen.

Würde jemand im 21. Jahrhundert die Debatte über eine Wiedereinführung der Leibeigenschaft für Erwachsene mit »Rechtssicherheit« und unter »menschenwürdigen Bedingungen« lostreten wollen, um sie gesellschaftlich doch akzeptabel zu machen, könnte er noch während des Aussprechens dieser abstrusen Forderung seinen Schreibtisch räumen. Wieso glauben im Gegenzug gleichzeitig so viele in der Politik, man müsse den Handel mit Kindern nur juristisch sauber und mit menschenwürdigem Tariflohn gestalten, um ihn aus dem Bereich der Kriminalität herauszuholen?

In dieselbe Kategorie schizophrener Argumentationslinien fällt auch die Unterscheidung altruistisch ja, kommerziell nein. Ist die Definition von Kinderhandel also nur eine Frage des Preises? Ein bezahltes Kind nein, ein geschenktes oder »gespendetes« Kind ist aber okay? Kann man Menschen spenden?

Wieder andere betreiben die Wortklauberei dergestalt, dass sie argumentieren, es werde ja nicht das Kind bezahlt, sondern nur die Dienstleistung des Gebärens, und das habe mit dem Kind nichts zu tun, sondern sei nur die Aufwandsentschädigung für den Produktionsprozess. Das ist in etwa so, als würde man einen Neuwagen bestellen, 100.000 Euro überweisen, das fertige Auto aber nicht bekommen, weil man ja angeblich nur die Produktion gezahlt hat, nicht aber die Auslieferung. Bezahl ich den Bäcker für das Backen oder will ich auch das Brot aus dem Ofen mit nach Hause nehmen?

Mit jedem weiteren argumentativen Ausweichmanöver wird sichtbar, wie die Rechte des Kindes mit jedem nur erdenklichen rhetorischen Stilmittel weggeredet werden, um damit die Interessen von Erwachsenen schönzureden. Am Ende wechselt aber immer ein Kind wie ein Auto den Besitzer.

NICHT NUR FÜR ERWACHSENE

Kinder sind auch Menschen. Sie sind nur kleiner. Es ist erstaunlich und auch beschämend, dass man im 21. Jahrhundert sogar in jenen Teilen der Welt, die sich selbst als zivilisiert bezeichnen und sich die Wahrung der Menschenrechte in der Regel nicht nur auf die Fahnen, sondern sogar in ihre Verfassungen geschrieben haben, manche Selbstverständlichkeiten ernsthaft noch einmal neu diskutieren muss. Menschen kauft und verkauft man nicht. Punkt. Sklaverei und Leibeigenschaft sind abgeschafft und gelten weltweit als Verbrechen, die man ahnden und bekämpfen muss, sollten sie irgendwo erkannt werden. Dazwischen ist kein Spielraum für eine Unterscheidung zwischen kleinen, großen, dicken oder dünnen, weißen, schwarzen, geborenen oder ungeborenen Menschen. »Die Würde des Menschen ist unantastbar«, so formuliert es Artikel 1 des deutschen Grundgesetzes. Da steht nichts von »nur für Erwachsene«.

Das Prinzip der individuellen Menschenrechte ist gerade deswegen eine so großartige Errungenschaft, weil es uns allen zusichert, dass wir nicht erst das richtige Geschlecht, die richtige gesellschaftliche Klasse, Nationalität, Hautfarbe oder die richtigen geistigen oder körperlichen Eigenschaften mitbringen müssen, um als Mensch mit unveräußerlichen Rechten betrachtet zu werden. Menschenrechte gelten individuell, also für jeden Einzelnen, universell, also überall und nicht nur auf deutschem Staatsgebiet. Sie sind unveräußerlich, können also nicht einmal, wenn man es selbst will, verkauft oder verschenkt werden.

Menschenrechte sind zudem keine Privilegien, die wir erst nach kritischer Begutachtung oder gönnerhaft zugeteilt bekommen, für die wir erst etwas leisten müssen oder die wir erst erwerben müssen. Von wem auch und unter welchen Kriterien? Die Geschäftemacher der Mietmutterschaft versprechen das richtige Geschlecht, die richtige Rasse, die garantierte Gesundheit. Auch hier gilt jedenfalls in Deutschland spätestens seit dem Zweiten Weltkrieg doch der Konsens, dass wir keine Eugenik betreiben. Wie kann es also sein, dass wir Kinder nach Rasse, Geschlecht, Gesundheit und Hautfarbe als unbrauchbar aussortieren, und das noch bevor sie geboren sind? Im Zuge der »Leihmutterschaft« wird auch das wieder gesellschaftsfähig und die Erwartungshaltung an das Kind zudem hochgeschraubt. Schließlich war es teuer und man will für sein Geld auch nur mangelfreie Ware. Das perfekte Baby ist ein Wunschtraum vieler Eltern und gleichzeitig der optimierte Albtraum im Machbarkeitswahn der Wissenschaft.

Die bislang als Konsens betrachtete Definition von Menschenwürde macht hingegen keine Qualitätskontrolle. Dort besitzt der Mensch Würde, einfach weil er Mensch ist. Selbst dem würdelos handelnden Menschenhändler wird sein Menschsein nicht abgesprochen, sondern im Gefängnis ein Anwalt zur Seite gestellt – genau aus diesem Grund. Manche begründen das religiös, andere mit dem Naturrecht oder mit der Vernunft, aber immer mit demselben Ergebnis: Es gilt auf jeden Fall. Nicht erst ab dem ersten Atemzug, nicht erst ab zweieinhalb Kilo Lebendgewicht, sondern von Anfang an und selbst für Kindermörder. Aus einer menschlichen Eizelle und einer menschlichen Samenzelle wird nie etwas anderes entstehen als ein Mensch. Deswegen schützen wir in Deutschland bereits den menschlichen Embryo mit unserem Embryonenschutzgesetz, um Missbrauch am und mit dem Menschen zu verhindern. Wer an diesem Prinzip Mensch von Anfang an rechtlich rüttelt, ist bereits auf der schiefen Bahn unterwegs. Nur in aberwitzigen »Leihmutterschaft«-Kinderbüchern wächst im Bauch eines Kätzchens ein kleiner Hase heran, um von Pinguinen großgezogen zu werden.

EINE NIERE NEIN, EIN KIND JA?

Es kommt noch schlimmer mit den Rückschritten. Wir hatten uns zusätzlich sogar darauf geeinigt, dass nicht nur ganze Menschen, sondern sogar Einzelteile des Menschen, wie etwa Organe und Gewebe, ebenfalls auf dem Weltmarkt nicht gehandelt werden dürfen, weil die Gefahr der Ausbeutung armer Bevölkerungsgruppen zu hoch ist. Die Erfahrung, dass Menschen in prekären Situationen verletzlich sind und in ihrer Verzweiflung sogar bereit sind, ihre eigene Gesundheit zu schädigen, um kurzfristig ihre finanzielle Not zu lindern, hat weltweit die Erkenntnis reifen lassen, dass man Organhandel nicht regeln, sondern verbieten muss, wenn man Missbrauch wirklich verhindern will. China, Afrika und Indien sind bekannt für den illegalen Handel von Organen unter massiven Menschenrechtsverletzungen. Zusätzlich hat man bezüglich altruistischer Organspenden hohe Hürden errichtet, um sicherzugehen und staatlich zu überprüfen, ob hier tatsächlich eine Freiwilligkeit vorliegt und finanzielle Interessen oder auch Nötigung ausgeschlossen werden können. Die Gesetze gelten sogar über den Tod eines Menschen hinaus, weil wir selbst Tote noch vor der Ausbeutung und Ausschlachtung ihrer Körper durch die Lebenden beschützen, wenn sie nicht vorher selbst dafür eine Genehmigung erteilt haben.

Der Verkauf auch nur einer kleinen Niere ist in Deutschland also laut Paragraf 18 des Transplantationsgesetzes[110] (TPG) verboten. Auch die WHO (World Health Organisation) spricht sich bereits seit 1991 gegen den geschäftsmäßigen Handel mit Organen aus[111]. Der Europarat verbietet den Organhandel in einem »Zusatzprotokoll zum Übereinkommen über Menschenrechte und Biomedizin bezüglich der Transplantation von menschlichen Organen und Gewebe« seit 2002 in Artikel 21 und 22[112] und hat zusätzlich im Jahr 2015 noch eine weitere strafrechtliche Konkretisierung des Organhandels[113] in einem Übereinkommen verabschiedet. Außerdem existiert auch noch die sogenannte *Erklärung von Istanbul gegen Organhandel und Transplantationstourismus,* initiiert von den Fachärzten der Transplantation Society und der International Society of Nephrology, um eine weltweite Ächtung des Organhandels zu bekräftigen. Eine Niere zu verkaufen geht also nicht, ein ganzes Kind schon?

Jemand, der sich auf dem Weltmarkt von einem armen Inder eine Niere kauft, wird entsprechend weltweit gesetzlich verfolgt. Wer dasselbe mit einem Kind aus den USA tut, bekommt Applaus und Hochglanzbilder in der Presse. Willkommen im Zeitalter der Doppelmoral.

ADOPTION, »LEIHMUTTERSCHAFT« ODER BEIDES?

Nun wachsen auch aus anderen Gründen Kinder nicht bei ihren leiblichen Eltern auf. Gerne wird darauf verwiesen, dass durch die Möglichkeiten der Adoption Kinder schließlich zu Tausenden bei »Fremden« groß werden, und denen ginge es ja auch gut. »Leihmutterschaft« wird dabei gerne als eine weitere, moderne neue Variante der Familienform dargestellt, einfach nur als ein anderer Weg, wie ein Kind in eine Familie kommen kann. Sie sei mit der Adoption jedenfalls vergleichbar. Und tatsächlich findet der Übergang der Elternrechte bei vielen Mietmutterschaftsverfahren juristisch als Adoption durch die Wunscheltern statt, indem die Mietmutter nach der Geburt auf ihre Elternrechte verzichtet und sie auf die Wunscheltern überträgt.

Bestellt beispielsweise ein Paar ein Kind in der Ukraine, kann der Mann aus diesem Paar durch Anerkennung der Vaterschaft durch die Mietmutter seinen Status als Vater sichern. Seine Ehefrau muss jedoch das Kind erst adoptieren, wenn die Eizelle nicht von ihr selbst stammt, und je nach Land manchmal sogar dann, wenn die Eizelle von ihr ist, weil jene Frau, die das Kind geboren hat, als Mutter gilt – in Deutschland beispielsweise.

Ist »Leihmutterschaft« also nicht mehr als eine Adoption unter anderen Voraussetzungen? Nein, schon die Grundkonstellation ist eine andere. Mietmutterschaft ist die Zeugung eines Kindes mit der vorsätzlichen Intention, das Kind nach der Geburt von seiner Mutter zu trennen, und zwar selbst dann, wenn die Mutter sich nach der Geburt umentscheidet und das Kind behalten will. Diese Trennung ist nicht Schicksal, sondern einkalkulierte Standardprozedur. Das ist mit Adoption auch inhaltlich nicht vergleichbar, bei der dieses Kind durch schicksalhafte Umstände seine leiblichen Eltern nicht mehr hat und dafür Ersatzeltern und ein neues Zuhause braucht. Adoption löst eine schwierige Situation, »Leihmutterschaft« schafft sie hingegen absichtlich.

Gleichzeitig bietet die historische Betrachtung der Geschichte der Adoption mit all ihrer Anfälligkeit für Missbrauch und Probleme alarmierendes Anschauungsmaterial und bittere Parallelen, die sich nun im Zuge der Mietmutterschaftsgeschäfte zu wiederholen drohen. Durch die Aufdeckung von Skandalen und das Aufkommen weltweiter Regulierungen in den 1990er-Jahren brach der Adoptionsmarkt zum Teil völlig zusammen. So wie die Mietmutterschaft heute von Land zu Land springt, wenn Länder sie gesetzlich erschweren oder verbieten, sprang man damals vom Adoptionsgeschäft auf das Mietmutterschaftsgeschäft, um den wegbrechenden Markt zu ersetzen. Erst mithilfe der Eizellen der Mietmütter selbst, später dank fortschreitender Reproduktionstechnik mit den Eizellen der Wunscheltern, inzwischen dank Samen-, Eizell- und Embryonenspende auch ganz ohne biologische Verbindung zum Kind. Waren es früher ungewollte, geraubte und abgenötigte Kinder, mit denen man handelte, werden sie heute bloß gezielt dafür gezeugt.

Gemeinsame Nenner bleiben: Es werden Kinder verkauft und gekauft, es werden Frauen ausgebeutet, und es verdienen kriminelle Netzwerke. Das Geschäftsmodell bleibt, man hat nur die Methodik verändert.

NEUE METHODE, ALTES GESCHÄFTSMODELL

Grenzüberschreitende Adoptionen, bei denen in der Regel Kinder aus Schwellenländern in reichen Ländern adoptiert wurden, entwickelten sich erstmalig in massiven Zahlen als Folgeerscheinung von Kriegen wie etwa dem Korea-Krieg in den 1950er-Jahren. Doch auch Kinder aus Algerien, Afrika, Tibet, Sri Lanka und Vietnam wurden international weitergereicht in neue Elternhäuser. Gleichzeitig veränderte sich die Perspektive und Motivation für Adoptionen, gerade auch über Ländergrenzen hinweg: Ging es anfangs darum, verwaisten Kindern aus armuts- und kriegsgebeutelten Ländern ein neues Zuhause und eine Lebensperspektive zu verschaffen, entflammte schnell ein Markt, um Erwachsenen ein Kind zu verschaffen.

Auf der reicheren Nordhalbkugel hatte sich das Angebot an adoptionsfähigen Waisenkindern durch die Erfindung der Pille, den Zugang zu Abtreibung, aber auch durch die zunehmende gesellschaftliche Akzeptanz von unehelichen Kindern verknappt. Nicht nur in Deutschland, auch in der Schweiz und anderen westlichen Ländern gaben ledige Frauen in der Nachkriegszeit ihre Kinder zur Adoption frei oder wurden dazu genötigt, denn ohne Vater standen diese Kinder mancherorts automatisch unter Vormundschaft des Staates und die Mutter unter Generalverdacht der Unfähigkeit, ein Kind alleine großziehen zu können, ganz abgesehen von der »Schande«, ein uneheliches Kind zu haben. Mit dem Wegfall der gesellschaftlichen Stigmatisierung von ledigen Müttern wuchs der Adoptionsmarkt im Ausland und der »Mangel an Adoptivkindern«, der bis heute beklagt wird.

Es drängt sich eine Zwischenfrage auf: Wieso ist es überhaupt ein »Mangel«, wenn nur wenige Kinder zur Adoption frei sind? Ist es nicht eher ein Grund zur Freude, wenn es weniger Kinder sind als früher? Von der Perspektive »Eltern für ein Kind« war man eben schnell bei »ein Kind für Kinderlose« angekommen[114]. Genauso schnell hatten Geschäftemacher entdeckt, dass sich mit der Not von Müttern und Kindern im Ausland und dem Kinderwunsch im Inland Geld verdienen ließ. Ebenso gleichzeitig entstand durch die Verknappung des Marktes die Notwendigkeit, bei der »Freiwilligkeit« der Herausgabe der Kinder in den Schwellenländern nachzuhelfen, entweder durch Geld oder Gewalt oder beides. Es drängen sich bereits an diesem Punkt sichtbar die Parallelen zum heutigen globalen Mietmutterschaftsgeschäft auf.

Die skandalösen Machenschaften zweifelhafter Agenturen und Vermittler, die willige Bereitschaft von Behörden im In- und Ausland, zu kooperieren und die Augen zu verschließen, die Nötigung von alleinerziehenden Frauen, ihre Kinder zur Adoption freizugeben, das gezielte Rekrutieren im Milieu von Prostituierten und in Armenvierteln, Geldzahlungen an arme Familien, um eines von vielen Kindern abzugeben, aber auch der Raub von Kindern aus Familien und Krankenhäusern sind erwiesene Tatsachen, die durch unzählige Schicksale in vielen Ländern bestätigt sind. Bis heute dauert die Aufarbeitung der Adoptionsskandale um die zu Tausenden verschobenen Kinder weltweit an. Kein Staat tat das bislang freiwillig. Es sind die Selbsthilfegruppen Betroffener, die die Aufklärung in der Regel forcieren. Dank Internet tun sie sich heute zusammen, und nach oft jahrelangen zähen Nachforschungen finden manche sogar ihre Ursprungsfamilien am anderen Ende der Welt. Werden sich die verschwisterten »Ei-Kinder« der Mietmutterschaft irgendwann auch finden?

EIN »KLEINES SCHWARZES« FÜR DIE WEISSEN KUNDEN

Deutschland hat bei all dem mitgemacht. In einer ausführlichen Recherche erzählte das Nachrichtenmagazin *Der Spiegel*[115] bereits im Jahr 1982 unter dem Titel »10.000 Dollar für ein Kind aus Kolumbien«, wie sich Tausende von Ehepaaren aus Deutschland, den Niederlanden und Schweden Kinder in Asien und Lateinamerika kauften und sich vor allem niederländische, aber auch Schweizer Agenturen eine goldene Nase daran verdienten. Die strengen Adoptionsregelungen vor Ort umging man in der Regel mit organisierten »Baby-Touren« in die Heimatländer der Kinder, wo kooperative Behörden für ein paar Dollar möglich machten, was in Europa illegal war, und man das »kleine Schwarze« dann gleich inklusive legalen Adoptionspapieren als Urlaubssouvenir mitnehmen konnte. Dieses Schema funktioniert im Mietmutterschaftsmarkt genauso, doch heute kann man mithilfe der Reproduktionstechnik dafür sorgen, dass das »kleine Schwarze« dank reinrassig angepriesener Ukrainerinnen ein »kleines Weißes« wird. Das fällt auch bei den Nachbarn in Bremen nicht so auf.

Im Jahr 2023 gratulierte die Agentur *Growing Families*, die gerne »ehrenamtlich« auftritt, auf ihrem Instagram-Profil[116] mit adrettem Bild aller Beteiligten den beiden weißen Männern und ihrer schwarzen Mietmutter, die ihnen ein sichtbar weißes Baby ausgebrütet hatte, zum neuen Familienmitglied. Wie gut, dass das alles rechtlich sauber mit Verträgen abgesichert ist, sonst müsste man darüber nachdenken, ob es nicht Kolonialismus übelster Art ist, was einem da auch bildhaft entgegenspringt. Doch selbst die superwoken »Professor*innen« der *Postcolonial Studies* und die nonbinären Studierenden der *Critical Whiteness Studies* reiben sich nicht an diesem offensichtlichen Revival von Ausbeutung ihrer Freunde bei den *People of Color*, weil man sich dann auch über die schwulen Paare gleich mitempören müsste, die das im Eigeninteresse befördern. Die will man aber nicht angreifen, denn sie sind ja Verbündete in der selbst ernannten LGBTQI-Opferreihe, in der leider, leider kein Platz mehr frei ist für schwarze Frauen, die von weißen Männern als Brutkasten benutzt werden.

DIE AUGEN WEIT GESCHLOSSEN

Beide Augen zu bei schwierigen Auswüchsen ist in Wahrheit ein wiederkehrendes Schema in der gesamten Thematik der illegalen Mietmutterschafts- und Adoptionspraktiken. Die Schweizer Behörden haben sich auch nur auf Druck von betroffenen Kindern dazu bewegen lassen, die Adoptionsskandale der Schweiz und die Verstrickung der Behörden aufzuarbeiten. Der ausführliche Bericht der Zürcher Hochschule für Angewandte Wissenschaften im Auftrag des Schweizer Justizministeriums[117] wurde im Jahr 2020 veröffentlicht und zeigt eindrücklich, wie einfach es für die Agenturen war, angebliche Waisenkinder aus Sri Lanka in der sonst doch sehr restriktiven Schweiz einzubürgern.

Die für Deutschland zuständige, staatlich beauftragte *Gemeinsame Zentrale Adoptionsstelle* (GZA) in Hamburg schätzte laut *Spiegel* zu Beginn der 1980er-Jahre, dass jährlich rund 1000 Drittweltkinder auf kommerziellen Wegen in die Bundesrepublik kämen. Man wusste ja, welche Player auch aus den Nachbarländern auf dem deutschen Markt agierten.

Es existiert in den Archiven des Deutschen Bundestages zudem eine aufschlussreiche Antwort der Bundesregierung auf eine Große Anfrage der Grünen aus dem Jahr 1990 zur Problematik des Kinderhandels im Kontext privater und kommerzieller Adoptionsvermittlung in der Bundesrepublik[118], die mehr offene Fragen als Antworten liefert. Man weiß darin nicht, wie viele kommerzielle Vermittlungen es gibt, wie viele falsche Vaterschaftsanerkennungen den angeblich legalen Papieren zugrunde liegen, und bestreitet auch weiterhin die Notwendigkeit von größeren Ermittlungen des Bundeskriminalamtes. Da fand man insgesamt nur vier Ermittlungsfälle. Gleichzeitig ist demselben Papier zu entnehmen, dass im Jahr 1988 bereits gut 15.000 Kinder aus der Dritten Welt nach Deutschland adoptiert worden waren und 1986 ausführlich auch in der deutschen Presse die aufgeflogene Bande in Sri Lanka breitgetreten wurde. Schließlich waren 40 der Besteller Deutsche. Das gesamte Papier liest sich wie eine einzige Realitäts- und Auskunftsverweigerung. Während die Partei der Grünen also damals sehr klar die Gefahren des Kinderhandels durch den Adoptionsmarkt sah und versuchte, diesen zu bekämpfen, sind dieselben Grünen heute im Bundestag an vorderster Front, um den Markt der Mietmutterschaft auch in Deutschland zu legalisieren. Dabei müsste gerade diese Partei es doch durch ihre guten Bemühungen bei der Adoptionspraxis am besten wissen, wie damit kriminelle Machenschaften befördert werden.

EIN JAHRESGEHALT FÜR EIN KIND

Die Gewinnspannen des Adoptionsmarktes waren schlicht zu verlockend, um genau hinzusehen. Auch das ist eine Parallele zum heutigen Markt der Mietmutterschaft. Das englischsprachige Magazin *Asiaweek* sprach damals von einer blühenden Multimillionen-Dollar-Exportindustrie. Ein Kind sei für 50 Dollar in Bangkok zu kaufen, bringe in New York aber bis zu 15.000 Dollar – eine Gewinnspanne von fast 100 Prozent. Skandale flogen laut *Spiegel* aber auch in Italien, Spanien, der Schweiz und den Niederlanden auf. Einmal fand man über 50 brasilianische Kinder in einem einzigen niederländischen Dorf. In Kolumbien hatte ein Rechtsanwalt 500 Kinder zu jeweils 10.000 Dollar verkauft, in Peru eine Bande über 650 Kinder für jeweils 6000 Dollar. Chinesen wiederum raubten gezielt Kinder in Taiwan zum Weiterverkauf.

Die Händler-Hotspots und Umschlagplätze für den US-Markt konnten in der nordmexikanischen Stadt Tihuana direkt am Übergang zu Kalifornien und im Prostituiertenviertel Angeles auf den Philippinen direkt neben der amerikanischen Clark Air Force Base lokalisiert werden. Die von amerikanischen Soldaten geschwängerten Prostituierten entledigten sich ihrer Kinder an die Baby-Händler, um der gesellschaftlichen Zusatzschande eines gemischtrassigen Kindes zu entgehen. Dieses Schema wiederholte sich in Südkorea nahezu identisch.

Die *New York Times*[119] berichtete im September 2023 ausführlich über die Aufarbeitung des weltweit größten Adoptionsmarktes in Südkorea, nachdem die staatlichen Behörden endlich eigene Untersuchungen angestrengt hatten und 2021 erstmals Ergebnisse vorlegten. Aus der anfänglichen Not, nach dem Ende des Korea-Krieges ein Zuhause für Waisenkinder auch jenseits der eigenen Grenzen zu finden, wurde letztendlich ein Geschäft, bei dem irgendwann Mütter bereits vor der Geburt ihrer Kinder genötigt wurden, diese zur Adoption freizugeben, oder die Kinder ohne ihre Kenntnis weggegeben wurden.

JEDEN FREITAG 20 KINDER

Das bereits erwähnte Beispiel Südkorea zeigt recht gut, wie die Mechanismen von Armut, Überforderung, Prostitution, gesellschaftlicher Ächtung von Frauen und behördlichem Desinteresse – und in diesem Fall gar gepaart mit einer anständigen Prise an hauseigenem Rassismus – dazu führen, dass Frauen angeblich »freiwillig« ihre Kinder hergeben. In Südkorea gab es zunächst staatlichen Druck, die Kinder, die zwischen koreanischen Frauen und US-amerikanischen Soldaten gezeugt wurden, »nach Hause zu ihren Vätern« zu schicken, so der wörtliche Tenor von Regierungsbeamten.

Später rekrutierten Adoptionsagenten gezielt die Kinder jener Prostituierten, die rund um die amerikanischen Militärbasen arbeiteten und im Fall einer Schwangerschaft nur die Wahl hatten, ihr Kind zur Adoption freizugeben oder in Geldnot unter gesellschaftlicher Ächtung ein »zweirassiges« Kind großzuziehen. Freiwillig?

Danach rekrutierte man gezielt unter den unverheirateten jungen Frauen, die ebenfalls einer gesellschaftlichen Ächtung entgegensahen. Freiwillig?

Der ehemalige Leiter einer südkoreanischen Adoptionsagentur berichtet, dass schon 1960 »jeden Freitag 20 Kinder« bei ihm angekommen seien, um sie nach Übersee zu bringen.

Begünstigt wurden die Machenschaften dadurch, dass es in Südkorea erst seit Juni 2023 eine gesetzliche Registrierungspflicht für die Geburt eines Kindes gibt. Vorher blieb es den Eltern überlassen, ob sie es offiziell bekanntgeben. Wie viele Kinder wurden bis dahin geboren und sind verschwunden, ohne dass man je erfahren wird, wohin und an wen? Diese Kinder werden bis heute statistisch nicht vermisst, weil sie offiziell nicht existieren.

Allein im Jahr 1985 wurden über 8800 Kinder aus Südkorea wegadoptiert, gut 6000 davon nach Nordamerika[120]. Für jedes Kind kassierten die Agenturen 3000 bis 4000 Dollar Vermittlungsgebühr, die Flugkosten und eine zusätzliche Adoptionsgebühr in Höhe von rund 1500 Dollar. Die rund 4500 Dollar pro Kind entsprachen im Jahr 1988 nahezu exakt dem jährlichen Pro-Kopf-Einkommen von 4571 Dollar in Südkorea. Ein Jahresgehalt für ein vermitteltes Kind. Die Behörden gehen von 200.000 Kindern aus, die im Zuge der Adoption seit 1953 ins Ausland gebracht wurden – zunächst vor allem in die USA und nach Europa, bis vor der Corona-Pandemie war China größter Abnehmer. Selbst wenn man nur mit den Preisen aus dem Jahr 1988 weiterrechnet, ohne Preissteigerungen einzukalkulieren, reden wir über ein 900 Millionen Dollar schweres Geschäft.

Später hielt man die unverheirateten Frauen bis zur Geburt in Heimen und nötigte sie dort, die Unterlagen zur Adoption zu unterzeichnen. Wo ist der Unterschied zu den »Leihmutterbruthäusern« wie jenen, die im Sommer 2023 auf Kreta von der Polizei hochgenommen wurden, oder zu den Babyfarmen in Nigeria? Es gibt keinen. Die Geschichte wiederholt sich gerade im Metier der Mietmutterschaft.

DIE GRENZEN DER REGULIERUNG

Das Geschäft mit der problemlosen Adoption über den halben Globus hinweg verlangte nach weltweit einheitlichen Regulierungen. Das »Haager Übereinkommen über den Schutz von Kindern und die Zusammenarbeit auf dem Gebiet der internationalen Adoption« aus dem Jahr 1993[121] hat zu einer massiven Regulierung auf dem Adoptionsmarkt und zu internationalen Standards beigetragen und die Rechte der Kinder gestärkt. Eckpfeiler sind die Absicherung des Rechtes des Kindes um Wissen nach seiner Herkunft, wie es auch in der UN-Kinderrechtskonvention festgeschrieben ist. Es muss vor einer Adoption ausführlich geprüft werden, ob eine Unterbringungsmöglichkeit im Heimatland des Kindes seinem Wohl nicht besser entspricht als eine Adoption in eine fremde Kultur. Man überprüft, ob das Kind wirklich freiwillig zur Adoption gegeben wird und kein Geld fließt, aber auch, dass eine Zustimmung der Mutter erst nach und nicht schon vor der Geburt bestand. Man überprüft zudem die Eignung der Adoptiveltern, was nur durch staatlich beauftragte Stellen geschehen kann. Sowohl die Organisationen, die von Staaten als Vermittler beauftragt werden, als auch deren Mitarbeiter sollen ethischen Standards genügen. Eine enge Koordination der staatlichen Stellen beider beteiligter Länder soll Rechtssicherheit geben und Missbrauch verhindern.

Diese Standards gelten natürlich nur dort, wo Staaten sie freiwillig adaptieren und dann im Inland mit einer eigenen Gesetzgebung untermauern. Entsprechend haben sie durchaus viel genutzt, konnten aber nicht alle Probleme verhindern. Das Gutmenschentum ist weltweit kein Kassenschlager. Durch die inzwischen juristisch gängige Vermischung der Elemente Adoption und »Leihmutterschaft« können zudem die Prinzipien des Haager Übereinkommens nicht garantiert werden. Die bisher eingehaltenen Standards werden also gerade aufgeweicht. Weder wird die Freiwilligkeit der Adoption nach Mietmutterschaft behördlich überprüft noch die Eignung der Besteller als Eltern eines Kindes, geschweige denn ihr finanzieller, beruflicher oder auch kriminalstatistischer Hintergrund. Jeder, der bestellt, bekommt ein Kind oder zwei oder zwei Dutzend.

Die Freigabe zur Adoption wird zudem nicht erst nach der Geburt, sondern in der Regel sogar vertraglich vor der Zeugung des Kindes geregelt. Mehr noch, die Mietmutter verliert in den meisten Ländern den Anspruch auf das Kind, selbst wenn sie es doch nicht freigeben will. Die Adoption nach Mietmutterschaft ist somit eher eine nachgeschobene, amtliche Formsache, und man umgeht die strengen Adoptionsregeln der »normalen« Adoption. Bis heute seien Verletzungen der Standards bezüglich »Freiwilligkeit« im grenzüberschreitenden Adoptionsverfahren leider an der Tagesordnung, bestätigte selbst

Hans van Loon, bis 2013 Generalsekretär der Haager Konferenz für Privatrecht und einer der Architekten des Haager Übereinkommens, beim internationalen Forum[122] zur grenzüberschreitenden Adoption und globaler »Leihmutterschaft« im August 2014 in Den Haag.

Es sind nur wenige Länder, die auch bei »Leihmutterschaft« im Vorfeld staatlich prüfen, ob die Besteller-Eltern als Eltern geeignet sind, wie beispielsweise Südafrika oder am strengsten Israel, wo eine siebenköpfige Kommission jeden einzelnen Fall prüfen und genehmigen muss. In Folge gehen auch Israelis und Südafrikaner gerne ins Ausland. Logischerweise müsste die Überprüfung der Eltern ja immer vor der Zeugung des Kindes stattfinden, also vor der Beauftragung und nicht, wenn das Kind bereits auf der Welt und in der Regel bereits in der Obhut der Besteller-Eltern ist.

EINE EINLADUNG AN ORGANHÄNDLER UND PÄDOPHILE

Im Herbst 2022 lief auch in deutschen Kinos der Film *The Sound of Freedom*, die Verfilmung der wahren Geschichte des US-amerikanischen Spezialagenten Tim Ballard, der bei amerikanischen Grenzschutzbehörden im Bereich Kinderpornografie ermittelt und sich in einer Geheimaktion auf den Weg nach Kolumbien macht, um dort nicht nur die Drahtzieher zu finden, sondern auch die Kinder zu befreien, die dafür missbraucht werden. Der Film zeigt nur die Spitze des Eisbergs in einem Geschäft, das Drogenhandel, Frauenhandel, Kinderhandel und Kinderpornografie vermischt, frei nach dem Motto: Drogen kann man nur einmal verkaufen, Kinder immer und immer wieder. Wo werden die ungewollten Babys der kleinen Mädchen von heute denn morgen landen, wenn sie erst in der Pubertät sind und von ihren Freiern geschwängert werden?

Die Missbrauchsgefahr für Kinder wird durch das Instrument der Mietmutterschaft weltweit massiv erhöht, denn die ganz dunkle Seite des Kinderkaufes beginnt dort, wo Kinder nicht nur zum Liebhaben verschwinden und geraubt werden, sondern sogar extra für Missbrauch produziert werden. Auch jene, die sie zu sehr lieben, wollen Kinder – ganz für sich allein und mit totaler Verfügungsgewalt. Jetzt bekommen sie sogar offiziell das Sorgerecht. Wo niemand Fragen stellt, solange nur das Geld fließt, kann sich jeder Vorbestrafte und auch jeder Pädophile ein Kind besorgen. Wer die Büchse der Pandora öffnet, bekommt sie nicht mehr zu.

Der Fall eines Pädophilen aus Berlin, der sich in Zypern über eine Mietmutter einen Jungen besorgte, beschreibt wie aus dem Lehrbuch der menschlichen Widerwärtigkeiten die unkontrollierbaren Nebeneffekte dieser Branche, aber auch die gleichzeitige Naivität deutscher Behörden. Die Geschichte im Schnelldurchlauf[123]: Dennis S. aus Berlin ist 38 Jahre alt, ledig und lebt von staatlichen Leistungen, hat aber dennoch 60.000 Euro, um sich 2016 auf Zypern von einer Frau ein Kind zu besorgen. In Deutschland bekommt er problemlos das alleinige Sorgerecht von den Berliner Behörden, dort erzählt er, das Kind stamme von seiner russischen Freundin, die abtreiben wollte, er habe stattdessen das Kind genommen, alle sind gerührt über so viel Verantwortungsbewusstsein des Vaters. Auch als er 2017 wegen Besitz von Kinderpornografie zu zehn Monaten Haft auf Bewährung verurteilt wird, fällt niemandem auf, dass er gleichzeitig einen kleinen Jungen allein großzieht. 2019 wird er dann in Berlin-Hellersdorf von einer Sondereinheit der GSG9 festgenommen und vor Gericht gestellt. Im Darknet hatte er sich unter Gleichgesinnten mit seinem Sohn gebrüstet, so kam man ihm auf die Spur. Der Junge ist da schon drei Jahre alt, als Beweismittel liegen über 100.000 Fotos und über 7000 kinderpornografische Videos vor, mehrere davon hat er selbst mit seinem Sohn gedreht, sechs seiner Filme dokumentieren den sexuellen Missbrauch am eigenen Kind bis zur Körperverletzung. Er bekommt nur fünf Jahre Haft. Keine Pointe. Fazit: Selbst ein alleinstehender Mann, der wegen Besitz von Kinderpornografie vorbestraft ist, bekommt ein Kind, und die Behörden werden nicht einmal hellhörig.

Dass Thailand sein einst florierendes Geschäft mit der Mietmutterschaft gesetzlich verbot, ist maßgeblich auf den berühmten Fall des Babys »Gammy« zurückzuführen, ein Junge mit Down-Syndrom, den seine australischen Besteller nicht wollten. Sie nahmen nur die gesunde Zwillingsschwester mit. Der Fall Gammy offenbarte nicht nur die Problematik von Eltern, die kein behindertes Kind abholen wollten. Die Sache nahm zusätzlich an Fahrt auf, als bekannt wurde, dass es sich bei dem Besteller-Vater um einen in Australien vorbestraften Sexualstraftäter handelt, der dort bereits drei Jahre im Gefängnis gesessen hatte, weil er mehrere Kinder, darunter zwei Mädchen unter zehn Jahren, sexuell belästigt hatte[124]. Die Mietmutter in Thailand versuchte daraufhin, das Sorgerecht auch für die kleine Schwester zurückzubekommen, weil sie das Mädchen nicht bei einem vorbestraften Kinderschänder belassen wollte. Der Richter in Australien entschied gegen sie, das Kind blieb im Namen des Kindeswohls bei den Bestellern in Australien. Richter Stephen Thackray schrieb in der Urteilsbegründung, es sei unverantwortlich, das Kind der »einzigen Familie, die es kennt«, zu entreißen. Das Mädchen war zu dem Zeitpunkt bereits zwei Jahre alt[125]. Im Klartext: Selbst vorbestrafte Sexualstraftäter bekommen vor Gericht recht und dürfen ihr gekauftes Kind behalten, und das alles im Namen des Kindeswohls. Wer den Handel erst einmal erlaubt, hat keine Handhabe, es Einzelnen zu verbieten.

In den USA wird im Januar 2023 ein schwules Paar verhaftet[126], das sich an den eigenen Söhnen sexuell vergangen hat, was auf Video nachzusehen ist. Zusätzlich haben sie ihre beiden Adoptivsöhne im Internet bei einem Pädophilenring angeboten. Wenn nicht einmal bei offiziellen Adoptionen, die über staatliche Stellen abgewickelt werden, genau hingeschaut wird, wie will man jemals private Mietmutterschaftsbestellungen kontrollieren?

Als ebenfalls in Thailand der Fall des schwerreichen, 24-jährigen Japaners Mitsutoki Shigeta bekannt wurde, der bereits 17 Kinder durch Mietmütter bestellt hatte, machte nicht nur das böse Wort »Baby-Fabrik« die Runde, Interpol ermittelte[127] auch zum Verdacht des Organhandels. Das Märchen von dem Wunsch nach großer Familie konnten die Behörden nicht ganz glauben, nachdem sie zahlreiche Kinder in unmöblierten Räumen zusammengepfercht mit Nannys fanden und die Agentur zu Protokoll gab, er habe vorgehabt, jedes Jahr 10 bis 15 Kinder zu erwerben.

Es ist heute schlicht möglich, Baby-Farmen in Lateinamerika oder Afrika oder sonst irgendwo auf der Welt zu betreiben oder sich ganz legal Dutzende von Kindern über verschiedene Agenturen in diversen Ländern zu bestellen. Es gibt keine Übersicht, keine Kontrolle und kein Limit, solange man nur genug Geld hat. Der Verdacht der Verquickung von Mietmutterschaft mit kriminellen Absichten taucht immer wieder bei Ermittlungsbehörden an unterschiedlichen Orten der Welt auf, ohne Handhabe, das Problem einzudämmen. Wo eine Nachfrage ist, entsteht ein Markt, egal ob nach Kindern, nach Sex mit Kindern oder nach Organen von Kindern. Niemand weiß, dass sie existieren, niemand fragt nach ihnen, niemand sucht nach ihnen, weil es sie ja gar nicht gibt. Niemand verteidigt ihre Rechte, weil sie noch nie welche hatten. Und mit der fortschreitenden Legalisierung weltweit wird die Sache nur noch schlimmer.

Kapitel 6

... UND FRAUEN KAUFT MAN AUCH NICHT

Von der Gebärmutter zur Gebärnutte sind es nur zwei Buchstaben Unterschied

Wäre es für alle Beteiligten nicht viel besser, man würde lieber für hirntot erklärte Frauen als Brutkästen zur »Leihmutterschaft« benutzen als solche, die noch bei Bewusstsein sind? Jetzt, da wir wissenschaftlich festgestellt haben, dass hirntote Frauen erfolgreich eine bestehende Schwangerschaft noch austragen können und dabei ein gesundes Kind auf die Welt kommt[128], könnte doch schließlich jede Frau statt nur einer üblichen Organspende einer »Ganzkörper-Spende« nach ihrem Tod zustimmen und damit die bestehenden ethischen Bedenken ausräumen, wenn man nicht-hirntote Frauen zum Fremdgebären benutzt, die dann alle emotionalen und körperlichen Risiken tragen.

Hirntote Frauen sind optimal in vielerlei Hinsicht: Nicht nur, dass sie nicht widersprechen und kein Honorar brauchen, man kann mit ihnen auch körperlich gefährlichere Prozeduren durchführen, um die Wahrscheinlichkeiten von Geburten zu erhöhen, und bis zu vier Embryonen gleichzeitig einpflanzen. Wenn sie dann Fehlgeburten haben oder einige der Embryos wegen Krankheit oder falschem Geschlecht wieder »reduziert« werden müssen, macht ihnen das alles gar nichts aus, denn sie sind ja juristisch und medizinisch betrachtet schon tot und werden nur noch von Maschinen am Leben erhalten. Eine künstlich beatmete und ernährte Gebärmaschine. Man muss den künstlichen Brutkasten nicht erst erfinden, er liegt schon da. Toll, wenn der Körper einer Frau auch nach ihrem Tod noch nützlich sein kann.

Das Ganze wäre auch aus feministischer Perspektive deutlich gerechter, weil man in naher Zukunft wahrscheinlich auch hirntote Männer als Gebärmaschinen nutzen kann. Ein Hoch auf die Transplantationsmedizin, die inzwischen daran arbeitet, ganze Gebärmütter nicht nur erfolgreich in Frauen, sondern bald auch in Männerkörper transplantieren zu können[129]. Damit wäre auch endlich Gebärgerechtigkeit eingekehrt und die leidige Reproduktionsarbeit der Menschheit bliebe nicht mehr länger nur bei den Frauen hängen. Endlich Geschlechterparität im Kreißsaal.

Dieser Vorschlag der britischen Philosophieprofessorin Anna Smajdor[130], die an der Universität von Oslo Medizinische Ethik lehrt, brachte zu Beginn des Jahres 2023 empörte Schnappatmung in den weltweiten Diskurs der Mietmutterschaft, jedenfalls bei jenen, die den detaillierten Beitrag, der in einem renommierten Fachmagazin erschien, nicht als das verstanden, was er war: eine zynische Überspitzung der Thematik, um das Grauen, aber auch die Machbarkeit zu demonstrieren, wenn man bereit ist, sich einmal auf den Pfad der Verwertung und Nutzung des menschlichen Körpers zu begeben. Der Vorschlag war nicht einmal ihr eigener, sie griff nach eigener Auskunft die im Gegenzug leider sehr ernst gemeinte Idee einer israelischen Kollegin aus dem Jahr 2000 auf, die damals ohne großen Aufschrei in der Fachwelt vorgeschlagen hatte, das Ganze nicht mit Hirntoten, sondern mit Wachkoma-Patienten durchzuführen. Samenspende, Eizellspende, Embryonenspende, Organspende, Ganzkörperspende – es ist wie eine logische Reihe. Wie lange kann man eigentlich so einen Körper mit Maschinen am Leben erhalten und immer wieder neu befruchten? Wie viele Eizellspenden kann man ihm entnehmen?

Aber gut, noch ist sie ja nicht tot, die Frau im gebärfähigen Alter, die man braucht, um für Fremde ein Kind auszutragen. Noch muss sie bewusst mitmachen, mehr oder weniger freiwillig.

VON DER GEBÄRMUTTER ZUR GEBÄRNUTTE

Auf dem Altglas-Container, in dem ich meine leeren Flaschen entsorge, klebt seit vielen Jahren ein etwas mitgenommener Sticker mit dem Text »Frauen kauft man nicht«. Er ist offenbar deswegen dort platziert worden, weil der Container in Sichtweite des örtlichen Bordells steht, das heute aber Saunaclub heißt, weil die 100 Damen, die man dort den Besuchern rund um die Uhr verspricht, auch nicht mehr Huren heißen, sondern Sexarbeiterinnen. Sie tun zwar immer noch dasselbe; man nennt es jetzt aber anders.

Der Fortschritt in der Reproduktionsmedizin hat die Frau nun auch ins neue Zeitalter der körperlichen Ausbeutung katapultiert. Konnte man bislang »nur« ihre Sexualität als Dienstleistung stundenweise mieten, kann man jetzt auch ihre Fruchtbarkeit für neun Monate kaufen. Die sogenannte »Leihmutterschaft« avanciert damit im 21. Jahrhundert zur modernen Form der Prostitution, es gibt jetzt nicht nur Sex gegen Geld, sondern auch Kind gegen Geld. Das Prinzip ist geblieben, dass es niemals um die Person geht, nicht um die Frau als Mensch, sondern nur um ihren Körper und seine Benutzbarkeit. Es ist eine Form der Entmenschlichung, eine Frau nicht mehr ganzheitlich als Person zu betrachten, mit allem, was zu ihr gehört zwischen Körper, Geist und Seele, sondern nur noch ihre einzelnen Körperteile und deren einwandfreie Funktionalität zu bewerten. Die herkömmliche Prostitution ist also nüchtern formuliert das Benutzen des Körpers einer Frau zur persönlichen sexuellen Befriedigung, schließlich hat man ja dafür gezahlt. »Leihmutterschaft« ist das Benutzen der Frau als Gebärmaschine. Das ist noch eine weitere Stufe tiefer auf der Entwürdigungsskala. Man benutzt sie wie ein Werkzeug, wie eine Zuchtstute für die Fortpflanzungswünsche von Fremden. Es sind nur ein kurzer Gedankenschritt und zwei Buchstaben von der »Gebärmutter« zur »Gebärnutte«.

Wir betrachten schlicht eine neue Form der weiblichen Verwertbarkeit mit einer altbekannten Methodik. Und wie bei den »Sexarbeiterinnen« weltweit will man uns wieder einreden, dass Frauen das alles ganz freiwillig und selbstbestimmt tun würden, dass es ein ehrbarer Beruf sei, der bitte nicht stigmatisiert werden soll, eine Arbeit, die legal und anständig entlohnt gehört, weil sie dann sofort ihr Ausbeutungspotenzial verliert. Und natürlich braucht es dazu den Zuhälter, pardon, den Vermittler, der alles regelt und dann abkassiert. Damit das Geschäft reibungslos läuft, benötigt man zusätzlich eine Politik, die das legalisiert, Vorzeigefrauen, die das öffentlich schönreden und über ihre tollen Verdienstmöglichkeiten sprechen, ein paar naive Feministinnen, die das Ganze als Befreiung von der Last der Mutterschaft begrüßen, und ein paar Ärzte, die viel Geld verdienen wollen. Das moderne Freudenhaus der Fruchtbarkeitsprostitution ist eine gynäkologische Praxis.

Eine gemeinsame Studie der europäischen Netzwerke ENoMW[131] und ICASM über die Zusammenhänge zwischen weiblicher Migration und reproduktiver Ausbeutung in der »Leihmutterschafts«-Industrie zeigt anhand unzähliger Beispiele, dass Frauen in ganz Europa und auch weltweit in einer Art Gebärmigration verschoben werden, je nach Wünschen der Agenturen und Kunden. Der Frauenkörper ist hier nur noch transportierbare Verfügungsmasse, und das ist gar nicht mehr so adrett wie auf den Hochglanzbildern der Agentur-Kataloge. Chinesinnen, die nach Thailand gebracht werden, Bulgarinnen nach Griechenland, Frauen aus Kasachstan nach Russland und Georgien, Afrikanerinnen nach Belgien, die Eizelle wird in einem Land entnommen, befruchtet wird im Labor im anderen Land, die Schwangerschaft verbracht im nächsten Land und geboren wird das Kind, wo der Kunde wünscht, im Rechtssystem, das es am einfachsten macht, in der Abgeschiedenheit von Privatkliniken. »Die große Mehrheit von ihnen, wenn nicht alle, befindet sich in einer Situation großer wirtschaftlicher, beruflicher und sozialer Unsicherheiten. Dies erklärt, warum es für die Vermittler so einfach ist, sie anzuwerben gegen eine finanzielle Vergütung oder ein bloßes Versprechen einer Vergütung, das nicht einmal immer erfüllt wird«, heißt es dort im Fazit. Frauen würden getäuscht, gegen ihren Willen außer Landes gebracht oder geschwängert, ihrer Freiheit beraubt, psychisch und physisch misshandelt.

DIE MUTTER MUSS WEG

Das Wort Mutter ist im Kontext der Ausbeutung weiblicher Körper natürlich sehr hinderlich, erinnert es uns doch alle im besten Fall an Wärme, Nähe, Kindheit und Geborgenheit. Mama, das sind getrocknete Tränen und Pflaster über geschrammte Knie und gebrochene Herzen. Das Wort Mutter geht gar nicht, wenn man lieber nicht über die emotionale und einzigartige Beziehung zwischen einem Kind und jener Frau reden will, in deren Bauch jeder von uns einmal herangewachsen ist. Eine Mutter kann wichtig sein, kann geliebt und vermisst werden von diesem Kind, das man bereit ist, um genau dieselbe zu betrügen. Die Mutter muss weg – aus dem Sprachfeld, dem Sichtfeld und der Gedankenwelt. Die sprachliche Eliminierung der Frau und Mutter ist elementar, um ethische Bedenken gegen eine medizinische Praxis langfristig wegzufegen, die nicht nur bei den Kritikern, sondern auch bei Nutzern der »Leihmutterschaft« durchaus vorhanden sind. Man muss es sich also einerseits schönreden, gleichzeitig aber auch die Mutter als Frau, als Person, als Mensch wegdefinieren.

Das Schönreden bewerkstelligt man in der deutschen Sprache jedenfalls bravourös allein schon durch die Erfindung des Begriffes der »Leihmutterschaft«. Eine Mama ausleihen – es klingt so harmlos und verstrahlt immer noch die Restwärme vergangener Kindheitstage, während man damit gleichzeitig eine Frau beschreibt, die ja auf gar keinen Fall eine »Mutter« sein soll, sondern nur ein Brüter, ein Hilfsmittel, eine Maschine, die das fertige Produkt Kind ausspuckt und dann nicht mehr benötigt wird. Die Betonung von »Freiwilligkeit«, aber auch der »Altruismus« gehören ebenfalls in diese Sprachgruppe. Ist sie nicht wunderbar, diese Leih-Mami, die es gar nicht erwarten kann, hingebungsvoll einem Fremden zum Kinderglück zu verhelfen? Aber bitte jetzt hier keine Sentimentalitäten, es geht ums Geschäft.

Das Wegdefinieren ist weitaus komplizierter, die Verschleierung der Realität durch Veränderung von Begrifflichkeiten gehört jedoch zum Grundkurs politischen Handelns und ist weit erprobt. Krieg ist Frieden, Freiheit ist Sklaverei, Unwissenheit ist Stärke und ganz frei nach George Orwell ist die Mutter jetzt ein Surrogat.

Nachdem auf feministischer Seite jahrzehntelang dafür gekämpft wurde, die Frau in der Sprache sichtbar zu machen, wird sie derzeit im Namen derselben Geschlechtergerechtigkeit wieder unsichtbar gemacht. Sprache wird von biologischen Fakten, Weiblichkeit und Mütterlichkeit gereinigt und dann mit Personengruppen angereichert, denen man Weiblichkeit oder gar Mütterlichkeit andichtet, die sie gar nicht besitzen. Es sagt sehr viel über das Frauenbild einer Gesellschaft aus, wenn sie bereit ist, die Frau und die Mutter gedanklich und sprachlich zu streichen, um sie auf eine Körperfunktion zu reduzieren.

WAS IST EINE MUTTER?

Das reiht sich zudem ganz logisch ein in die hinlänglich bekannte Rhetorik des Gender-Diskurses, der in der Transdebatte aktuell seinen überdrehten Höhepunkt findet. Wer einer Theorie folgt, wonach Geschlecht nur noch eine Frage der Identifikation und nicht länger Sache der Biologie ist, kann sich nicht nur jederzeit in seinem Wunschgeschlecht identifizieren, sondern auch in der Wunschrolle seines variablen Beziehungsgeflechtes. Wer nicht mehr definieren kann, was eine Frau ist, kann auch eine Mutter nicht definieren. Wenn jeder Frau sein darf, kann auch jeder eine Mutter sein oder ein Kind »bemuttern« – selbst ein Mann oder mehrere oder keiner.

Bereits Jahre vor dem Mietmutterschaftsdiskurs ist die Mutter*schaft* verbal im Namen der Gendergerechtigkeit beerdigt und zu einer reinen Mutter*rolle* degradiert worden – so, als sei das hier alles nur ein großes Schauspiel mit verteilten Rollen und nicht das reale Leben und Empfinden einer Frau, die in ihrem eigenen Körper das Wunder eines neuen Lebens schafft. Mutter*schaft* ist die Hardware, verbunden mit einem bestimmten Körper, der eine Schwanger*schaft* durchlaufen hat und damit für immer Mutter bleibt, selbst wenn ihr das Kind weggenommen wird. Jeder darf heute also die Mutter*rolle* übernehmen, damit sich jene nicht diskriminiert fühlen, die dazu biologisch nicht in der Lage sind. Die Beschreibung eines Menschen soll nicht mehr biologischen Fakten, sondern den Ansprüchen der Antidiskriminierung genügen.

EINE MENSTRUIERENDE MIT EINEM »BONUS HOLE«

Auf der nächsten rhetorischen Stufe hat man die Geschlechtsorgane von Weiblichkeit und Männlichkeit abgekoppelt. Frei nach dem Motto: Wir können die Biologie leider nicht verbieten, aber wir können sie ja sprachlich ignorieren, weil wir uns von der natürlichen Faktenlage diskriminiert fühlen. Eine Frau war plötzlich keine Frau mehr, sondern nur innerhalb der Spezies Mensch ein Körper mit diversen Geschlechtsorganen, wörtlich beispielsweise eine »Vulvaträgerin« (*vulva owners*) – als würde sie ihre Vagina in einer Handtasche bei sich führen. Das Magazin *The Lancet*[132] handelte sich 2021 zumindest noch den Vorwurf des Sexismus ein, als es auf dem Cover in großen Lettern von »Körpern mit Vaginas« schrieb, um die Titelgeschichte über die historische Vernachlässigung der Anatomie und Physiologie von Frauen anzukündigen. Man sprach dort von »Menschen mit Periode«, an anderen Stellen wurde die Frau eine »Menstruierende« *(menstruator)*, ein »Uterusbesitzer« *(uterus haver)*, zum »Menschen mit Eizellen« und im Kreißsaal nicht etwa zur Mutter, sondern zur »gebärenden Person«, schließlich bekämen auch »männlich gelesene Personen« heute Kinder. Wunderbar war auch die Bezeichnung der Frau als *non-male*, also als Nicht-Mann. Wieder keine Pointe.

Der Mann wurde analog zum »Penisträger«, zum »Menschen mit Penis«, zum »Menschen mit Samenzellen« und am Ende gar zur »Frau mit Penis«, weil die ganz eifrigen in diesem Spiel uns inzwischen weismachen wollen, dass der Penis gar kein typisch männliches Geschlechtsorgan mehr sei, sondern nur gesellschaftlich *zugeschriebene* Männlichkeit. Die Frau besitzt im Gegenzug statt einer Vagina jetzt nur noch ein *front hole* und hat im Vergleich zum Mann lediglich ein *bonus hole*, also ein »Zusatzloch«, um die sprachlichen Widerwärtigkeiten zur Beschreibung eines Frauenkörpers anhand der Anzahl ihrer Körperöffnungen im Namen transsensibler Sprache auf den absoluten Tiefpunkt zu bringen[133].

Angeblich weiß heutzutage also im Kreißsaal niemand mehr sicher, welches Geschlecht ein Kind hat, weil man erst warten muss, dass es sich selbst zu seiner Geschlechtsidentität erklärt, während der Reproduktionsarzt in seiner Petrischale aber offenbar immer noch den Embryo mit dem Wunschgeschlecht seiner Besteller heraussuchen kann, um das als Extrakosten in Rechnung zu stellen.

VON PERSON ZU FUNKTION

Nachdem die Frau sprachlich zur reinen Besitzerin von Organen und Körperfunktionen reduziert war, fiel es viel einfacher, auch die Mutter nur noch als Funktionsprozess und nicht mehr als Menschen zu beschreiben. Bei *Frontiers*, einer Open-Source-Plattform für wissenschaftliche Publikationen[134], listen zahlreiche Dozenten von medizinischen Fakultäten und auch Ausbildungszentren für medizinisches Personal wie Hebammen und Krankenschwestern kritisch auf, wie das Wort Mutter systematisch auch aus Ausbildungsmaterial eliminiert wird. Aus der Mutter wird dort ein »Gebärer« (*birther*), ein »nachgeburtliches Individuum« (postpartum individual) oder auch eine »postnatale Person« (*postnatale people*). Die stillende Mutter wird zur »brustfütternden Person« (*breastfeeding person*), zum »laktierenden Individuum« (*lactating individual*), die nicht etwa Muttermilch, sondern »Menschenmilch« (*human milk*) oder auch »Elternmilch« (*parent's milk*) füttert, wozu sie nicht ihre Brüste, sondern ihr »mütterliches Gewebe« (*mammary tissues*) oder ihre »milchgebenden Drüsen« (*lactating glands*) nutzt.

Analog ist man in der Branche der Reproduktionsmedizin sehr kreativ dabei, das Bild der schwangeren Mutter sprachlich aus den Köpfen der Kunden und den Broschüren der Hochglanzkliniken zu eliminieren. Wobei die englische Sprache schon immer deutlich ehrlicher in der Sache war. »Rent a womb«, also »Miete einen Bauch« hieß es dort von Anfang an. Der global genutzte medizinische Fachbegriff Surrogacy umschreibt es ebenfalls schnörkellos.

Der deutsche Duden versteht unter einem Surrogat einen behelfsmäßigen, nicht vollwertigen Ersatz, ein Mittel oder auch einen Ersatz für einen Gegenstand. Die Schwangere als Ersatzgegenstand, wie passend. Selbst auf den offiziellen Seiten der schottischen Regierung[135] kommt man auf den Informationsseiten zur Mietmutterschaft völlig ohne den Begriff Mutter aus: »Eine Surrogate ist jemand, der für Sie ein Kind austrägt. Wenn Sie eine Surrogate in Anspruch nehmen, werden Sie als ›vorgesehene Eltern‹ bezeichnet.« Die Surrogate wird nicht Mutter, aber die Besteller werden Eltern.

Von der »Leihmutterschaft« führt es zur »Ersatzmutterschaft«, von der »Eizellspenderin« jetzt auch zur »altruistischen Geburtsspenderin«. Beim britischen Reproduktionsanbieter *Ovom*[136] treibt man es mit der Abstraktion auf die Spitze. Die Frauen werden dort als »Menschen mit Eierstöcken« (*people with overies*) und Männer als »Menschen mit Sperma« (*people with sperm*) bezeichnet. Schwule und lesbische Paare sind dort entsprechend »zwei Personen mit Eierstöcken« und »zwei Personen mit Sperma«, während die heterosexuelle Kundschaft bei der Familienaufstellung zu »einer Person mit Eierstöcken, einer Person mit Sperma« wird.

ENTMUTTERTE EIER

Die inzwischen gängigste Bezeichnung für eine Mietmutter ist *gestational surrogate* oder *gestational carrier* oder gleich nur *the carrier*. Dieses Wort wird in der englischen Sprache gleichzeitig für Flugzeugträger, Speditionen und Transportunternehmen oder auch für Rucksäcke benutzt oder medizinisch für den Träger eines Virus, während die Frau eben die Schwangerschaft trägt und das Kind ausliefert. Gestation ist auf Deutsch der medizinische Fachbegriff für den gesamten Austragungsprozess eines Kindes, eine Schwangerschaft wird »ausgetragen«. Die *gestational surrogate* ist wörtlich übersetzt die Ersatz-Trägerin. Die einen tragen Post aus, die anderen eben Kinder. Geliefert wie bestellt, in dem Fall aber aus dem Eizell-Katalog, denn das Spezifische der *gestational surrogacy* besteht darin, dass die Mietmutter explizit nicht eine eigene Eizelle austrägt, sondern ein fremdes Ei, um keinerlei biologische Verwandtschaft zwischen ihr und dem Kind aufkommen zu lassen.

Warum spricht man nicht, wie bei jeder anderen Schwangeren auch, einfach von *pregnancy* und Schwangerschaft, sondern von *gestational* und Gestation? Es ist ganz einfach: Die Nutzung klinischer Begriffe hilft bei der emotionalen Distanzierung. Schwangerschaft, das ist »in guter Hoffnung sein«, eine »werdende Mutter« in »freudiger Erwartung« auf das eigene Kind. Der *Gestational Carrier* soll sich nicht freuen und auch nicht Mutter werden, er soll vertragsgerecht liefern.

Die Aufspaltung der Mutterschaft in genetische, biologische und soziale oder gar keine Mutter, weil zwei Väter, soll gleich zwei Fliegen mit einer Klappe schlagen: Der *Carrier* soll keine emotionale Bindung zum Kind im Bauch aufbauen, sondern im Bewusstsein leben, dass es kein eigenes Kind ist. Es soll der Gebärenden aber auch juristisch jede Handhabe nehmen, eine rechtliche Mutterschaft einklagen zu können, sollte sie eben nicht wie bestellt ausliefern, sondern das Kind nach der Geburt behalten wollen.

Manchmal wird die Mutterschaft im Zuge künstlicher Befruchtung aber auch absichtlich gesplittet, um ein gemeinsames Mutterschaftserlebnis für zwei Frauen zu simulieren, eine Methode der künstlichen Befruchtung, die von lesbischen Paaren gerne genutzt wird. Hier spricht man von *shared motherhood,* oder auch der *RO-PA-Methode*[137]. Die Eizellen werden der einen Frau entnommen, was man medizinisch *egg harvesting* nennt, also eine Eierernte, um die Eier dann mit einer Samenspende zu befruchten und der anderen einzusetzen. Damit sind beide irgendwie mit dem Kind verwandt, das sie großziehen wollen. Oder um sprachlich auf dem Hühnerhof zu bleiben: Die eine legt das Ei, die andere brütet es aus, das Küken gehört beiden.

Die Mietmutterschaftsagentur *Success* spricht bei dem juristischen Prozess der Übertragung der Elternrechte von der Geburtsmutter auf die Wunscheltern einfach gleich von »de-mothering«, also von Entmutterung[138]. Und das ist es ja auch. Gut, wenn man gleich zur Sache kommt. Nach der sprachlichen, folgt nahezu logisch die rechtliche Eliminierung der Mutter, deren Autonomie in Bezug auf Befruchtung, Schwangerschaft, Geburt und Elternrecht minutiös und detailliert vertraglich reglementiert wird.

Alle erdenklichen medizinischen Optionen werden vertraglich festgemacht – von der erlaubten Zahl der Befruchtungsversuche, der Zahl der Embryos, die eingesetzt werden, bis zur Möglichkeit der »Reduktion«, sprich der Abtreibung, wenn zu viele, kranke oder Kinder mit dem falschen Geschlecht im Bauch wachsen. Man regelt die

Abbruchbedingungen, die Anwesenheit der Besteller im Kreißsaal, ob man nach der Geburt noch Kontakt haben wird oder nicht, Zusicherungen von Sorgerechten und Selbstverpflichtungen der Schwangeren zu ihrem Verhalten und ihrer Ernährung während der Schwangerschaft, kein Alkohol, kein Sex, kein Widerspruch und bezahlt wird nur bei erfolgreicher Lieferung. Begriffe wie Autonomie, Selbstbestimmung und Freiwilligkeit sind in diesem Geschäft schlicht eine Illusion.

»ICH BRAUCH EINEN NEUEN BAUCH!«

Die eingeübte Rhetorik wirkt längst in den Köpfen und wird gerne auch in der öffentlichen Kommunikation argumentativ eingesetzt. Vor allem Männer, die völlig frauenfrei ihr Kind großziehen, fallen medial besonders unangenehm auf in der Betonung der mütterlichen Irrelevanz. »Natürlich ist sie die Frau, die die Kinder auf die Welt gebracht hat, aber sie ist ja nicht die Mutter. Sie hat uns geholfen, die Kinder zu bekommen«, formuliert es einer der Väter in der bereits erwähnten WDR-Dokumentation *Leihmutter, Eimutter und zwei Väter*. Bei der britischen BBC beschweren sich die beiden schwulen Väter Marc und Chris[139] über die falsche Terminologie, die andere aus ihrem Umfeld während ihrer »Surrogats-Reise« (*surrogacy journey*) genutzt haben. Immer wieder hätten die Leute gefragt: »Wie geht es denn der Mutter gerade?«, aber »es heißt Surrogate, nicht Mutter«, sagt Marc.

In der medialen Selbstinszenierung mancher Väter ist die gemietete Frau nur noch Teil der Show – und die soll sie gefälligst mitspielen. In Kanada spielte die Mietfrau eines TV-bekannten schwulen Paares, das seine »surrogate journey« gleich als Reality-Show[140] unter dem Titel *Flipping Out* verkaufte, nach der Geburt nicht mehr mit und verklagte die beiden Herren Jeff und Gage wegen Verletzung ihrer Persönlichkeitsrechte und öffentlicher Demütigung. Man hatte gegen ihren Willen auch während der Geburt gefilmt. In der Folge beschwerte sich Jeff vor laufender Kamera[141] darüber, dass sie ihren Intimbereich nicht enthaart habe für das anwesende Publikum, das wäre auch für seinen Partner Gage sehr »schockierend« gewesen, der habe schließlich noch nie eine Vagina gesehen und schon gar nicht so eine große. Man muss die Wortwahl wirklich zitieren, um die Widerwärtigkeit dieses Frauenbildes zu begreifen, zumal die beiden Herren nun ein Mädchen großziehen. Was für ein Frauenbild werden sie ihr spiegeln? Dieses Mädchen wird irgendwann das Video seiner eigenen Geburt auf YouTube sehen und die Kommentare seiner »Väter«, die selbst von einer gebärenden Frau einen rundum herzeigbaren Körper für das Kameralicht erwarten. Jeff und Gage sind zwischenzeitlich geschieden und haben einen jahrelangen Sorgerechtsstreit um die vierjährige Tochter Monroe hinter sich. Jeff hat noch Embryos im Kühlschrank und sucht jetzt einen neuen Brutofen. Die erste Frau hat er gefeuert, weil sie eine Fehlgeburt hatte, immer Ärger mit den Weibern. »I need another womb«, ließ er medial verkünden, er braucht jetzt einen neuen Bauch.

»Wir wollten, dass sie schöne große Augen hat. Ich wollte, dass sie wirklich dickes Haar hat – denn ich hatte schon zwei Haartransplantationen. Ich wollte, dass sie ein wirklich breites, nettes Lächeln hat«, ein anderes schwules Paar hält sein Baby in die Kamera[142], um der Welt in Social Media zu erklären, nach welchen Kriterien sie ihre »schöne Eizellspenderin« ausgesucht haben, als ob man in einem Lego-Baukasten nach den hübschesten Bauteilen sucht, um sich die ideale Tochter zusammenzubasteln. Wir wollen hoffen, dass das Mädchen beim Heranwachsen auch weiterhin den optischen Ansprüchen seiner »Väter« genügen wird, schließlich haben sie sich bei ihrem Eizellen-Tinder wirklich viel Mühe gegeben, damit ein vorzeigbarer Nachwuchs präsentiert werden kann. Nicht nur die Eizellspenderin wird hier als Zuchtmaterial degradiert, auch das Kind wird eugenisch selektiert und verworfen von Männern, die es wie ein Lifestyle-Accessoire behandeln. Das Designer-Baby ist längst Realität. Und in sehr unangenehmer Weise sieht man medial Männer, die sich Püppchen kaufen, herrichten und vorzeigen.

EIN BRATEN IM OFEN

Sowohl Mietmütter als auch Mietmutterschaftsagenturen vor allem aus dem US-amerikanischen Raum bemühen sich auf Social-Media-Kanälen um ein lustig-freundliches Framing der Mietmutterschaft hin zu einer tollen Jobmöglichkeit. Gerne wird das Bild des Backofens bemüht, frei nach der Redewendung, sie hat einen Braten in der Röhre. Eine Agentur suchte gar unter den Mietmüttern online nach der beliebtesten *fun phrase* zur Mietmutterschaftsreise. Unter dem Hashtag *#theirbunmyoven* (Ihr Brot, mein Ofen) bei Instagram findet man auf Anhieb über 11.000 Einträge[143] und einige Dutzend Instagram-Profile von Frauen, die ihre aufregende *#SurrogacyJourney* medial bei Instagram, Facebook und natürlich TikTok verkaufen. Es ist deutlich erkennbar, dass bestimmte Schlagworte sehr gezielt und als strategische Medienkampagne der ganzen Branche aufgebaut sind, um der Mietmutterschaft ein neues Image zu verpassen. Im Vordergrund steht die Botschaft: Es ist nicht meins, sondern deren Kind, ich habe nur den Ofen (*#theirbunmyoven, #herbunmyoven, #justtheoven*). Ebenfalls gerne genommen: Das Kind als *turkey* im Sinne von Braten, das läuft mit dem Hashtag #theirturkeymyoven oder auch das Kind als Erbse im Töpfchen #theirpeamypot, was ich persönlich sehr passend finde, schließlich werden genau wie bei Aschenputtel vorher die schlechten Erbsen aussortiert, denn nur die guten kommen ins Töpfchen oder ins Bäuchlein.

Nahezu analog zu digitalen LGBTQ-Kampagnen versucht man auch, eine Pride-Bewegung daraus zu machen. Die Mietmutter als stolze Arbeiterin, die sich als Frau nicht schämen muss, diesen Job zu tun, betont mit dem sich überall wiederholenden Hashtag *#proud-*

surrogate. Es fehlt nur noch eine eigene Fahne zur Teilnahme am *Pride March* und der *Pride Month* für Kinderbrüter. Man kann den Slogan *Their Bun My Oven* auch in verschiedenen Ausführungen bei zahlreichen Händlern als T-Shirt oder als Kaffeetasse kaufen. Angepriesen wird es unter Schlagworten wie *funny surrogacy,* also lustige Mietmutterschaft. Gerne ist es aber auch als *#InfertilityAwareness*-Kampagne gelabelt. Ebenso gerne präsentieren sich amerikanische Mietmütter in diesen T-Shirts und mit Babybauch als Botschafterinnen für Fruchtbarkeitshilfe, die Agenturen verbreiten die Bilder. Bei Facebook fotografieren Mietmütter »stolz« die leeren Hormonspritzen, die sie sich in den Körper gejagt haben, alle sind unglaublich *proud* auf sich und was sie getan haben und haben extra angefertigte Schilder zum Hochhalten mit Sprüchen wie: »700 Spritzen, 7 Jahre, 5 Kinder«. Wunderbar ist auch das Schild »Pregnant with a Purpose«, was auch als Hashtag genutzt wird. Man ist also nicht einfach nur sinnlos schwanger wie Millionen Frauen weltweit, diese Frauen sind »schwanger mit einem Zweck«. Toll!

EIN FEMINISTISCHER SUPERGAU

Angesichts der unwürdigen Faktenlage in diesem Geschäft ist »Leihmutterschaft« feministisch betrachtet ein absoluter Supergau, der aber leider nicht bei allen in der Szene uneingeschränkt eingestanden wird, hat man sich doch selbst in mehrfacher Hinsicht argumentativ in eine Sackgasse manövriert:

- Man feierte die Errungenschaften der Reproduktionsmedizin für die Pille und die Abtreibung – jetzt weiß man nicht, wie widersprechen, wenn im Namen derselben Medizin Frauen ausgebeutet werden.
- Man ist traditionell für LGBT-Rechte – wie widersprechen, wenn lesbische und schwule Paare die Sache nutzen?

- Man kämpft im Genderdiskurs für die Überwindung der Biologie – was tun, wenn Frau im Gegenzug jetzt Opfer der Technologie wird?
- Man wollte im Namen der Emanzipation die Frau von der Last der eigenen Mutterschaft befreien – was sagen, wenn Frauen selbst es jetzt auf andere Frauen abwälzen?
- Man steht für die bunte Vielfalt der Familienformen – was entgegnen, wenn sich alleinstehende Männer Kinder bestellen und Mütter für irrelevant erklären?
- Man kämpft gegen die Stigmatisierung der Prostituierten und befördert sie zur Sexarbeiterin – was sagen, wenn die Reproduktionsarbeiterin jetzt ausgebeutet wird?

Die Geister, die man rief, wird man nicht los.

Nun war die männliche Macht über den weiblichen Körper und seine Fruchtbarkeit schon immer ein Politikum. In manchen Kulturen bestimmen bis heute allein Männer über die Frage, wer eine Frau wie oft schwängern darf, wie viele Kinder sie haben soll und mit wem.

Das Potenzial des Kinderkriegenkönnens ist ein echter Machtfaktor zwischen den Geschlechtern, und nur Frauen bekommen Kinder, ganz egal wer sich noch wie und als was »identifiziert«. Anstatt diese Macht aber zu sichern, auszuspielen oder gar für sich zu kapitalisieren, hat man feministisch zeitlebens darauf hingewirkt, von der Last des Gebärenmüssens befreit zu werden. Schon Simone de Beauvoir wollte die Frau von den »Zwängen ihrer Weiblichkeit« befreien und erhoffte durch künstliche Befruchtung den »Endpunkt einer Entwicklung, die es der Menschheit ermöglichen wird, die Fortpflanzungsfunktion zu beherrschen«, schrieb sie in ihrem Buchklassiker *Das andere Geschlecht*.

Auch sie war bereits gefangen im Funktionsdenken des Körpers. Schwangerschaft beschreibt sie als Sklaverei. Ihr Traum lautete[144]:

> »Auch die Frau befreit sich im Laufe des 19. Jahrhunderts von der Natur: Sie gewinnt die Herrschaft über ihren Körper. Zu ei-

nem sehr großen Teil vor den Belastungen der Fortpflanzungsaufgabe geschützt, kann sie die ökonomische Rolle übernehmen, die sich ihr bietet und die ihr dazu verhelfen wird, sich selbst ganz zu verwirklichen.«

Es wäre spannend, heute ihre Position zum autonomen Mutterschaftsdiskurs zu hören angesichts jener Frauen, die im Machtgefälle von »reich und arm«, aber auch »alt und jung« ihre eigenen Geschlechtsgenossinnen zum Gebären missbrauchen, nachdem man sich reproduktionstechnisch aus dem Machtgefälle der unbedingten Beziehung »Mann und Frau« befreit hat. Es ist ein bisschen wie vom Regen in die Traufe. Und womit eben auch die gute Simone nicht gerechnet hat, weil sie es persönlich schlicht nicht nachvollziehen konnte, ist der unbedingte Wille und das unstillbare Verlangen vieler Frauen nach einem eignen Kind. Weil sie die Mutterschaft eben nicht als Last, sondern als Erfüllung betrachten und ihr nun jenseits der 50 nachweinen, weil sie sich vorher brav auf dem Arbeitsmarkt bis ins Unfruchtbarkeitsalter emanzipiert haben, wie man es ihnen in den feministischen Glückserwartungsmärchen erzählt hat. Und jetzt sind die Wut und die Trauer und der Schmerz des Nichtmutterseins groß. Bis heute ist die glückliche Mutter[145] nicht wenigen Feministinnen ein Dorn im Auge. Die feministische Literatur ist voll davon, gilt Mutterschaft doch als letzte Fessel, die Frau an Mann, Kind und Herd bindet.

DU WILLST ES DOCH AUCH

Nicht zuletzt ist auch die Debatte, ob Mietmutterschaft denn nun altruistisch oder kommerziell gestaltet werden soll oder darf, nicht nur aus moralischer, sondern auch aus feministischer Sicht aberwitzig. Die Argumentation für die Legalisierung nicht-kommerzieller Varianten beschwört schließlich immer die hingebungsvolle Frau, die auf keinen Fall ein finanzielles Interesse hat oder auch haben darf, weil sie alles aus lauter Menschenfreundlichkeit und Lust am Gebären tut. Lassen wir an dieser Stelle einmal beiseite, dass der angebliche Altruismus in diesem Metier, wie bereits gesehen, in der Regel Lug und Trug ist, weil in der Regel doch Geld fließt, denn selbst wenn man das wegdenkt, wird es nicht besser.

Dann nämlich darf die anständige Frau für ihre Reproduktionsarbeit also gar kein Honorar wollen, sie soll entsprechend frei nach Marx ihrer eigenen Ausbeutung als Arbeiterin zustimmen, um ihr Handeln nicht moralisch selbst zu diskreditieren. Es ist möglicherweise die perfideste Variante der Ausbeutung, wenn der Besteller moralisch aufgewertet wird, wenn er nicht zahlt, und die Arbeiterin verurteilt wird, wenn sie Lohn fordert, während abseits davon selbstverständlich die Agentur, das Labor, die Klinik und der Reproduktionsarzt weiterhin ihren Lohn erhalten, schließlich haben sie ja eine Leistung erbracht. Nicht nur, dass man die Frau ausbeutet, man will sie also auch noch über den Tisch ziehen.

Die altruistische Variante wird im Kontext der Lohngerechtigkeit nämlich zu einem Gender-Pay-Gap von apokalyptischem Ausmaß, weil ausgerechnet jene Frau, die das gesamte körperliche und seelische Risiko eingeht, keinen Cent bekommt, während alle anderen am Prozess Beteiligten daran verdienen und der Besteller sogar ein Geschenk erhält. Die unbezahlte Reproduktionsarbeiterin soll es also gerne machen und auch wollen, damit die anderen sich nicht schlecht fühlen, wenn sie ihren Körper benutzen. Wir sind damit ganz schön nah dran am »Du willst es doch auch« eines übergriffigen Schmierentypen, und spätestens hier wird es absolut Zeit für einen Gebärstreik der weiblichen Arbeiterklasse.

WIE VIEL »SELBST SCHULD!« TRÄGT DIE FRAU?

Es hat sich also ein seltsames Paradoxon aufgetan: Auf der einen Seite argumentiert man im heutigen feministischen Diskurs, dass Frauen schließlich nicht die Gebärmaschinen der Männer in der Gesellschaft seien. Deswegen kämpft man schon sehr lange für das Recht, nicht gebären zu müssen, dafür, dass Verhütungsmittel und auch Abtreibung legal zugänglich und am besten krankenkassenfinanziert sein müssten. Man plädiert für das autonome Leben als Frau ohne Kind und Mann. Neuerdings sitzt man gar im feministischen Gebärstreik für das Klima und alle zusammen singen sowieso das Lied von der überbevölkerten Erde.

Gleichzeitig beteiligen sich eben auch Frauen an der Ausbeutung anderer Frauen, wenn sie selbst nicht gebärfähig sind oder es nicht mehr sind, weil das Kind, das sie nach allen Regeln der medizinischen Kunst ihr halbes Leben verhindert haben, sich jenseits der 40 oder 50 eben nicht mehr einstellen will. Aus dem »Recht auf kein Kind« wird plötzlich der Ruf nach einem »Recht auf ein Kind«. Vom Nicht-gebären-Müssen wechselt man nahtlos zum Selbst-gebären-Wollen oder wenigstens zum Kinder-haben-Wollen – auch bei jenen, die dazu biologisch in ihrer (Nicht-)Beziehungskonstellation gar nicht in der Lage sind.

Dieselbe Gesellschaft, derselbe Gesetzgeber und dieselbe Krankenkasse, die man vorher im Namen der eigenen Emanzipation zur Verhinderung einer eigenen Mutterschaft und zur Sicherstellung der eigenen Kinderlosigkeit vereinnahmte, sollen jetzt die eigene Gebärfähigkeit und Mutterschaft ermöglichen und, wenn der biologische Zug bei einem selbst abgefahren ist, dann doch den Kinderwunsch mit allen Methoden der Reproduktionsmedizin moralisch und gesetzlich unterstützen und wenn möglich gar über die Krankenkassen finanzieren.

Doch sprechen wir hier immer noch vom tragischen Schicksal der Kinderlosigkeit, wenn man den Zeitraum der eigenen Fruchtbarkeit hat mutwillig verstreichen lassen? Wie viel Eigenverantwortung müssen zumindest jene Frauen und auch Männer selbst übernehmen, die ihre Lebensplanung ganz freiwillig jahrzehntelang ohne Kind gestaltet haben? Oder, um es böse zu formulieren: Wieso sollten wir einer Frau auch noch die sechste künstliche Befruchtung jenseits der 40 bezahlen, wenn sie vorher über 20 Jahre Zeit und Gelegenheit und einen fruchtbaren Körper hatte, um völlig ohne ärztliche Hilfe, kostenlos und vielleicht sogar mit einer Menge Spaß schwanger zu werden, es damals aber nicht wollte? Wieso sollten wir für sie die Mietmutterschaft legalisieren, damit dann eine andere rechtzeitig das für sie macht, was sie selbst nicht wollte? Wie viel »selbst schuld« ist der autonomen Frau zuzumuten? Der inzwischen stark verinnerlichte Machbarkeitswahn der modernen Medizin treibt auch das Anspruchsdenken der Konsumenten weiter, und plötzlich wollen sich alle doch fortpflanzen, auch Schwule und alleinstehende Männer und Frauen jenseits der Fruchtbarkeitsgrenze.

ENTMACHTUNG STATT BEFREIUNG

Die Reproduktionsmedizin macht nicht frei, sie fesselt nur anders. Der Machtfaktor Fruchtbarkeit ist im Namen der Emanzipation der Frau mutwillig auf dem Altar des Arbeitsmarktes geopfert worden. Je unfruchtbarer Frauen weltweit werden und je länger sie ihren Kinderwunsch nach hinten verschieben, umso mehr profitieren Arbeitgeber und Unternehmen weltweit. Die feministische Front hat sich vor lauter Euphorie über die ökonomische Verwirklichung auf dem Arbeitsmarkt dazu verführen lassen, ihre Kinder im wahrsten Sinne des Wortes in Form von gefrorenen Eizellen und Embryos auf Eis zu legen, um Karriere zu machen und die besten Jahre ihres Lebens nicht mehr mit einer Familie zu verbringen, sondern ihrer Firma zu schenken.

Es ist kein Zufall, dass das Einfrieren der Eizellen als sogenanntes »Social Freezing« inzwischen von Konzernen etwa im Silicon Valley als großzügige Arbeitgeberleistung den Mitarbeiterinnen kostenlos angedient wird. Arbeitgeber handeln nicht selbstlos, sondern nach den Regeln der Gewinnmaximierung. Sie würden auch irgendwann den Brutkasten bezahlen, um den Mutterschutz zu umgehen. Die Frau, die noch selbst Kinder bekommt und auch bekommen will, wird im Zuge dieser Entwicklung auf dem Markt der Arbeitskräfte zum Risiko für Unternehmen. Bald wird man als Frau verdächtig sein, wenn man das giftige Geschenk, seine Eier einfrieren zu lassen, beim Vorstellungsgespräch ablehnt. »Wie, Sie wollen noch selbst gebären? Da fallen Sie ja monatelang aus!«

Ist es Dummheit oder Naivität, dass sich die feministische Bewegung gerade ihre hart umkämpfte Autonomie in der Sache wieder entreißen lässt, und zwar erneut unter dem Deckmantel der Befreiung von den Zwängen der Biologie. Schlimmer noch, diese letzte weibliche Domäne wird von Männern übernommen, indem sie aus dem Kinderwunsch ein Geschäftsmodell unter Ausbeutung von Frauen gemacht haben.

Doch nicht nur die Mietmütter werden entrechtet und fremdbestimmt in der schönen neuen Reproduktionswelt, die potenziellen Besteller-Eltern auch. Man redet zwar von »reproduktiver Autonomie« oder auch »reproduktiver Gerechtigkeit«, um die Inanspruchnahme der Mietmutterschaft argumentativ zu verteidigen. Beide Begriffe haben aber gemeinsam, dass sie gerade nicht für Autonomie, sondern für ein Modell der Abhängigkeit von Staat, Technik und Geld werben. Wirklich autonom ist nur das Paar aus Mann und Frau, das durch gewollten Geschlechtsverkehr ein Kind bekommt. Es ist nicht Freiheit, sondern die totale Entmachtung und Geburtenkontrolle, wenn man irgendwann nur noch mit viel Geld und mithilfe von Reproduktionsmedizinern unter Genehmigung einer staatlichen Gesetzgebung ein

Kind haben kann, weil man sich hat ausreden lassen, es kostenlos, natürlich und komplikationslos selbst zu zeugen und zu gebären.

Kapitel 7

HORMONE SIND KEINE BONBONS

Mietmutterschaft ist ein Gesundheitsrisiko für Mutter und Kind

Sich mit genetischen Fremdzellen befruchten zu lassen, um für einen Fremden ein Kind auszutragen, ist nicht nur ein ethisches Dilemma, nicht nur ein Verstoß gegen die Menschenrechte von Frauen und Kindern, nicht nur ein Einfallstor für organisierte Kriminalität, sondern auch ein handfestes Gesundheitsrisiko für die austragende Mutter, aber auch das dadurch gezeugte Kind. Es ist nahezu unverschämt, wenn in der Branche ständig von einer »surrogacy journey« geredet wird, als begäben sich hier alle auf eine aufregende Ferienreise, an deren Ende das Urlaubssouvenir Kind mit nach Hause gebracht wird. Eine Schwangerschaft ist immer körperliche Schwerstarbeit für die austragende Mutter, nicht umsonst sterben bis heute viel zu viele Frauen und Kinder weltweit immer noch an Komplikationen während Schwangerschaft und Geburt. »Jedes Kind ein Zahn«, sagte früher der Volksmund, weil jede Schwangerschaft dem Körper Reserven aus Knochen und Zähnen zieht, gerade wenn man nicht massiv etwa mit Zusatzkalzium dagegenarbeitet.

Die Risiken und Nebenwirkungen dieses sowieso schon hochkomplizierten körperlichen Prozesses werden im Zuge der Befruchtung mit fremden Eizellen zusätzlich erhöht durch all die nötigen Prozeduren wie die hormonelle Stimulation, die Eizellentnahme, die künstliche Befruchtung, die Einsetzung des Embryos, die Medikamente zur Verhinderung von Fehlgeburten, die Embryo-Selektion im Mutterbauch und nicht zuletzt durch geplante Kaiserschnitte, aber auch zahlreiche Zusatzuntersuchungen während der Schwangerschaft.

Die Prozedur der künstlichen Befruchtung erhöht zudem nicht nur die Anfälligkeit für Fehler, Betrug und Verwechslungen durch Ärzte, Labore und Geschäftemacher, auch das damit erzeugte Kind trägt leider lebenslang im Vergleich zu natürlich gezeugten Kindern erhöhte gesundheitliche Risiken und Anfälligkeiten für bestimmte Krankheitsbilder. »Eikinder«, »Bauchkinder« und »Samenspenderkinder« sind nicht nur sprachliche Umschreibungen klinischer Prozeduren, sondern reale Kinder, denen man absichtlich das Risiko von Trennungstraumata, Identitätsfindungsstörungen und sonstigen psychischen Belastungen mit auf den Weg gibt, damit Erwachsene ihre Sehnsucht nach einem Kind stillen können. Zudem besteht für alle künstlich gezeugten Kinder das handfeste Risiko von Herz-Kreislauf- und Gefäßkrankheiten.

Die 100-Prozent-Baby-Garantie, die Agenturen ihrer Kundschaft in den VIP-Paketen versprechen, wird mit der Gesundheit der Mietmütter bezahlt, mit dem Verschleiß von Frauenkörpern und dem unkontrollierten Verbrauch, sprich Tod, von Embryonen. Die falschen Versprechungen der Reproduktionsbranche haben einen Machbarkeitswahn entstehen lassen, der über die Risiken, aber auch über deren körperlichen Preis hinwegtäuscht – so als sei es schlicht nur eine Frage des zur Verfügung stehenden Budgets, ob jemand ein Kind bekommt oder nicht.

Derselbe Machbarkeitswahn führt auch zu einer (Selbst-)Täuschung jener Frauen, die sich dazu verführen lassen, ihre Eizellen entnehmen und für ihren späteren Kinderwunsch einlagern zu lassen – so als könne man die eigene Gebärfähigkeit wie einen Lichtschalter an- und ausknipsen. Sie erwachen später im Dunkeln und merken, dass die Birne durchgebrannt ist.

AUF DEM BODEN DER UNFRUCHTBAREN TATSACHEN

England ist nicht nur die Heimat von Klonschaf Dolly, sondern auch jene von Louise Brown, besser bekannt als das erste Retortenbaby, das 1978 das Licht der Welt erblickte. Es ist bezeichnend, dass wir damit bis heute in der Fachliteratur den Namen des Kindes kennen und den Namen des Genetikers Robert Edwards, der im Jahr 2010 als Pionier der In-vitro-Fertilisation (IVF) mit dem Nobelpreis ausgezeichnet wurde, aber nicht den Namen der Mutter, die dieses Kind geboren hat.

Fluch und Segen der Reproduktionsmedizin nahmen damals ihren Anfang. Inzwischen sind wahrscheinlich Millionen von Kindern weltweit auf diese Art gezeugt worden. Durften es anfangs in zahlreichen Ländern nur verheiratete Paare aus Mann und Frau nutzen, hat sich der Kundenstamm mit veränderten gesellschaftlichen und gesetzlichen Bedingungen bis heute ausgeweitet auf lesbische Paare, Singles, Frauen, die das Social Egg Freezing nutzen, und eben auch auf die Kunden der Mietmutterschaft.

Während die Zahl der Frauen und Paare steigt, die diese Methode in Anspruch nehmen, ist die durchschnittliche Erfolgsquote, mit einem Kind nach Hause zu gehen, nicht höher als 23 Prozent, und sie sinkt mit jedem Lebensjahr der Frau dramatisch weiter ab. Sich auf Mutterschaft durch Technik zu verlassen, ist also grundsätzlich bereits ein statistisches und emotionales Himmelfahrtskommando für die meisten Frauen und Paare. Gleichzeitig nutzen es immer mehr Menschen, weil die Unfruchtbarkeitsrate in der Bevölkerung sowohl bei Männern als auch bei Frauen steigt. Doch anstatt die Ursachen dafür gründlich zu analysieren und zu bekämpfen, arbeitet die Welt lieber am Ausbau alternativer Fruchtbarkeitsmodelle. Bei Männern ist die Spermienqualität rapide gesunken, Frauen warten oft schlicht zu lange, weil sie ihre eigene Fruchtbarkeitsfähigkeit falsch einschätzen und den Fokus erst auf den Beruf legen. Das Durchschnittsalter der Erstgebärenden lag noch in den 1970er-Jahren bei 24 und ist heute in Deutschland bei 30,4 Jahren angelangt[146], Tendenz weiter steigend.

Laut Statistik des Deutschen IVF-Registers (DIR), das die Kinderwunschbehandlungen in Deutschland seit dem Jahr 1982 erfasst[147], gab es im Jahr 2022 insgesamt 127.920 Behandlungszyklen. Das ist neuer Höchststand, der jährlich wächst. Seit 1997 sind rund 2,4 Millionen künstliche Befruchtungsversuche dokumentiert, fast 390.000 Kinder wurden damit geboren. Die meisten Frauen sind dabei im Alter zwischen 35 und 39 Jahren. Gleichzeitig warnen die Experten des IVF-Registers, dass es nur bis zum 32. Lebensjahr der Frau eine Schwangerschaftsrate von über 40 Prozent gibt, die dann noch durch Fehlgeburten auf eine Geburtenrate von nur 30 Prozent abfällt – denn schwanger sein heißt nicht automatisch Mutter werden. Die meisten Frauen kommen also zu spät, auch zu einer Kinderwunschbehandlung. Die glückliche Schwangere jenseits der 45 kommt häufiger in Frauenzeitschriften vor als statistisch in der Realität. Im Jahr 2022 gab es nur ganze acht Geburten bei künstlich befruchteten Frauen über 45. Schon ab dem Alter von 38 Jahren ist die Wahrscheinlichkeit der Fehlgeburt höher als jene der Geburt.

TRIGGERWARNUNG FÜR SOCIAL EGG FREEZING

Wegen dieser geringen statistischen Chance auf eine erfolgreich abgeschlossene Schwangerschaft braucht es also in der Regel sehr viele Versuche mit immer wieder neuen Embryos. Stammt die Eizelle aus einem Kryoverfahren, sprich, war sie eingefroren, sinkt die Erfolgsquote im Vergleich zum Frischzyklus noch einmal von sowieso nur 23,4 Prozent auf noch niedrigere 21,3 Prozent. Dennoch wirbt man gerade bei jungen Frauen um das Einfrieren ihrer Eizellen, weil ja nicht nur die Frau, sondern vor allem die Qualität ihrer Eizellen mit ihr altert. Die biologische Uhr ist kein Wecker. Die 35-Jährige, die sich noch schnell Eizellen einfrieren lässt, weil sie glaubt, es reiche, auch noch mit 45 Mutter zu werden, hat bereits alte Eizellen. Sie will es nur nicht wahrhaben, bekommt die Quittung dann aber, wenn sie mit 45 versucht, damit schwanger zu werden, um dann nach zig gescheiterten Versuchen mit 50 nach jungen Eizellen einer Spenderin und/oder nach einem Mietbauch zu rufen.

Genaugenommen müsste man vor jede Publikation, die jungen Frauen das Social Egg Freezing anpreist, eine Triggerwarnung voranstellen, dass sie bei Nutzung dieser Methode die Wahrscheinlichkeit, Mutter zu werden, um mindestens 75 Prozent verringern, und das auf einen Schlag. Sollten sie es erst jenseits der 40 in Erwägung ziehen, ist ihre Chance auf Mutterschaft unter 8 Prozent, jenseits der 45 Jahren sind wir bei 0,4 Prozent Wahrscheinlichkeit auf ein Kind pro Embryotransfer. Die Erfolgsgeschichten von künstlicher Mutterschaft jenseits der 40 sind statistisch betrachtet Glückstreffer nach wahrscheinlich mehr als vier oder gar bis zu zehn Versuchen.

Selbst auf Zigarettenverpackungen an der Supermarktkasse warnen wir vor Unfruchtbarkeit, aber nirgendwo vor den Folgen und Risiken vertagter Kinderwünsche und den falschen Erwartungen an die Reproduktionsmedizin. Social Egg Freezing ist keine Erweiterung der eigenen Fruchtbarkeitschancen, sondern sogar eine radikale Reduktion.

Während der Markt überschwemmt wird mit Vitaminprodukten, Achtsamkeitskursen bis hin zu esoterisch-schamanischem Humbug zur Steigerung der eigenen Fruchtbarkeit für die Frau ab 30, warnen weder der Staat noch Ärzte, weder der flächendeckende Sexualkundeunterricht noch Feministinnen und schon gar nicht die Profiteure der Pharmaindustrie junge Frauen vor ihrer eigenen Leichtgläubigkeit und einer unbedachten Lebensentscheidung, die sehr final sein kann und deren ganze Wucht einen nicht mit 25 oder 35, aber vielleicht mit knapp 50 dann umhaut. Die Reproduktionsmedizin ist kein Ersatzinstrument für eine vernünftige Familien- und Sozialpolitik, die es Frauen erlaubt, ihre fruchtbaren Jahre dann zu nutzen, wenn sie da sind.

Man muss schlicht festhalten, dass die einfachste, ungefährlichste und erfolgversprechendste Variante, Kinder zu kriegen, jene ist, mit mehr oder weniger spektakulärem Sex zwischen 20 und 30 ohne jedes Hilfsmittel, außer vielleicht Kerzenschein, schwanger zu werden, anstatt jenseits der 35 einem nicht erfüllten Kinderwunsch hinterherzuweinen. Immer wieder erreichte mich in den vergangenen 20 Jahren nach Vorträgen zu Frauen- und Familienpolitik aus dem Publikum die Frage, wann denn der richtige Zeitpunkt für Kinder sei. Es gibt nur eine einzige Antwort, die ich empfehlen kann: jetzt sofort.

EIERSPENDE RISKIERT GESUNDHEIT UND LEBEN

Grundvoraussetzung für eine Mietmutterschaft ist eine Eizelle, die man künstlich befruchtet und dann als Embryo wieder einsetzt. Allein der Prozess der Entnahme birgt so viele gesundheitliche Risiken, dass er in Deutschland zu Recht verboten und nur jenen erlaubt ist, die ihre eigene Eizelle zum Selbst-Wiedereinsetzen durch künstliche Befruchtung entnehmen lassen. Sie tragen dann auch ihr Risiko selbst und belasten nicht eine fremde Frau damit. Die im Folgenden aufgezählten Risiken geht nicht nur die Eizellspenderin ein, die ihre Eier an Fremde verkauft, sondern jede Social-Egg-Freezing-Begeisterte, die das ohne echte gesundheitliche Not tut, wie etwa jene, die sich ihre Eier vor einer Chemotherapie konservieren lässt.

Durch Hormonmedikamente wird der Körper der Frau so stark stimuliert, dass er mehr Eier in einem Zyklus reifen lässt als sonst, damit die Eierernte (ja so nennt man das wirklich) pro Eingriff möglichst groß ist. Größtes Risiko ist dabei das »ovarielle Hyperstimulationssyndrom« der Eierstöcke, kurz OHSS. Das tritt bei 5 Prozent der Fälle ein und kann durch die Vergrößerung ihrer Eierstöcke zu schweren gesundheitlichen Problemen bei der Spenderin führen.[148] Dadurch entstehen Blutgerinnsel, Flüssigkeitsaufbau in den Lungen und im Bauchraum, Nierenversagen, Schlaganfälle. Der überstimulierte Eierstock kann platzen, dann wird notoperiert. Die Spenderin kann durch die Prozedur unfruchtbar werden und sogar beide Eierstöcke verlieren. Besonders groß ist diese Gefahr, wenn das Verfahren der Eizellpunktion unter Ultraschall angewendet wird. Es kann dabei zu Infektionen, Blutungen und Verletzungen der Därme und Blutgefäße kommen. In manchen Fällen ist wegen verletzter innerer Organe und innerer Blutungen eine Operation notwendig. Das Ganze wird unter Narkose durchgeführt mit allen Risiken einer Narkose. Es treten allergische Reaktionen auf die vergebenen Antibiotika auf, in seltenen Fällen kann es zu starken Allergien führen. Die vergrößerten Eierstöcke können sich verdrehen, starke Bauchkrämpfe verursachen und später unregelmäßige Menstruationszyklen. Nicht zuletzt wird eine Verbindung zwischen den Fruchtbarkeitsmedikamenten und Eierstockkrebs vermutet, was bislang aber noch nicht bewiesen wurde.

Diese Auflistung stammt übrigens nicht von Gegnern der Eizellspende, sondern von der Internetseite der »Eizellspendefreunde« und den IVF-Kliniken, die damit ihre Dienste trotz alledem anpreisen. Beispiele solcher Komplikationen – gerade bei sinnloser, weil nicht medizinisch begründeter Nutzung des Social Egg Freezing – schaffen es kaum in die Medien. Der Fall der amerikanischen Popsängerin Kesha[149], die selbst im Interview erzählte, wie sie nach der Eizellentnahme im Januar 2023 »fast gestorben« wäre, bildet da eher die Ausnahme. Sie hatte sich entschieden, Eizellen einzufrieren, weil gerade ihr Album neu erschienen war, sie sich in Sachen Kinderkriegen noch nicht sicher gewesen sei und sich nicht habe drängen lassen wollen. Sie habe ihre »reproduktive Gesundheit selbst in die Hand nehmen« wollen. Dieser Versuch hat sie fast das Leben gekostet und anschließend Monate, um wieder auf die Beine zu kommen. Sie hat ihre Gesundheit nicht selbstbestimmt gesteuert, sondern riskiert.

In Deutschland lässt die Ampel-Regierung aus Sozialisten, Grünen und Liberalen eine Kommission an der Frage arbeiten, wie man auch die Eizellspende in Deutschland endlich legalisieren kann. In Schottland warb die Regierung sogar aktiv im Dezember 2023 mit einer öffentlichen Werbekampagne für Social Freezing, um junge Frauen dazu zu animieren[150]. In England locken Unternehmen wie *Ovom* Frauen mit kostenlosen Angeboten, wenn sie ihre Eier einfrieren lassen und die »überschüssigen«, die man bei der Ernte einfährt, an *Ovom* zur weiteren Verwertung spenden. Warum werben selbst Regierungen in Kampagnen für das Einfrieren von Eizellen und Spermien, wohl wissend, dass die Forderung nach Kassenfinanzierung nahezu logisch folgt und die Gesundheitsrisiken beträchtlich sind? Der Lobbydruck und die Gewinnspanne der Medizin- und Pharmaindustrie muss enorm hoch sein.

DOPPELTES RISIKO FÜR SCHWANGERSCHAFTSVERGIFTUNG

Die Eizellspende ist also gesundheitlich riskant. Es ist statistisch schon schwer genug, mit einer eigenen Eizelle durch künstliche Befruchtung schwanger zu werden, mit einer fremden Eizelle erhöht sich das Gesundheitsrisiko jedoch noch mehr. Die Mietmutter oder auch die Frau mit Kinderwunsch, die sich illegal im Ausland eine fremde Eizelle einsetzen lässt, muss zunächst ebenfalls hormonell stark stimuliert werden, um dem Körper eine Schwangerschaft »vorzutäuschen«, die real nicht existiert, sodass der Embryo, den man in sie einpflanzt, auch angenommen wird und es nicht sofort zu einer Fehlgeburt kommt.

Bereits 2016 zeigte eine skandinavische Meta-Studie[151], dass das Risiko einer sogenannten Schwangerschaftsvergiftung (Präeklampsie) bei Schwangerschaften mit einem fremden Ei doppelt so hoch ist wie bei normalen Schwangerschaften. Der Grund liegt darin, dass der Körper der Mietmutter den Embryo als völligen Fremdkörper betrachtet (Fremdantigenität) und versucht, diesen abzustoßen, ähnlich, wie es auch bei Empfängern von Organspenden geschieht. Bei einer normalen Schwangerschaft ist die Samenzelle des Mannes, und damit 50 Prozent des Erbgutes, zwar auch fremd, der Körper der Frau akzeptiert das aber dank eigener Eizelle. Setzt man der Frau nun Embryos ein, die zu 100 Prozent nicht ihr Erbgut enthalten – und das ist bei jeder Schwangerschaft mit Fremdei, also auch bei jeder »Gestational Surrogacy« der Fall –, muss die völlig normale Immunabwehr des Körpers durch weitere Medikamente unterdrückt werden, was aber auch schiefgehen kann. Bei Mehrlingsschwangerschaften, die bei Mietmutterschaft ebenfalls gerne genutzt werden, um kostengünstiger gleich mehrere Kinder zu brüten, verdreifacht sich das Risiko der Präeklampsie. Für die Mietmutter bedeutet das: die Gefahr einer chronischen Blutzuckererhöhung, was zu lebensbedrohlichen epileptischen Anfällen führen kann, ein erhöhtes Risiko von Bluthochdruck und dem »HELLP«-Syndrom, das zu Hirnblutungen und einem Leberriss der Schwangeren führen kann, dazu ein erhöhtes Risiko für Früh- und Totgeburten[152]. Die Schwangerschaftsvergiftung ist aber nicht nur in der Schwangerschaft ein Problem, sie kann Spätfolgen wie etwa Gefäßkrankheiten (endotheliale Dysbalance) auslösen und insbesondere im späteren Leben zu einem Schaden des Herz-Kreislauf-Systems führen[153].

Eine Studie der Berliner Charité zeigte[154], dass das Risiko der Präeklampsie bei Einkindschwangerschaften mit fremdem Ei bereits bei 16,1 Prozent liegt, mit Zwillingen gar bei 23 Prozent, dass die Frühgeburtsgefahr bei einem Kind auf 34 Prozent hochschnellte und bei Zwillingen sogar auf 63,4. Man stellte übrigens auch fest, dass jene Frauen in Berlin, die sich im Ausland mit dem in Deutschland verbotenen Verfahren befruchten ließen, um dann mit den gesundheitlichen Komplikationen dieser Prozedur in deutschen Kliniken vorstellig zu werden, zu 81 Prozent über 40 Jahre alt waren, 43,4 Prozent von ihnen hatten bereits eine oder mehrere Abtreibungen hinter sich – jetzt sollte das Kind aber unbedingt kommen.

Allein diese Statistik zeigt eindrücklich, dass der immer gerne erwähnte Beispielfall der nach Krebserkrankung unfruchtbar gewordenen Frau, die nur mit einer gespendeten Eizelle noch Mutter werden kann, weswegen es endlich eine Legalisierung dieser Praxis bräuchte, eher einen Mythos und eine Ausnahme darstellen. Die meisten Frauen hatten schlicht die Altersgrenze ihrer Fruchtbarkeit weit überschritten, weil sie den Kinderwunsch zu lange aufgeschoben hatten. Die meisten waren wahrscheinlich früher fruchtbar, jene, die Kinder abgetrieben haben, waren das sogar sehr sicher.

ARMUTSGEFÄLLE IST AUCH BILDUNGSGEFÄLLE

Die Frauen in dieser Studie nahmen zumindest das körperliche Risiko solcher Schwangerschaften selbst auf sich. Die Nutzer der weltweiten Mietmutterschaft bürden es fremden Frauen auf. Diese bleiben auch mit den Spätfolgen allein, die ja auch erst Jahre nach der Schwangerschaft auftreten können, dann aber ihr privates Problem sind. Sobald das Kind und die Elternrechte übertragen sind, ist der Vertrag erfüllt und Folgeprobleme sind weder Sache der Agentur noch der Besteller. Es zeigt sich bei der Anwerbung von Mietmüttern weltweit nicht nur ein soziales, sondern auch oft ein Bildungsgefälle. Man muss davon ausgehen, dass in zahlreichen Ländern die jungen Frauen, die dort für einen Spottpreis als Eizellspenderinnen oder Mietmütter angeworben werden, die gesundheitliche Tragweite, die Risiken und vor allem auch die körperlichen Langzeitfolgen ihres Handelns selbst nicht überblicken. Wer eine Frau zudem mit 5000 Euro über den Tisch zieht, um mit dem daraus resultierenden Kind 70.000 zu verdienen, hat gar kein Interesse daran, die Frau ausführlich über ihr körperliches Risiko aufzuklären. Wie viele der Mietmütter in Indien waren überhaupt in der Lage, die Verträge zu lesen, die sie unterschrieben? Wie gebildet sind die 20-Jährigen in georgischen

Frauenhäusern? Sie riskieren vielfach ohne Versicherung und rechtelos ihre Gesundheit. Ist es das Risiko wert?

In der Recherche von *Finance Uncovered*[155] zu den illegalen Machenschaften der georgischen Agentur *New Life*, die als Marktführer im Billigsegment betrachtet wird, kommt die georgische »Leihmutter« Irene zu Wort. Mit einer erfolgreichen Mietmutterschaft habe sie umgerechnet fünf Jahresgehälter als Bäckereiverkäuferin verdienen können, *New Life* hat sie klassischerweise direkt in einem Frauenhaus rekrutiert, wo sie sich vor ihrem gewalttätigen Ehemann versteckte. Zuerst hat sie für ein schwedisches Paar Zwillinge ausgetragen, der weitere Versuch zu einer Mietmutterschaft brauchte insgesamt sechs Versuche eines Embryotransfers, weil sie immer wieder Fehlgeburten hatte. Man hat ihr jetzt mitgeteilt, dass ihr Körper nicht mehr schwanger werden könne. Was er sonst noch nicht mehr kann, wird sie allein herausfinden, wenn sie älter wird.

Andere Mietmütter aus Kenia und Mexiko berichten, dass sie gar keine Kopie ihrer Verträge bekommen hätten oder dass es ein anderthalbseitiges Schriftstück gewesen sei, das Anwälte als juristisch völlig wertlos betrachten. Es fand sich keine einzige Mietmutter, die vor so einem Vertrag mit einem Anwalt gesprochen hatte oder sich beraten ließ. *New Life* bestätigte zudem gegenüber den verdeckt recherchierenden Journalisten, dass in »99 Prozent der Fälle« Mietmutter und Kunden sich nicht kennen, die Mietmutter hätte also auch im Fall von Nichtbezahlung oder Komplikationen niemanden, an den sie sich wenden kann. Auf dem nordamerikanischen Markt sind die rechtliche Absicherung und die gesundheitliche Absicherung der Mietmütter deutlich besser, Versicherungen decken die Krankenhauskosten auch bei Komplikationen und Nachsorge ab.

Ergeben sich jedoch Komplikationen in der Schwangerschaft, etwa durch eine ernsthafte Erkrankung der Mietmutter, wird es juristisch und menschlich kompliziert. Jennifer Lahl, Präsidentin des CBC Center for Bioethic and Culture Network[156], berichtet von zahlreichen Hilferufen von Mietmüttern, die in juristischen Fallen sitzen, wie etwa jene junge Mutter, die in der 24. Schwangerschaftswoche an Krebs erkrankt und mit einer Chemotherapie beginnen muss. Sie will eine Frühgeburt einleiten lassen, um dem Baby eine Überlebenschance zu geben. Die beiden Auftraggeber-Väter wollen, dass sie abtreibt, weil sie kein krankes Kind riskieren wollen. Sie bietet daraufhin an, dass sie das Kind adoptieren würde. Das wollen die Väter wiederum nicht, weil sie »ihre DNA« nicht bei Fremden großziehen lassen wollen. Selbst die Agentur versucht, die Väter zu überzeugen, man hat sogar eine weitere Familie gefunden, die das Kind adoptieren würde. Die Väter wollen aber einen »ärztlichen Todesschein« ausgestellt bekommen, nur dann haben sie schließlich auch weiterhin Anspruch auf ein anderes lebendes Kind ohne Aufpreis bei der Agentur, dann eben mit einer anderen Mietfrau. Die Mietmutter findet schließlich eine Klinik, die bereit ist, die Geburt einzuleiten. Das Kind stirbt kurz nach der Geburt. Es war einfach noch zu jung.

GESCHUNDENE FRAUENKÖRPER

Vor allem die Frauen, die sich im europäischen Billigsegment anheuern lassen, werden körperlich massiv beansprucht. Der britische *Guardian* berichtet[157], wie *New Life Global* mit medizinisch »unethischen Praktiken« arbeitet. Man setzt standardmäßig zwei oder drei Embryos auf einmal ein, um die Chancen zu erhöhen, um dann wieder kranke Embryos und falsche Geschlechter abzutreiben. Bei Fehlgeburten wird immer und immer wieder die Behandlung fortgesetzt, die 100-Prozent-Garantie auf ein Kind bezahlen die Mietmütter mit geschundenen Körpern.

Die Hilfsorganisation *La Strada*[158] in Kiew hilft diesen alleingelassenen Frauen und erzählt ihre Geschichten in den Medien. Frauen wie Tetyana Shulzhynska, die nur 9000 Euro für das Austragen von Zwillingen bekam. Man hatte ihr vier Embryonen eingesetzt und zwei mit Giftspritze getötet, weil sie zu viel waren. Nach der Geburt verblieben die beiden toten Föten in ihrem Bauch, *BioTexCom* hatte sie nicht weiterbehandelt. Sie endete auf dem OP-Tisch, ihre Eierstöcke und ihre Gebärmutter mussten entfernt werden, sie infizierte sich mit Hepatitis C und verblieb mit einer dicken Krankenakte und ohne finanzielle Entschädigung. In einer Recherche von *Politico*[159] aus dem Sommer 2023 kommen zahlreiche ehemalige Mietfrauen aus der Ukraine zu Wort. Sie haben zum Teil Anzeige erstattet, keiner der Fälle ist bisher zur Anklage gekommen. Die 41-jährige Tatjana erzählt ihre Geschichte, um andere zu warnen, wie sie sagt. Nach der Mietmutterschaft habe man ihr die Gebärmutter und die Eierstöcke entfernen müssen. Seither sei sie schwer krank, sie habe Krebs bekommen und habe eine Chemotherapie gebraucht, daraufhin seien Magen, Blase, Nieren und Milz erkrankt. Ihre Frage bei *BioTexCom*, ob man sich an ihren Kosten beteilige, sei mit Gelächter quittiert worden. Auch Olga wurde nach einer Fehlgeburt die Gebärmutter gleich mitentfernt, ihre Anzeige bei der Polizei bleibt unbearbeitet. Anna hat ein krankes Kind adoptiert. Sie war Krankenschwester bei *BioTexCom*, die chinesischen Eltern weigerten sich, es zu nehmen. Das sei gängige Praxis bei kranken Kindern.

Die Ärztin Dr. Renate Klein berichtet in ihrem Buch *Broken Bonds*[160] von unzähligen ehemaligen Mietmüttern von verschiedenen Kontinenten und ihren schlechten Erfahrungen, körperlichen Schädigungen, aber auch von einer unwürdigen Behandlung und emotionaler Trauer, diese Kinder hergegeben zu haben. Man muss gar nicht zu dubiosen Anbietern nach Kasachstan, Georgien oder Zypern blicken, auch bei den teuren, vermeintlich sauberen Geschäften in den USA und Kanada werden die Frauen durch extreme medizinische Maßnahmen gefährdet.

Eine kanadische Mietmutter erzählt[161], wie sie für die Embryotransfers von Kanada in eine Klinik nach Mexiko musste, wo man ihr dann statt zwei aus Versehen drei Embryos einsetzte. Die Besteller-Väter waren empört, sie wollten keine drei Kinder. Der Streit um die Sache setzte ihr zu, den siebten und achten Monat verbrachte sie im Krankenhaus mit Schwangerschaftsdiabetes, Schwangerschaftsvergiftung und Herzrhythmusstörungen. Einen Tag habe man sie in ein künstliches Koma versetzen müssen, damit sie einen Panikanfall überlebte. Die Kinder wurden in der 33. Woche geholt. Sie starb dabei fast durch extremen Bluthochdruck, die Kinder durfte sie nie sehen. Diese mussten drei Monate auf der Frühchenstation aufgepäppelt werden.

AUCH DIE KINDER HAFTEN MIT IHRER GESUNDHEIT

Für alle künstlich gezeugten Kinder bedeutet die Art und Weise ihrer Zeugung in vielerlei Hinsicht ein erhöhtes Gesundheitsrisiko, das bereits mit dem massiv erhöhten Risiko einer Frühgeburt und zu niedrigem Geburtsgewicht beginnt und allen daraus folgenden, lebenslangen Risiken weitergeht. Dass sich Erwachsene entgegen ihrer natürlichen Disposition ein Kind im Reagenzglas herbeizwingen und damit den natürlichen Selektionsprozess zwischen Eizelle und Samenzelle überlisten oder, besser gesagt, umgehen, bezahlen ihre Kinder mit einer stark erhöhten Wahrscheinlichkeit körperlicher Schäden.

Die Reproduktionstechnologie kann nämlich in der Tat bereits sehr viel, hat aber bis heute keine wirkliche Ahnung, nach welchen Kriterien bei einer natürlichen Zeugung im Wettlauf von einer Million Spermien nun genau diese eine Samenzelle sich mit dieser bestimmten Eizelle vereinigt oder manchmal auch mit gar keiner. Künstliche Befruchtung erzwingt also Gen-Cocktails zweier Menschen, die von der Natur möglicherweise als untauglich, weil anfällig, verworfen worden wären. Wenn Wissenschaftler Gott spielen, kann eben viel schiefgehen. Bereits im Jahr 2015 warnte die Deutsche Gesellschaft für Kardiologie[162] (DEK) auf dem europäischen Kardiologiekongress (ESC) in London: »In-vitro-Fertilisation ist neuer Risikofaktor für Herz-Kreislauf-Erkrankungen.« Retortenbabys zeigten demnach schon bei der Geburt eine generelle, ausgeprägte Funktionsstörung der Gefäße und eine deutlich erhöhte Gefäßwanddicke (Intima-Media-Dicke, IMT) der Halsschlagader. Sie befinden sich demnach bereits im ersten Stadium einer Arterienverengung (Arteriosklerose), die man normalerweise erst bei Patienten findet, die Jahrzehnte älter sind. Mit einfachen Worten: Diese Neugeborenen sind bereits ab Geburt auf dem Weg zum Schlaganfallrisiko.

Eine weitere große Meta-Studie listet ausführlich die gesundheitlichen Folgen der künstlichen Befruchtung für die daraus entstandenen Kinder im *Deutschen Ärzteblatt*[163] auf: Das Risiko von Fehlbildungen ist bei allen Kindern grundsätzlich um etwa ein Drittel erhöht. Das betrifft vor allem Herzfehler und Erkrankungen des Bewegungsapparates (muskuloskelettale Erkrankungen), die Ursache für chronische Schmerzen und Bewegungseinschränkungen. Es kommt aber auch vermehrt zu Fehlbildungen der Genitalien. Die Wahrscheinlichkeit für kognitive Störungen ist ebenfalls erhöht, von niedrigeren Intelligenzquoten bis hin zu Autismus. Bei den funktionalen körperlichen Störungen dominieren die sogenannten kardiovaskulären Veränderungen. Das reicht von akuten bis chronischen Erkrankungen von Herz und Gefäßen bis hin zu Bluthochdruck, Herzrhythmusstörungen, Herzinfarkt und Schlaganfall.

Genau diese Risiken bringt die Forschung mit den *epigenetischen Modifikationen* in Verbindung, also mit den chemischen Veränderungen der DNA oder der Histone (Proteine, in denen die DNA verpackt ist), die bei einer künstlichen Befruchtung vorgenommen werden. Vereinfacht gesagt: Man vermutet, dass die vorbereitende Verarbeitung des Genmaterials von Frau und Mann im Labor dafür verantwortlich ist.

Das Fazit enthält eine klare Warnung: »Da die genauen Ursachen der gesundheitlichen Risiken der IVF-Kinder unklar sind, sollte eine IVF-Therapie unter Berücksichtigung des Kindeswohls nur bei einer anderweitig nicht behandelbaren Sterilität durchgeführt werden.« In einfachen Worten: Man sollte, so weit es geht, auf künstliche Befruchtung verzichten, weil die Gesundheitsrisiken für die Kinder viel zu hoch und noch weitgehend unerforscht sind. Deswegen bitte nur in Ausnahmefällen echter Unfruchtbarkeit, denn es geht hier um das Wohl des Kindes.

Stattdessen erleben wir weltweit eine massive Zunahme der Staaten, die diese Methoden legalisieren, aktiv vorantreiben und sogar über das Gesundheitssystem finanzieren.

DAS MENSCHLICHE DRAMA DER KINDERLOSIGKEIT

Den Preis der gesellschaftlichen Verschiebung der Elternschaft in eine spätere Lebensphase bezahlen die Kinder mit Gesundheitsrisiken und die Frauen selbst oft mit dem Schmerz der Kinderlosigkeit. Wer einmal das Drama bei unerfülltem Kinderwunsch bei einer Schwester, Freundin oder einem Paar im Freundeskreis erlebt hat, weiß, dass dem mit rationalen Ratschlägen nicht beizukommen ist. Der Wunsch nach einem eigenen Kind kann unglaublich mächtig sein. Nicht umsonst nennt man es den Fortpflanzungstrieb – es ist nicht rational und viele sind im wahrsten Sinne des Wortes *getrieben*.

Ich kann allein in meinem Freundeskreis mehrere Frauen aufzählen, die statt gewünschter Großfamilie kinderlos blieben. Es hat nicht sollen sein. Die Schulfreundin, die nach drei gescheiterten Versuchen der künstlichen Befruchtung aufgab: »Ich schaff das nicht noch einmal emotional« – die Hormonbomben, das Hoffen, das kurze Freuen und dann nach wenigen Wochen wieder eine Fehlgeburt. Das befreundete Ehepaar, das in Summe »die Anzahlung für ein größeres Eigenheim« investiert hat, um nach sechs Versuchen Gott sei Dank endlich schwanger zu werden, sie waren kurz vor der Trennung. Das Ehepaar, das über das ständige Scheitern der künstlichen Befruchtung heute geschieden ist. Sie haben immer noch einen tiefgekühlten Embryo – sie nennt ihn »mein Eisbärchen« – im Kühlfach eines Labors. »Ich schaff es nicht, ihn vernichten zu lassen«, sagt sie, er symbolisiert ihre ganze verlorene Hoffnung. Jene Freundin, die mit Kloß im Hals mitteilt: »Ich könnte jetzt vielleicht Mutter eines 18-jährigen Sohnes sein. Stell dir das mal vor!« Damals dachte sie, das habe auch später Zeit und hat abgetrieben, heute klappt die künstliche Befruchtung nicht. Die Kollegin, die immer gewartet hat mit dem Kinderwunsch, »weil er jetzt noch keine Kinder haben will«. Sie sind heute geschieden, denn er hat sie Hals über Kopf wegen einer Jüngeren verlassen. Die ist jetzt schwanger, sie aber schon zu alt, um selbst noch ein Kind zu bekommen. Ihr Zug ist mit ihm abgefahren.

Es sind alles keine exotischen, sondern leider völlig normale, beispielhafte Schlaglichter auf Kinderlosigkeit wider Willen. Gemeinsam haben sie alle das emotionale Drama, das es mit sich bringt, wenn partout kein Kind kommen will. Es betrifft zudem immer mehr junge Paare, die Probleme haben, Kinder zu bekommen. 15 Jahre Pille und eine Fruchtbarkeit, die ab 25 anfängt zu sinken, fordern ihren Preis. In der Hälfte der Fälle sind die Männer das Problem. Es wäre ein gutes Forschungsfeld, die Ursachen zu analysieren.

In dem erschütternden Buch *84 Monate schwanger – Sieben Jahre gefangen im Kinderwunsch* erzählt die Autorin Julie von Bismarck stellvertretend für inzwischen Tausende von ihrer teuren und letztendlich erfolglosen ärztlichen Odyssee. Das Buch endet bei ihr nach unzähligen Tränenbächen und erfolglosen Versuchen künstlicher Befruchtung mit einer Mietmutterschaft, die das Paar sich am Ende dann auch noch leistet, um die Erfüllung des eigenen Kinderwunsches eben mit dem allerletzten technisch möglichen Mittel doch noch herbeizuzwingen.

REPRODUKTIONSMEDIZIN IST KEIN ERSATZ FÜR FRAUENPOLITIK

Wie kann man einer Gesellschaft helfen, die glaubt, das Kinderkriegen sei eine politische Manövriermasse feministischer, steuerrechtlicher oder bevölkerungspolitischer Interessen, nur eine Frage von Geld und ein Menschenrecht für alle, das mit jedem erdenklichen Mittel der wissenschaftlichen Kunst erreicht werden darf? Es ist kein Naturgesetz, dass die Geburtenrate eines Landes sinken muss, sondern das Ergebnis interessengesteuerter Politik und persönlicher Lebensentscheidungen. Das müssen wir vor allem jungen Frauen erklären, anstatt ihnen erst die Pille, dann das Einfrieren ihrer Eizellen, später die künstliche Befruchtung und schließlich eine dazu passende Psychotherapie auf Kosten der Krankenkassen anzubieten gegen die Trauer und den Schmerz unerfüllter Mutterschaft. Wir brauchen eine anständige Frauen- und Familienpolitik, die es Frauen erlaubt, dann Mutter zu sein, wenn sie körperlich und psychisch am besten dafür aufgestellt sind.

Künstliche Befruchtung muss im Sinne der Kinderrechte und der Kindergesundheit auf jene beschränkt werden, die tatsächlich in jungen Jahren aus körperlichen Gründen unfruchtbar sind, wobei die erhöhten gesundheitlichen Risiken für die Mutter und auch für das künstlich gezeugte Kind leider stehen bleiben. Bei diesen Frauen ist es sinnvoll, es dann möglichst jung umzusetzen, denn das erhöht die Wahrscheinlichkeit, dass es klappt, statistisch enorm und reduziert Komplikationen. Es ist auch begründbar, dies mit den Krankenkassen zu finanzieren, denn Unfruchtbarkeit ist eine Krankheit.

Für die Gruppe jener Kunden, die die Reproduktionsmedizin nicht aus gesundheitlichen, sondern aus biologischer Unmöglichkeit nutzen, etwa Singles oder auch homosexuelle Paare, steht die Sache auf einem ganz anderen Blatt. Es mag tragisch sein, es ist aber keine Krankheit, wenn ich mich als Frau nicht allein befruchten kann, als Mann keine Frau zur Paarung finde oder ich mich in einer gleichgeschlechtlichen Beziehung befinde – es ist nüchterne Biologie.

Kapitel 8

KINDER IN KÜHLSCHRÄNKEN

Ein »Sneak Preview« in Frankensteins Reproduktionslabor

Gäbe es von der Reproduktionsindustrie Fleißkärtchen, hätte Katrin Henning-Plahr sie wahrlich verdient. Die umtriebige FDP-Bundestagsabgeordnete ist seit Jahren bemüht, jedem in Deutschland zum Kind und der Forschung zu mehr Freiheit zu verhelfen[164]. Im Namen der Liberalen bringt sie seither ständig neue Vorschläge in die Debatte. Das Embryonenschutzgesetz sei »von gestern«, das Adoptions- und Abstammungsrecht brauche »dringend ein Update«, Eizellspende solle endlich legalisiert werden, altruistische Mietmutterschaft auch und natürlich müsse man Embryonen auch spenden können. Das Ganze soll dann analog zu den Samenbanken in Eizell- und Embryonenbanken zentral registriert werden, wo die »gespendeten« Kinder dann in Kühlschränken auf das Tauwetter bei potenziellen Eltern warten.

Samenspende, Eizellspende, Embryonenspende, Organspende – es liest sich wie eine logische Reihe. Wir sind nicht mehr weit entfernt von der theoretisch durchdachten »Whole Body Gestational Donation« (WBGD), also der Ganzkörperspende wie im Vorschlag von Anna Smajdor, wo die hirntote Frau sich selbst als Brutkasten »spendet«. Mietmutterschaft ist nur ein Teil einer ganzen Industrie, die vor allem diese Komponenten gemeinsam hat: Sie funktioniert nur künstlich, sie kostet viel Geld, es verdienen Pharmaindustrie, Ärzte, Labore und Vermittler viel Geld und vor allem: Sie reißt jede erdenkliche ethische Hürde.

KANN MAN EINEN MENSCHEN SPENDEN?

Die Frage drängt sich vor lauter Spenderei auf: Wenn man Menschen nicht kaufen darf oder soll, kann man einen Menschen dann wenigstens spenden? Die Antwort kann auch hier nur nein sein, wenn man die Menschenwürde des Einzelnen und vor allem auch die des Kindes wirklich ernst nimmt. Spenden kann ich nur, was mir gehört, was ich besitze. Besitzen kann ich nur Dinge, aber nicht Menschen. Wenn ich den Menschen nicht besitze, kann ich ihn ergo auch nicht spenden. Eine recht einfache und kurze logische Reihe, sollte man meinen. Man kann also nur *etwas,* aber nicht *jemanden* spenden, nicht einmal sich selbst, denn dies würde man nicht »sich spenden«, sondern »sich opfern« nennen und mit dem eigenen Leben bezahlen. Um einen fremden Menschen dennoch zu spenden, muss ich ihm sein Menschsein vorher absprechen und verweigern, ihn verbal umtaufen zu einem Zellhaufen – in diesem Sinne also herzlich willkommen in der Embryonenforschung des 21. Jahrhunderts.

Die nahezu absurde Frage nach der Menschenspende wird dort leider sehr real in der Praxis der sogenannten »Embryonenspende«, die in Deutschland in der Grauzone einer Gesetzeslücke stattfindet[165], weil sie zwar nicht explizit erlaubt, im nicht-kommerziellen Bereich aber im Embryonenschutzgesetz nicht explizit verboten ist, und wie die weltweite Erfahrung inzwischen zeigt: Alles, was nicht explizit verboten wird, wird auch gemacht.

Um also auf die eingangs gestellte Frage dieses Buches zu kommen, ob der Mensch alles darf, was er kann: Nein, darf er nicht, jedenfalls nicht in Deutschland. Wir verbieten zu unserem eigenen

Schutz Embryonenforschung, die Selektion von Geschlecht, das Klonen und Verändern der Erbmasse oder die Befruchtung von Eizellen mit dem Samen von Toten. Es ist verboten, die Erbmasse von zwei Embryonen zu einem zu verschmelzen, Eugenik zu betreiben, aber auch, eine befruchtete Eizelle auf ein Tier zu übertragen, menschliches und tierisches Erbgut miteinander zu verschmelzen und einem Tier oder einer Frau (!) einzusetzen. Allein, dass diese detaillierte Auflistung im Gesetz nötig ist, zeigt bereits nicht nur die Möglichkeiten, sondern auch die Ambitionen der Forschung. Im Kontext der Mietmutterschaft bekommen all diese Optionen noch einmal einen zusätzlichen grauenhaften Ausblick, wenn man nicht nur mit dem Embryo experimentiert, sondern die neue Menschen-Kreation einer Frau in den Bauch pflanzt, um zu sehen, ob sie überlebt. Ob die Frau sich auch hier »freiwillig« als Brutkasten zur Verfügung stellt, ihre finanzielle Notlage ausgenutzt wird, sie in der Babyfabrik eines korrupten Landes dazu gezwungen wird oder überzeugt wird, das Ganze im Dienst der Wissenschaft und der Menschheit am besten gleich »altruistisch« zu machen, ist dann nur noch zweitrangig. Ob die Frau das überlebt, auch.

Wir reden hier nicht über Science-Fiction, sondern über konkrete Forschung, die bereits im Gang ist. Ein paar Beispiele: In England hat man nicht nur Klonschafe, sondern inzwischen auch Kinder aus dem Erbgut von drei Menschen zusammengebastelt[166]. Man entfernte dafür den Zellkern aus der befruchteten Eizelle einer Frau, um den Kern in die vorher entkernte Eizelle einer anderen Frau einzusetzen. Das Ganze sollte dem Zweck dienen, eine Erbkrankheit zu vermeiden, indem bei dieser sogenannten Mitochondrien-Austauschtherapie (*Mitochondrial Replacement Therapy*) die defekte DNA von Frau 1 nicht verwendet wird, sondern nur die gesunde DNA von Frau 2. Wie viele Versuche man brauchte mit wie vielen Embryonen, bis es das erste Mal klappte, bleibt unausgesprochen. Ob man die Erbkrankheit, die man damit vorgeblich vermeiden wollte, wirklich verhindert, wird sich zeigen. Welche Krankheiten man dem Kind durch das Verfahren erst mitgegeben hat, wird das Kind dann herausfinden. Auch, ob es seine Eltern oder die Ärzte dafür verklagen darf oder ob es dankbar sein muss, am Leben zu sein. Erste Pilotstudien[167] zeigen jedenfalls, dass das Verfahren zu einer Erkrankung des Kindes führen kann.

KLON-BABYS UND AFFEN-»LEIHMÜTTER«

Mit den Stammzellen von Embryonen, die man dafür selbstverständlich töten muss, wird in den Laboren weltweit bereits seit Langem in alle erdenklichen Richtungen experimentiert. In England hat man die Jungferngeburt neu definiert und es 2022 geschafft, Embryonen ohne Samenzelle eines Mannes bis zum 50-Zeller wachsen zu lassen[168]. Verwendet wurden für die Tests »300 menschliche Eizellen von freiwilligen Spenderinnen«. In Israel erprobte man bereits erfolgreich an Mäusen die Schaffung von Embryonen ganz ohne Eizelle, Sperma und Uterus[169], indem man sie künstlich aus reinem Stammzellmaterial von anderen Embryonen schuf und in einem Bioreaktor so weit wachsen ließ, bis sich bereits Organe bildeten. Es ist nur eine Frage der Zeit, bis man das auch mit menschlichen Stammzellen nachstellt. Viele Wissenschaftler experimentieren längst mit künstlichen Gebärmüttern. Israelische Forscher erklärten, dass sie im Jahr 2021 erfolgreich Hunderte von Mäusebabys in solchen Vorrichtungen ausgetragen hätten. Ist das die Zukunft, weil man dann gar nicht erst eine Eizellspende einer echten Frau braucht? Benötigt man die Frau bald gar nicht mehr, wenn man irgendwann künstliche Eizellen in künstlichen Gebärmüttern heranwachsen lässt und damit nicht nur das Horrorszenario der Klon-Babys aus Aldous Huxleys *Brave New World* realisiert, sondern je nach Perspektive auch den weiblichen Teil der Menschheit endlich von der großen Last der Reproduktionsarbeit befreit, wie es sich Simone de Beauvoir so sehr wünschte?

Die künstliche Züchtung von menschlichen Organen, aber auch ganzen Kindern abseits weiblicher Bäuche rückt näher. Andere Wissenschaftler experimentieren seit Jahren an Kreuzungen von Mensch und Tier (Chimären). In Japan wurde es Wissenschaftlern bereits 2019 erlaubt, das experimentell bis zur Geburt[170] zu versuchen. Das Ziel war, Ersatzorgane für Menschen zu züchten. In China hat zeitgleich eine Forschergruppe aus Spanien und den USA einen Mensch-Affen-Hybriden[171] geschaffen. Man hat dazu erst mal Affenweibchen als Brutmütter benutzt. Der Leiter des Experimentes hatte das vorher bereits erfolglos mit einer Mischung aus Mensch und Schwein versucht, andere Kollegen in den USA mit der Mischung aus Mensch und Schaf, mit den Makaken-Affen war man nun erfolgreicher[172].

Der hirntote Patient ist übrigens längst legal als Experimentiermasse in den USA im Einsatz, noch nicht zum Gebären, aber zumindest, um ihm Schweinenieren mal probeweise anzupflanzen, um zu schauen, ob das funktioniert. In Manhattan hat dieses Experiment bereits 2021 stattgefunden. Dabei wurde einer hirntoten Frau eine vorher künstlich modifizierte Schweineniere an den Oberschenkel transplantiert, nach 54 Stunden hat man das Experiment damals abgebrochen. Im Jahr 2023 vermeldete dasselbe Team rund um den Transplantationsarzt Robert Montgomery am New Yorker Krankenhaus NYU Langone, dass ein anderer hirntoter Patient bereits seit 32 Tagen erfolgreich mit Schweineniere lebe[173] und man noch einen weiteren Monat anhängen wolle.

SPENDEN - BENUTZEN - WEGWERFEN - TÖTEN

Das deutsche Gesetz schützt den Menschen, vor allem aber auch das Kind zu Beginn seines Lebens als Embryo davor, zur Laborratte zu werden, und verbietet nahezu alle Träume progressiver Forschung im Frühstadium des Menschen in der Petrischale. Immer bleibt die Perspektive, dass wir es eben nicht nur mit einem Zellhaufen, also einem Objekt, sondern mit einem Menschen mit individuellem und einzigartigem Erbgut zu tun haben, aber eben am Beginn seines Wachstums. Formulierungen wie »Die Forschung an ...« bedeutet im Kontext eines Embryos nämlich immer »benutzen«, bis er nicht mehr benutzbar ist, und dann »wegwerfen«, und das bedeutet wiederum »töten«. Oder es bedeutet »instrumentalisieren«, »ausschlachten« und »nutzen«, um einer dritten Partei, also einem fremden Menschen, als Zell- oder Organlieferant zu dienen. Immer aber endet es mit dem Töten der Forschungsmasse Mensch. Nicht alle wollen nämlich, dass das potenzielle Kind in der Petrischale geboren und geliebt wird, für manche ist es auch einfach Zellinformation und Knetmasse für Experimente in der Genetik. Spenden, benutzen, wegwerfen, töten ist auch eine logische Reihe.

»Wir machen alles« könnte also gut auch ein Slogan der Embryonenforschung sein, wenn man die Forschung ließe, wie sie wollte. Es gibt schließlich nichts, was der Mensch nicht schon durchdacht und auf Machbarkeit überprüft hat. Man muss sich nur die medizinethischen Debatten ansehen, die bereits geführt wurden, die Vorschläge, die bereits auf dem Tisch liegen, aber bislang an roten Linien scheitern. Jedenfalls noch.

Forschung an Embryonen wird weltweit immer noch sehr restriktiv gehandhabt. Artikel 18 des Übereinkommens des Europarats über Menschenrechte und Biomedizin verbietet »die Erzeugung menschlicher Embryonen zu Forschungszwecken«. Zahlreiche Länder haben zusätzliche nationale Verbote, Deutschland auch. Man darf sie also nicht extra für die Forschung »erzeugen«, aber wie praktisch, wenn bei einer sowieso stattfindenden Produktion einfach ein paar als Überschuss übrigbleiben. Das ist etwa so, wie wenn beim Kuchenbacken nicht der ganze Teig in die Form passt und man die Reste ja nicht wegwirft, sondern den Kindern zum Aufschlecken freigibt. Auch hier gilt das Angela-Merkel-Bonmot: »Nun sind sie halt da.« Was also tun mit den »Eisbärchen«, wie sie meine Freundin nannte? Dieser einkalkulierte Überschuss von der Resterampe der Reproduktionsindustrie darf zwar nicht verkauft, aber gespendet werden.

Woher hatten die Engländer die 300 »gespendeten« Eizellen für die Experimente mit den vaterlosen Embryos? Möglicherweise von jenen Eizelllaboren wie dem bereits erwähnten *Ovom*, das seinen jungen Kundinnen anbietet, das Social Egg Freezing und auch die Lagerungskosten in den Eisfächern durch eine Spende ihrer »überschüssigen« Eizellen zu finanzieren, die dann von *Ovom* an Forschungslabore weiterverkauft werden können. Nach demselben Prinzip ließen sich die Produktions- und Einlagerungskosten für ganze Embryonen für die Kunden der Mietmutterschaft reduzieren, indem sie einfach ein paar ungenutzte »Geschwister« für die Wissenschaft spenden, und das alles ganz »altruistisch«. Ist doch ein grandioser Deal für die Wissenschaft, dass man Eizellen und Embryonen inzwischen als Abfallprodukt der Mietmutterschaftsindustrie bekommen kann.

Immer wenn Forscher, Ethiker und Theologen antreten, um für die »Enttabuisierung« einer Sache zu sprechen, weiß man sicher, dass es um das Übertreten roter Linien geht, die man aber verbal in hübschere Worte packen muss. In zahlreichen Ländern darf man bislang nur 14 Tage an Embryonen außerhalb des Mutterleibes experimentieren, in genauso vielen Ländern versucht man gerade, die 14-Tage-Grenze auf vier Wochen auszuweiten und damit das sogenannte »Embryo-Banking«, also eine Lagerung auf Vorrat, möglich zu machen. Damit wäre eine weitere international bislang gehaltene Hürde gerissen. Nach etwa 22 Tagen hat sich beim Embryo das zentrale Nervensystem zu bilden begonnen, und nach 28 Tagen schlägt das Herz, das Gehirn hat sich zu entwickeln begonnen und die Augen, Ohren und Nase des Babys haben sich herausgebildet.

VOM ZWEIZELLER ZUM ÜBERSCHUSSMATERIAL

Wir müssen eine kleine Exkursion in die menschliche Zell-Entwicklung machen, um die Begrifflichkeiten und das dazugehörige Alter im Wachstumsprozess des Menschen zu erklären. Denn einerseits wissen wir alle, wie das mit den Bienen und Blumen und Störchen so ist, irgendwo zwischen Zweizellstadium und Blastozyten hakt sich das gefährliche Halbwissen aus dem Biologieunterricht der 9. Klasse bei den meisten aber aus. Für die gesetzlichen Regelungen und Beschränkungen im Rahmen der Reproduktionsmedizin sind es aber nicht feine, sondern oft sehr wesentliche Unterschiede, die über die Legalität entscheiden.

Die Spende einer jungfräulichen, unberührten weiblichen Eizelle an einen anderen ist in Deutschland illegal. Die Spende einer fremden männlichen Samenzelle ist wiederum legal. Es darf aber seit einem Urteil des Bundesgerichtshofes im Jahr 2015 nicht mehr anonym geschehen, damit das Kind seinen genetischen Vater später finden kann. Deswegen weichen viele inzwischen etwa nach Dänemark aus, wo man Samenzellen immer noch anonym bekommt.

Auch in Deutschland dürfen einer Frau Eizellen entnommen werden, die Frage, ob der Vorgang legal oder illegal ist, entscheidet sich über die Antwort, zu welchem Zweck das passiert. Will sie damit *selbst* Kinder bekommen und dient das nur als Zwischenschritt für ihre *eigene* künstliche Befruchtung, ist es legal. Will man damit irgendetwas anderes tun, als ihr diese Eizellen später befruchtet wieder einzupflanzen, ist alles weitere illegal: Eine Eizellentnahme für Forschungszecke an der Eizelle, zum Verkauf oder zur Spende an Dritte (zum Beispiel an unfruchtbare Frauen) – all das ist verboten. Wir helfen in Deutschland also unfruchtbaren Paaren, mit ihrem eigenen Erbgut eigene Kinder zu bekommen, mehr aber nicht.

Wenn sich nun ein Paar zur künstlichen Befruchtung entscheidet und der Frau eine Eizelle entnommen und mit der Samenzelle ihres

Mannes oder eines Spenders im Labor künstlich befruchtet wird, entsteht eine sogenannte »imprägnierte Eizelle«, auch Pronukleuszelle oder 2-PN-Zelle genannt. Diese im Verkauf oder als Spende weiterzureichen, ist ebenfalls illegal.

Solche Zellen-Paare vor der Verschmelzung der Vorkerne von Ei- und Samenzelle oder gar der ersten Zellteilung liegen auch in deutschen Laborkühlschränken, wenn etwa ein Paar mit Kinderwunsch mehrere solcher imprägnierter Eizellen herstellen und sofort einfrieren lässt (Kryokonservierung), um einen Vorrat für mehrere Versuche der künstlichen Befruchtung zu haben. Der Vorteil für das Paar ist nicht nur finanziell, sondern auch gesundheitlich für die Frau, denn jede einzelne Eizellentnahme müsste andernfalls mit der psychisch und körperlich belastenden und gefährlichen hormonellen Stimulation neu gemacht werden. Faktisch bleiben aber nicht wenige solcher 2-PN-Zellen im Kühlschrank zurück, wenn der erste Versuch gleich klappt und das Paar keine weiteren Versuche für weitere Kinder wagen will oder kann. Hier tauchen zum ersten Mal sogenannte »überschüssige« Produkte aus der künstlichen Befruchtung auf, gepaart mit der Frage, was mit ihnen geschehen soll.

ECCE HOMO - SIEHE, ES IST EIN MENSCH!

Geht die 2-PN-Zelle nun einen Schritt oder auch einen Tag in der Erschaffung des Menschen weiter und verschmelzen die Zellkerne von Ei und Samen, entsteht dadurch am Tag 1 die sogenannte Zygote. Ab hier greifen dann die Regelungen des Embryonenschutzgesetzes, weil nun das Menschsein beginnt. Wir sind zwischen Tag 2 und 3 im sogenannten »Cleavage«, also Teilungsvorgang, bei dem sich die Zellen schlicht verdoppeln von zwei auf vier und auf acht Zellen. Ab dem Acht-Zell-Stadium beginnt bereits die Differenzierung für verschiedene Organsysteme.

Der 5. Tag ist für das Verfahren der künstlichen Befruchtung entscheidend, erst in diesem sogenannten Blastozystenstadium kann man zwischen »optimalen und suboptimalen Embryonen« unterscheiden oder, um es anders auszudrücken: Hier findet das erste Mal eine Qualitätsprüfung des potenziellen Kindes statt, also eine Selektion menschlichen Lebens, auch Präimplantationsdiagnostik (PID) genannt. Das ist ein Kritikpunkt an sich, für den es ein ganzes, gesondertes Buch bräuchte. Denn die Frage, welchen perfekten Maßstab in Sachen Gesundheit wir an den Menschen legen und unter welchen Voraussetzungen wir ihn als »unwertes Leben« aussortieren und vernichten, ist nicht nur eine Kategorie, die wir aus düsteren Zeiten des Nationalsozialismus kennen. Auch der moderne Reproduktionsmediziner verwirft sehr selbstverständlich die »suboptimalen« Menschseinsentwürfe in seiner Petrischale.

Tatsächlich sind wir als Menschheit dabei, auch hier die Technik immer weiter zu verfeinern und immer mehr Erbkrankheiten und Gesundheitsrisiken auszusortieren, aber natürlich auch solche Dinge wie das »falsche Geschlecht«. Das wiederum kann erst ab der 9. Woche durch einen Bluttest bei der Schwangeren sicher bestimmt werden, also erst nach dem Einpflanzen in die Frau. Im Mietmutterschaftsgeschäft heißt das: Wenn ein Junge bestellt ist, sich aber ein Mädchen ankündigt, wird in der 9. Woche »reduziert«, sprich abgetrieben.

Das Blastozystenstadium ist jedenfalls aus der Sicht der Experten der ideale Zeitpunkt, an dem das Kind aus der Petrischale in den Mutterbauch soll, was auch für die tiefgefrorenen und wieder aufgetauten Embryos gilt, denn danach »schlüpft« das spätere Kind aus der Hülle der Blastozyste und heftet sich an die Gebärmutter. Man nennt das Einnisten. Es ist erstaunlich, wie plastisch die Medizin bis heute zwischen Ei, Schlüpfen und Nest in der Bildsprache der Vogelküken verblieben ist.

Danach sprechen wir medizinisch noch bis zur 8. Schwangerschaftswoche vom Embryo, ab der 9. Woche vom Fötus, ab der Geburt vom Kind. Der Embryo, über dessen Spendenmöglichkeit wir hier nachdenken, bekommt im deutschen Gesetz also bereits ab der Verschmelzung von Ei und Samen Menschenrechte garantiert. Und damit beginnen die Probleme experimentierfreudiger Wissenschaftler, zukünftiger Eltern und nüchterner Geschäftemacher.

SCHÖNE NEUE EMBRYONENWELT

Auch in Deutschland will man nun endlich an die Embryonen ran. Die Embryonenspende für alle wird gerade offen diskutiert, wie man auch an den Forderungen aus den Reihen der FDP sehr deutlich sehen kann. Das Forschungsministerium der deutschen Bundesregierung veranstaltete gar im Oktober 2023 eine eigene Fachkonferenz »Humane Embryonen in der medizinischen Forschung: Tabu? – Vertretbar? – Chance?« in Berlin[174], um laut darüber nachzudenken, ob man aus dem »Tabu« nicht doch eine vertretbare Sache machen könne und ob es nicht sogar eine großartige »Chance« sei. Veranstaltet wurde das Ganze zusammen mit der Nationalen Akademie der Wissenschaften Leopoldina[175], die sich ebenfalls bereits lange für eine Liberalisierung des Fortpflanzungsmedizingesetzes und eine »Neubewertung des Schutzes von In-vitro-Embryonen« starkmacht und auch für eine »größere Entscheidungsfreiheit« von Paaren, was sie mit ihren »überzähligen« Embryos machen können. Freiheit, das klingt immer gut, es geht aber rhetorisch noch viel besser.

Vor Ort überschlug man sich verbal förmlich im Ausmalen der Chancen menschlicher Experimente. Der Staatsrechtler Hans-Georg Dederer[176] bezeichnete es als Aufbruch in eine »Kultur der Erlaubnis statt einer Kultur des Verbotes und in eine Kultur der Dynamik statt einer Kultur der Lethargie«. Damit ist das Framing des Themas bestens zusammengefasst: Wer weiterhin Embryonen vor Verwertung schützen will, ist Teil von Verbot und Lethargie, wer das Ganze erlauben will, nimmt Teil an Erlaubnis und Dynamik. Auf, auf, Kameraden!

SOGAR BESSER ALS JESUS

Der katholische Theologe Antonio Autiero[177], Mitglied der von der Bundesregierung eingesetzten Ethik-Kommission für Stammzellforschung (ZES), erhob den Embryo gar auf den Status des heilenden Retters der Menschheit. Wer braucht da noch auf Jesus zu hoffen, wenn die Erlösung durch den tiefgefrorenen Embryo doch so nahe ist? Mit den überschüssigen Embryonen kann man in seinen Augen auch etwas Sinnvolles tun, indem man sie der Forschung zugänglich macht, und flugs erhalten sie damit eine »neue Funktion, nämlich in den Dienst der Forschung und letztlich der Menschheit zu treten«. Ist es nicht wunderbar, wenn der nutzlose tiefgefrorene Embryo, den doch sowieso keiner mehr will, sogar »im Dienst der Menschheit« stehen kann? Dem Embryo werde damit eine »neue Bestimmung verliehen«. Und natürlich muss es Richtlinien für die Forschung an Embryonen geben. Diese sollten sich an Kriterien wie »Hochrangigkeit und Dringlichkeit«, an einer »Alternativlosigkeit« sowie einer »großen Heilungschance« für die damit erforschten Krankheiten bemessen. Was so ein Embryo nicht alles könnte – noch nicht mal 20 Zellen groß und schon ein Retter der Menschheit.

WIE VIEL ZELLEN BRAUCHT ES FÜR MENSCHENRECHTE?

Nahezu perfide wird also durch Überproduktion ein ethisches Problem absichtlich geschaffen, um die Lösung dann mit Moralismus aufzuladen, anstatt die Grundfrage zu diskutieren: Wieso werden überhaupt zu viele Embryonen produziert? In Deutschland dürfte das gesetzlich gar nicht stattfinden, genau aus diesem Grund.

Es zeigt deutlich: Hat man sich erst einmal darauf verständigt, dass man an menschlichen Stammzellen forschen darf, die als »Abfallprodukt« sowieso vorliegen, ist es nur noch ein kleiner Schritt, das vermeintliche Abfallprodukt der Reproduktionsmedizin auch gezielt herzustellen, nur um es für die Forschung zu verwenden. Zur Veranschaulichung eine Parallele: Die meisten Menschen befürworten die Nutzung eines menschlichen Organs oder sonstiger Zellen als Organspende, wenn der Spender sowieso verstirbt. Niemand würde aber zustimmen, dass wir einen Menschen töten, weil seine Organe oder seine Zellen »im Dienst der Menschheit« für die Forschung ganz nützlich wären. Zumal sich bereits in der Entscheidung für die »Nutzung« menschlicher Embryonen, die sich in einem 4- bis 8-Zell-Stadium befinden, die Frage aufdrängt: Bis zu welcher Anzahl der Zellen wollen wir so tun, als sei das kein potenzieller Mensch? Bis zu 20 Zellen oder bis zum 3. Monat? Warum nicht auch das Zellmaterial aus abgetriebenen Kindern nutzen? Sind das nicht auch bloß Zellhaufen? Ach so, das tun wir ja bereits[178] mit dem »fetal organ harvesting« weltweit, wie etwa in den Unterlagen des Australischen Parlamentes nachzulesen ist.

Ohne vom Thema abschweifen zu wollen, muss man an dieser Stelle schlicht festhalten, dass ein weltweiter Markt mit menschlichen Föten existiert, die aus Abtreibungen stammen und von der Kosmetikindustrie, aber auch für Therapien und die Behandlung von Krankheiten wie Parkinson, Diabetes oder Alzheimer bereits heute im »Dienst der Menschheit« kapitalisiert wurden. In Deutschland darf eine Frau seit 2007 durch eine Neuregelung des Gewebegesetzes[179] gefragt werden, ob sie die Organe und das Zellgewebe ihres toten Kindes »spendet«. Man kann also in Deutschland ernsthaft die Organe abgetriebener Kinder spenden, und wir haben dazu ein Gesetz, das es erlaubt. Wie nützlich dieser Embryo jetzt schon sein kann.

DER SOLIDARISCHE EMBRYO MUSS STERBEN

Es ist auch nicht das erste Mal, dass der Versuch unternommen wird, die Zellen Ungeborener in den Dienst der Wissenschaft zu stellen.

Im Jahr 2002 stritten die Lager bereits einmal, hochstilisiert in das Pro-Forschungs-Lager im Sinne einer »Ethik des Heilens«, das das Lager »Ethik der Menschenwürde« gegen sich sah[180]. Schon damals argumentierten jene, die die »verbrauchende« Stammzellen- und Embryonenforschung erlauben wollten, wie etwa der Rechtsphilosoph Reinhard Merkel, die damit »verfolgten Ziele der Hilfe für schwerkranke Menschen« hätten »ein so erhebliches Gewicht, dass sie die Verweigerung der Solidarität gegenüber frühesten Embryonen rechtfertigen können«. Kurz: Der Embryo muss aus Solidarität mit erwachsenen Kranken leider sterben. Wie viel Zellen braucht es, um Menschenrechte zu bekommen, wie alt muss man dafür sein, und muss man dafür geboren sein? Im Bundesstaat New York darf ein Kind bis vor dem Einsetzen der Wehen noch abgetrieben werden. Wie viele Zellen sind das eigentlich? Die Befürworter der bis heute gültigen Rechtslage in Deutschland vertreten genau deswegen die »Ethik der Menschenwürde« mit dem Menschsein von Anfang an.

DIE »SUBSTANZEN MENSCHLICHEN URSPRUNGS« DER EU

Nie fehlt auch bei diesem Thema der Hinweis auf »internationale« Standards. Die deutsche Wissenschaftsministerin Stark-Watzinger betonte[181], die deutschen Regulierungen seien ein echter Nachteil für die Zusammenarbeit deutscher Wissenschaftler mit internationalen Partnern. In anderen Ländern würden bereits vielfältige Forschungsarbeiten durchgeführt, denen man das Feld nicht überlassen dürfe. Stattdessen sollte man in Deutschland »diese wichtige Chance nutzen«.

Es wiederholt sich das immerwährende Mantra der Reproduktionsmedizin: Die anderen tun es längst, lasst uns lieber mitmachen, anstatt es aufzuhalten. Festzuhalten bleibt: Der Versuch der Komplettverwertung des menschlichen Körpers im Dienst der Gesellschaft beginnt bereits vor der Geburt und geht bis über den Tod hinaus. Die Begehrlichkeiten und nutzbringenden Anwendungsfelder in der Wissenschaft wachsen jährlich an.

Die Reduktion des Kindes zum Objekt beginnt nicht erst, wenn es im Zuge der »Leihmutterschaft« den Besitzer wechselt. In der medizinischen Forschung ist das längst geschehen und wird weiter vorangetrieben. Zweizeller, Vierzeller, Embryo, Fötus, Zellhaufen – der Krieg der Begriffe zur Verschleierung der menschlichen Würde ist nicht erst seit der Abtreibungsdebatte in vollem Gange, sondern wird seit Jahrzehnten geführt. Die Frage, ob wir bei einem Embryo über einen Menschen sprechen oder über »Substanzen menschlichen Ursprungs« ist rein praktisch die Wasserscheide zwischen uneingeschränkter Verwertbarkeit des Materials oder eben auch nicht. Ohne Begrenzung und Regelung endet es in einer Selbst-Kannibalisierung des Menschen im Namen des wissenschaftlichen Fortschritts. Man muss Frankenstein'sche Horrorszenarien nicht herbeireden, sie sind bereits da. Wer bereit ist, ungeborene Menschen zu verwerten, wird dies auch bei geborenen irgendwann fordern. Die Diskussion um hirntote Frauen als Brutkästen für fremde Kinder ist nur der Anfang.

Der gerade zitierte Begriff der »Substanz menschlichen Ursprungs« ist der aktuelle Euphemismus der EU, entnommen aus der sogenannten »SoHO-Verordnung«[182], wo in Artikel 3, Nr. 5 des Entwurfes definiert wird, was denn so alles im Sinne der Reproduktionsmedizin unter verwertbarer menschlicher Substanz (*Substance of Human Origin*) zu verstehen ist. In der vom EU-Parlament verabschiedeten Verordnung schließt das explizit auch Embryos und Föten ein. Damit wird der Mensch auf eine Stufe mit Blut, Plasma oder auch Speichel gesetzt. Wird dieser Vorschlag im Europäischen Rat bestätigt, ist er bindend für die Mitgliedsstaaten und hebelt damit möglicherweise auch das deutsche Embryonenschutzgesetz einfach aus. Auch hier versucht die EU, die Souveränität ihrer Mitgliedsstaaten zu untergraben. Man will nicht nur mit einem Elternzertifikat definieren, wer die Eltern eines Kindes sind, sondern auch, ab wann ein Kind überhaupt ein Mensch ist. All das natürlich im Namen der Rettung der Menschheit.

Kapitel 9

ES GIBT KEIN RECHT AUF EIN KIND

Warum Kinderlosigkeit keine Diskriminierung ist

Freiheit sei »steigender Selbstbesitz«, so formulierte es der katholische Philosoph und Kirchenlehrer Thomas von Aquin bereits im 13. Jahrhundert. Wenn das stimmt, dann sind wir auf dem Weg in die Unfreiheit. Der Selbstbesitz des Menschen ist stark mit seiner Körperlichkeit verbunden und nicht nur ein gedankliches Konstrukt. Denn nicht nur die Gedanken sind bekanntlich frei, der Körper muss es auch sein. Wer über den Körper eines Menschen verfügt, über seine Einzelteile wie Organe, aber auch seine Körperkraft, seinen Aufenthaltsstatus und seine körperliche Unversehrtheit, sind elementare Fragen der Freiheit.

Die Ausbeutung der Sklaven war mit der Macht über ihre Körper verbunden. Die Niere aus dem Slum von Indien gehört einem Menschen. Die Frau, deren Sexualorgane oder deren Gebärmutter ich benutzen will, muss mir ihren Körper zur Verfügung stellen, und nicht zuletzt wollen alle Möchtegerneltern nicht nur dem hübschen Gedanken nachhängen, Eltern zu sein, sondern den Körper eines echten Babys im Arm halten und mit nach Hause nehmen. Jede Spritze und jede Hormonbehandlung ist ein Eingriff in die körperliche Unversehrtheit. Selbstbesitz ist also nicht nur eine intellektuelle oder philosophische Frage des unbeugsamen Willens, sondern vor allem auch eine Frage der Autonomie über den eigenen Körper.

Ich darf mir zudem als Mensch selbst genug sein, wie ich bin, ich muss nicht leisten, mein Körper muss nicht nutzen, nicht für die Interessen anderer herhalten oder ihnen gar dienen. Diese Sichtweise auf den Menschen verteidigen nicht nur religiöse Kirchenlehrer, sondern auch säkulare Aufklärer wie Emmanuel Kant. Die technischen Möglichkeiten der Reproduktionsmedizin erlauben inzwischen eine »Optimierung« des Menschen nach Kriterien der Nützlichkeit und damit das Verwerfen jener Menschen, die als suboptimal und nutzlos definiert werden. Wie frei ist also das begehrte, das nutzlose oder das verkaufte Kind?

FREIHEIT IST KEIN RECHT AUF ANDERE

Die größte Gefahr für die Freiheit und Autonomie des Menschen und vor allem des Kindes droht nun im 21. Jahrhundert vor allem von Erwachsenen, die die Freiheit des Kinderkriegens in ein angebliches Recht aufs Kinderkriegen umgedeutet haben. Durch jene, die die natürliche Abstammung des Kindes von seinen biologischen Eltern durch eine rein rechtliche Zuordnung anhand von Verträgen ersetzen möchten. Die Autonomie des Kindes wird auch von einer Wissenschaft bedroht, die zunehmend laut darüber nachdenkt, ab welchem Zeitpunkt man überhaupt von einem Kind oder von einem Menschen sprechen sollte, weil sie gerne vor der Menschwerdung noch ein paar Experimente mit dem »Gewebe menschlichen Ursprungs« machen will, wie es inzwischen Papiere auf EU-Ebene nennen, um nicht über Eizellen, Embryonen oder Menschen zu sprechen.

Wem gehört das Kind im Reagenzglas, wem das Kind im Bauch? Es ist spannend, dass im Wort Reproduktion das Wort »Produkt« enthalten ist. Die Degradierung des Menschen zu einem Objekt der Begierde ist sprachlich schon früh angelegt. Jene, die ihr Erbgut in

Form von Eizellen, Samenzellen oder gar ganzen Embryos anderen oder der Forschung zur Verfügung stellen, spenden und verkaufen damit nicht nur ungeborene Kinder, sondern arbeiten mit an dem Bild vom Menschen als Experimentiermasse und Wegwerfmaterial.

Es bleibt eine offene Wunde und ein ungelöstes Paradoxon, dass dieselben Wissenschaftler, die daran arbeiten, einen lebensfähigen Menschen durch künstliche Befruchtung in künstlichen Gebärmüttern zu erschaffen, im Prozess der Erschaffung so tun, als arbeiteten sie nur an mehr oder weniger großen Zellhaufen, die man wahllos zeugen, genmanipulieren und töten darf, wenn sie den hohen Ansprüchen an Perfektion nicht genügen. Es ist nahezu schizophren, dass jene Frauen und Männer, die alle ethischen Hürden und gesetzlichen Bestimmungen reißen, um mit viel Geld ein sehnlichst erwartetes Kind herstellen zu lassen, noch vor der Zeugung (!) dieses Kindes rechtliche Verträge abschließen, wem das Kind, das zu dem Zeitpunkt nicht mehr als ein Gedankenkonstrukt ist, später gehören soll, aber gleichzeitig bereit sind, dasselbe Kind im Mutterbauch zu töten, wenn es krank ist oder das falsche Geschlecht hat, und ihm damit ein Lebensrecht und das Menschsein verweigern. Sie sind auch bereit, die ungenutzten tiefgefrorenen Geschwister dieses Kindes zu vernichten oder zum Experimentieren freizugeben oder Fremden zu schenken. Wie frei ist das verschenkte Kind?

Man verhandelt also im Zuge der Mietmutterschaft die Besitzrechte an einem noch nicht existenten Kind mit wasserdichten Verträgen, behandelt es dann zwischen Zeugung, Geburt und Übergabe wie eine Sache, und sobald man es im Arm hat, ist es plötzlich wieder ein vollwertiger, geliebter Mensch? Logik sieht anders aus. Kinderrechte auch.

DER APFEL FÄLLT SEHR WEIT VOM STAMM

»Diskriminierung!«, rufen nun alle Warum-auch-immer-Gebärunfähigen, wenn man ihnen ein Kind vorenthält, so als sei es eine illegitime Verweigerung der Mehrheitsgesellschaft, dass sich zwei Männer oder zwei Frauen nicht gegenseitig und ein einzelner Mensch nicht selbst befruchten kann. Die Natur ist nicht fair. Sie ist. Es möge sich jeder bei seinem persönlichen Gott, dem Universum oder seinem Schicksal beschweren, aber doch nicht bei seinen Mitmenschen oder dem Staat. Müssen nun Gesetzgeber, Frauen und Mediziner Erfüllungsgehilfen jener sein, die ihr Schicksal nicht akzeptieren wollen, auch wenn es für die Frauen und die Kinder massive Menschenrechtsverletzungen und Gesundheitsrisiken bedeutet? Müssen wir es gar mit unseren Krankenkassenbeiträgen mitbezahlen? Wir kennen dieselbe Denkweise bereits bei jenen, die glauben, einen Anspruch auf die Überwindung ihrer natürlichen Geschlechtszugehörigkeit zu besitzen, weil sie sich mit einem neuen Geschlecht »identifizieren«, und dann nicht nur ihre angebliche Diskriminierung beweinen, sondern auch nach uneingeschränkter gesellschaftlicher Akzeptanz, gesetzlichen Veränderungen und ebenfalls nach kassenfinanzierten medizinischen Leistungen auf Kosten aller bei der Umsetzung rufen.

Erstaunliche Parallelen tun sich auf, wenn man die Methode der Mietmutterschaft als das begreift, was sie ist: ein konsequentes Weiterdenken der Gender-Theorie. Wer glaubt, man habe abseits biologischer Disposition das Recht, eine Frau zu sein, glaubt auch, jeder habe das Recht, eine Mutter oder ein Vater zu sein. Da fehlen nur noch die passenden Gesetze, denn man will nicht nur als soziales Elternteil ein Kind großziehen, sondern auch juristisch uneingeschränkt als Elternteil gelten. Irrerweise macht der deutsche Gesetzgeber hier nicht nur mit, er treibt es sogar selbst voran, indem er einen ganzen Paradigmenwechsel im Abstammungsrecht vorbereitet, weg vom biologischen Stammbaum hin zur Verwandtschaft als bloße

»rechtliche Zuordnung« eines Kindes zu jenen, die seine Eltern sein wollen.

Dieselben Menschen, die behaupten, das Geschlecht eines Kindes sei nicht angeboren und werde bei seiner Geburt falsch zugeordnet, weswegen man dem Kind die Option geben müsse, sein Geschlecht selbst zu wählen, wollen demselben Kind aber willkürlich Eltern zuordnen, die es nicht frei wählen darf, sondern zugeteilt bekommt. Bitte jetzt keine Kommentare zu Fragen der Logik, wir sind schließlich mitten im Gender-Diskurs. Hieß es früher »Der Apfel fällt nicht weit vom Stamm«, wenn man über die weitervererbten Ähnlichkeiten zwischen Kindern und ihren Blutsverwandten sprach, ist der Apfel heute gar nicht vom Stamm gefallen, sondern vom Birnbaum gespendet. Heute will man gerne auch den Apfel ohne Stamm, die beiden Pflaumenbäume wollen auch einen Apfel, und der Nussbaum will sich einen besonders hübschen Apfel an seinen Stamm legen.

VERTRÄGE STATT BLUTSVERWANDTSCHAFT

Der damalige Justizminister Heiko Maas ließ bereits im Jahr 2015 eine Arbeitsgruppe Abstammungsrecht einsetzen, um Reformvorschläge zu erarbeiten, in denen die Möglichkeiten der modernen Reproduktionsmedizin, aber auch die Forderungen nach bunter Familienvielfalt Berücksichtigung finden. Der elfköpfige Sachverständigenkreis war prominent besetzt, unter anderem mit der ehemaligen Vorsitzenden Richterin des für das Familienrecht zuständigen Bundesgerichtshof-Senats, Meo-Micaela Hahne, aber auch mit der Ärztin und ehemaligen Vorsitzenden des Deutschen Ethikrats, Christiane Woopen. Der 130-Seiten-Abschlussbericht der »Empfehlungen für eine Reform des Abstammungsrechts« liegt seit Juli 2017 vor[183] und fasst in 91 Thesen zusammen, wie moderne Elternschaft juristisch weg von einstiger Blutsverwandtschaft in biologische, genetische, soziale oder rechtliche Elternschaft aufgesplittet werden kann. Man machte auch vorsorglich schon Vorschläge für zukünftige Eltern-Regelungen bei Embryonenspende und Mietmutterschaft, man nahm die baldige Legalisierung also einfach schon mal vorweg.

Während die Abweichung von Blutsverwandtschaft bislang als Ausnahme galt, wird sie mit den Empfehlungen der Experten zur reinen Variante unter vielen. Konsequent empfiehlt das Papier deswegen auch, nicht länger von der »Abstammung« eines Kindes zu sprechen, sondern von der »rechtlichen Eltern-Kind-Zuordnung«. Statt Stammbaum soll es jetzt Verträge oder Gesetze geben. Alle diese Ideen haben einen gemeinsamen Nenner: die Dekonstruktion von Verwandtschaftsverhältnissen, wie wir sie bisher kannten. Es ist der größte Angriff auf die Selbstverständlichkeit einer natürlichen Familie, wie sie seit Bestehen der Menschheit Normalität ist.

Seither beriefen sich zahlreiche Gesetzesinitiativen sowohl der Großen Koalition als auch der Ampel-Regierung auf diese Empfehlungen, um sie in Gesetze umzuwandeln. Egal ob es um den Gesetzesentwurf der Grünen für eine »Mit-Mutterschaft« zweier Frauen[184] ohne Vater in der Geburtsurkunde ging oder um die Benachteiligung von Homosexuellen bei der Kostenübernahme bei künstlicher Befruchtung, die man per Gesetz[185] abschaffen wollte, immer berief man sich auf diese Empfehlungen. Die FDP überschlägt sich seither mit Vorschlägen. Das reicht von der Forderung nach Legalisierung der »altruistischen Leihmutterschaft« über bis zu vier Eltern für ein Kind in der Geburtsurkunde bis hin zum Versuch, ein Recht auf »Zugang zur Reproduktionsmedizin unabhängig vom Familienstand« in einem Gesetzesvorschlag[186] zu etablieren, also auch für alleinstehende Männer, die dies ja nur mit eine Mietmutter verwirklichen können. Laut Justizministerium arbeitet man derzeit intensiv an einer Umsetzung eines neuen Abstammungsrechtes noch in dieser Legislaturperiode. Man will sogar ein Embryonenspenderregister einführen. Parallel haben Gesundheits- und Familienministerium eine »Kommission zur reproduktiven Selbstbestimmung und Fortpflanzungsmedizin« eingesetzt[187], die im März 2024 vorstellen soll, wie Eizellspende, aber auch altruistische Mietmutterschaft legal werden können.

Was hier entsteht, wird die größte Arbeitsbeschaffungsmaßnahme für Juristen in den kommenden Jahrzehnten, wenn es zu klären gilt, wer mit wem verwandt ist, wer wem gegenüber unterhaltspflichtig, erziehungsberechtigt oder von welchen oder wie vielen Elternteilen ein Kind erbberechtigt ist, zumal wenn die Rechtssysteme und familienrechtlichen Bestimmungen diverser Länder in Einklang zu bringen sind. Bereits heute kommt es deswegen in Deutschland nicht nur zu immer mehr, sondern auch zu völlig widersprüchlichen Gerichtsurteilen.

DAS MUTTERLOSE KIND

Als sei das deutsche juristische Chaos nicht schon genug, gibt es selbstredend völlig unterschiedliche Handhabungen, ob und unter welchen gesetzlichen Voraussetzungen ein im Ausland gezeugtes und ausgetragenes Kind, das mit dem Erbgut aus zwei weiteren Ländern produziert wurde, am Ende im Heimatland seiner Besteller als deren Kind anerkannt wird. Beziehungsstatus: Es ist kompliziert.

In manchen Ländern gelten die Besteller sofort als Eltern und werden gleich in die Geburtsurkunde eingetragen, in anderen muss das Elternrecht erst durch Adoption nach der Geburt auf die Besteller übertragen werden. Sind wiederum die Besteller selbst durch die Eizelle oder die Samenzelle genetisch verwandt mit dem Kind, ist zumindest einer der Besteller sofort Elternteil, der andere aber nicht. Und auch das nicht immer. Im US-Bundesstaat Connecticut kämpfte die bereits erwähnte Veronica Ferrara von *Worldwide Surrogacy* vor dem Obersten Gerichtshof[188] erfolgreich durch, dass bei einer Mietmutterschaft zweier schwuler Männer beide Männer von Anfang an als Väter in der Geburtsurkunde eingetragen sind, nicht nur der genetische Samenspendervater, ohne dass eine Mutter auch nur erwähnt wird oder ein Adoptionsverfahren für den zweiten Mann nötig ist.

Damit wurde in einer Musterentscheidung ein Paradigmenwechsel in den USA eingeläutet, weil nun in der Tat Verträge Elternschaft begründen und nicht mehr Abstammung. Ein Mann kann seither ohne Frau und auch ohne genetische Verbindung dank Samenspende und ohne Adoptionsverfahren mit amtlicher Garantie Vater sein. Gäbe es jemals einen Sinn für eine 50-Prozent-Frauenquote, dann in Geburtsurkunden von Kindern. In den USA gibt es jetzt stattdessen Kinder, die auch amtlich bestätigt als mutterlos gelten.

WER IST DIE MUTTER, UND WENN JA, WIE VIELE?

Dass man ohne Vaterschaftstest nie zu 100 Prozent wusste, wer nun der Vater ist, treibt Männer seit Jahrhunderten um. Aber zumindest galt nach dem lateinischen Sprichwort *mater semper certa est*, dass die Mutter immer sicher sei, schließlich hat sie das Kind geboren. Das konnte man sehen, da gab es keinen Zweifel. Heute wird durch den »Segen« der Reproduktionsmedizin unterschieden zwischen genetischer, biologischer, sozialer und rechtlicher Mutter. Genau das will auch die deutsche Regierung jetzt umsetzen. Die Eizell-Lieferantin ist demnach die genetische Mutter, der Brutkasten die biologische. Soziale Mütter, die das Kind faktisch großziehen, kann es bei lesbischen Paaren oder durch Patchwork-Konstellationen sogar mehrere oder wechselnde geben. Die rechtliche Mutter wiederum ist jene, die jedenfalls gesetzlich anerkannt als Mutter gilt, sie hat dann auch das Sorgerecht. Beim Vater kann man ebenfalls zwischen genetischem, sozialem und rechtlichem Vater unterscheiden, auch er kann ein Kind zeugen, großziehen oder rechtlich über es verfügen. Wenn biologische Abstammung durch Verträge ersetzt wird, kann also faktisch jeder Mutter oder Vater werden und das Tauziehen um das Kind beginnt.

Goldstandard im Mietmutterschafts-Business ist es, wenn man von Anfang an garantiert den Fahrzeugschein, pardon, die Geburtsurkunde mit eingetragenem eigenem Namen bekommt und damit von Anfang an rechtlich als Eltern gilt ohne jeglichen Hinweis auf die genutzte Mietmutterschaft.

Bekommt also beispielsweise Irina aus der Ukraine durch eine Eizellspende ihrer Landsfrau Tatjana und durch die Samenspende des Bestellers Jens, der in Deutschland mit seiner Frau Katja verheiratet ist, ein Kind, ist die Ukraine sehr flexibel, Katja und Jens samt Kind mit einer hübschen Geburtsurkunde als Eltern nach Deutschland zu entlassen, weil Irina vertraglich gebunden ist, das Kind nach der Geburt zu übergeben und auf ihre Mutterrechte zu verzichten. Sie steht aber noch in der Geburtsurkunde. Der deutsche Staat betrachtet nun zwar Jens als Vater, Katja aber nicht als Mutter, selbst wenn das Kind mit einer ihrer Eizellen gezeugt worden wäre, sondern Irina, weil nach deutschem Recht jene Frau als Mutter gilt, die es geboren hat, also auch nicht Tatjana, deren Erbgut hier tatsächlich gebrütet wurde.

Ist Irina zudem nicht Single, sondern selbst verheiratet mit Vladimir, dann ist nach deutschem Recht nicht Jens, sondern erst einmal Vladimir der Vater, solange Vladi nicht offiziell der Vaterschaft widerspricht und Irina das bestätigt. Jens und Katja hätten solange nur einen Stapel Rechnungen und Akten, aber kein Kind im Arm. Die deutsche Botschaft in Kiew[189] hält diese Informationen übrigens auf ihrer Internetseite unter »Häufig gestellte Fragen (FAQ)« bereit.

Die Spitzfindigen im deutschen Recht würden dann noch ausführlich debattieren, ob der Vertrag zwischen Jens, Katja und Irina überhaupt jemals zustande kam oder nicht, und wenn ja, ob er sittenwidrig und deswegen nichtig ist. Die deutschen Gerichte wiederum müssen sich mit Fällen herumschlagen, ob Katja denn nun gleich die Mutter ist und man in Deutschland ihre Mutterschaft in der Geburtsurkunde nachträglich anerkennt, damit Irina dort wieder rausfliegt und niemand die Mietmutterschaft in den Akten vermerkt, oder ob sie das Kind erst im Zuge eines Adoptionsverfahrens zu ihrem eigenen erklären darf, was bedeutet, dass der Hinweis auf Irina in den Akten bleibt, was wiederum ganz blöd ist, wenn man Irina vertraglich zugesichert hat, anonym bleiben zu können. Und was ist eigentlich, wenn das namenlose Kind unseres Beispiels später wissen will, wer seine genetische Mutter ist – hat es ein Recht zu wissen, wo es Irinas Landsfrau Tatjana findet? Solche Konstellationen sind der Grund, warum in Deutschland diese sogenannte »gespaltene Mutterschaft« im Sinne des Kindes nicht erlaubt ist.

Wie und von welchem Land bekommt man also Papiere für ein Kind, um es legal nach Hause zu bringen, und stellt sich das eigene Land dann quer, diese Elternschaft anzuerkennen? Welches nationale Rechtssystem ist ausschlaggebend, wenn ein Deutscher aus dem Katalog eines ukrainischen Vermittlers eine Eizelle kauft, diese mit Samen aus einer anonymen Samendatenbank aus Dänemark befruchten lässt, um sie einer georgischen Mietmutter einzusetzen, die das Kind aber auf Zypern zur Welt bringt, weil die Agentur dort ein paar Dutzend ihrer weiblichen Brutkästen kostengünstig und isoliert in eigenen Häusern untergebracht hat?

EINFACH MAL FAKTEN SCHAFFEN

Die Entscheidungen deutscher Gerichte in Fällen der Mietmutterschaft sind entsprechend konfus und gleichen einer Art Menschenrechtsroulette. Man muss einfach Glück haben, vor dem richtigen Richter zu landen, dann wird aus der Umgehungsstraße über die USA oder die Ukraine der Boulevard ins legale Familienglück. Wer etwa das deutsche Mietmutterschaftsverbot mithilfe einer angeheuerten Ukrainerin umgeht und anschließend das Kind nach Deutschland bringt, wird in Frankfurt sogar mit einer legalen Adoption belohnt, entschied etwa 2019 das Oberlandesgericht Frankfurt. Als Krönung diente das laut Urteilsbegründung[190] dem Kindeswohl, weil das Kind ja nun schon mal da sei. Man nennt das auch Fakten schaffen, die einem dann in die Hände spielen. Die erste Instanz hatte noch zu Recht auf ein sittenwidriges Geschäft verwiesen, das Kind sei hier zu einem reinen Kaufobjekt degradiert worden. Lerne: Ihr müsst die Straftat einfach hinter die Grenze verlegen. Das OLG Frankfurt hat eine hübsche Einladung an den »Leihmutterschafts«-Tourismus ausgesprochen, was dann auch all die Schausteller der Reproduktionsmessen freuen kann, die ihre in Deutschland illegalen Dienste in Berlin und Köln jährlich anbieten.

Selbst das Auswärtige Amt leistet auf seiner Internetseite gerne Hilfestellung, wie man im Inland Elternrechte bekommt, wenn man Mietmutterschaft im Ausland nutzt, und verweist auf eine beispielhafte Entscheidung des Bundesgerichtshofes (BGH) aus dem Jahr 2014[191]. Demnach können »ausländische Gerichtsentscheidungen, die den Wunscheltern die rechtliche Elternschaft zuweisen, in Deutschland anerkannt werden«, jedenfalls dann, wenn ein Wunschelternteil mit dem Kind genetisch verwandt ist, die Leihmutter aber nicht. Der BGH hatte in dem Urteil sogar zwei Männern den Eintrag ins Geburtsregister genehmigt und dafür auf die Eintragung der nach deutschem Recht gültigen Mietmutter als Mutter verzichtet. Hier wurde eine Gerichtsentscheidung in Kalifornien und die dort gültige »Zuweisung der Elternstellung« höher gewertet als die deutsche Rechtslage. Auch in diesem Fall wird die Botschaft ausgesendet: Im Ausland Fakten zu schaffen, lohnt sich, und US-Recht sticht dann sogar deutsches Recht. Hier wurde ebenfalls argumentiert, dass es zum Nachteil des Kindes wäre, wenn man anders entscheiden würde, weil ein sogenanntes hinkendes Verwandtschaftsverhältnis entstünde. Das Kind bekommt also gar keine Mutter, weder die Mietmutter noch die Eimutter, weil das seinem Kindeswohl entspricht. Gut, dass wir das geklärt haben.

KANN MAN MENSCHENHANDEL VON DER STEUER ABSETZEN?

Manchen reicht noch nicht mal, dass sie Mietmutterschaft nutzen, sie wollen die Produktionskosten auch noch von der Steuer absetzen. Um den Ausgang dieses Verfahrens vor dem Obersten Finanzgerichtshof schon mal vorweg zu spoilern, nein, man kann es nicht von der Steuer absetzen. Eigentlich logisch, dass es nicht noch Steuererleichterungen geben kann, wenn deutsche Bundesbürger das deutsche Strafrecht umgehen, indem sie dafür ins Ausland ausweichen. Aber es gibt offenbar nichts, womit sich deutsche Gerichte nicht befassen müssen. Die Reproduktionsmedizin wird in den kommenden Jahren wahrscheinlich noch viel irrsinnigere Fälle vor die Richtertische treiben als den folgenden, bei dem sich ein Männerpaar die Kosten für die Mietmutter in den USA anschließend steuermindernd anrechnen lassen wollte. Das zeigt nicht nur ein gänzlich fehlendes Unrechtsbewusstsein bei den beiden, sondern eine unübersehbare Dreistigkeit. In diesem Fall hatte sich ein schwules Paar (erfolglos) bis in die Revision vor dem Bundesfinanzhof (BFH) geklagt, um die Kosten für die »Ersatzmutterschaft« in den USA als »außergewöhnliche Belastung« im Rahmen von »Krankheitskosten« steuerlich berücksichtigen zu lassen. Im Urteil[192] ist die konkrete Summe nicht benannt. Da wir auf dem US-Markt aber in der Regel von Kosten im sechsstelligen Bereich reden, muss es ein nicht unerheblicher Faktor gewesen sein.

Es ist bemerkenswert, dass nicht Menschenrechtsexperten, sondern der oberste Finanzgerichtshof des Landes daraufhin erklären musste, warum Menschenhandel nicht gesetzeskonform und somit auch nicht von der Steuer absetzbar ist, weshalb er das Ganze im August 2023 abschmetterte. Das Urteil ist in vielerlei Hinsicht bemerkenswert, listen hier doch Finanzexperten nüchtern nahezu alle Argumente auf, die nicht nur gegen eine Steuerrückerstattung für die Kosten einer Mietmutter sprechen, sondern gegen die gesamte illegale Praxis an sich.

Zum einen seien Krankheitskosten nur dann steuerlich absetzbar, wenn sich der Betroffene »aus rechtlichen, tatsächlichen oder sittlichen Gründen« diesen Kosten nicht entziehen kann und wenn diese »Aufwendungen den Umständen nach notwendig sind und einen angemessenen Betrag nicht übersteigen«. Schon an diesem Punkt ist eigentlich alles gesagt, das Begehen einer Straftat kann niemals »sittlich« sein. Ob die beiden einen »angemessenen« Betrag für das Kind bezahlt haben, wäre zudem eine spannende Frage für jeden Sklavenmarkt. Was ist ein Mensch in Geld wert? Sind rund 100.000 Euro zu teuer oder zu günstig?

Das Urteil schreibt weiter, es würden gleichzeitig nur Ausgaben berücksichtigt, die zum »Zweck der Heilung einer Krankheit« nötig sind oder um diese »erträglich« zu machen, also beispielsweise in der Schmerzbehandlung. Weiter heißt es, »die ungewollte Kinderlosigkeit der Kläger gründet nicht auf einem regelwidrigen Zustand eines oder beider Partner, sondern auf den biologischen Grenzen der Fortpflanzung.« *It's the biology, stupid*!

KINDER SIND KEIN »HEILMITTEL« FÜR DIE KRANKHEITEN ERWACHSENER

Es ist also keine Krankheit, wenn sich zwei homosexuelle Männer nicht gemeinsam fortpflanzen können, sondern schlicht eine biologische Unmöglichkeit. In Zeiten, in denen sich Menschen einbilden, sie könnten ihr biologisches Geschlecht durch Imagination und Unterschrift auf einem Stück Papier auf einem Standesamt verändern, kann man einem Gericht nur dankbar sein für jeden Hinweis auf naturwissenschaftliche Fakten.

Nun ist ungewollte Kinderlosigkeit durchaus als Krankheitsbild medizinisch erfasst, als Sterilität von Mann und Frau im Sinne einer Empfängnis- beziehungsweise Zeugungsunfähigkeit. So definiert es auch die WHO schon seit dem Jahr 1967 in ihrem Krankheitsbegriff. Das deutsche Gericht erteilte aber auch dieser Argumentationslinie für ein Krankheitsbild bei dem schwulen Paar eine Absage. Zumal einer der beiden Kläger ja sogar genetisch Vater des Kindes ist und damit seine Zeugungsfähigkeit recht deutlich unter Beweis stellte. Dass er seinen Ehemann damit nicht befruchten kann, ist keine Krankheit, sondern wieder diese Biologie, von der man so viel hört.

Einer der Männer argumentierte dann weiter mit einer »psychischen Erkrankung«, die sich aufgrund seines unerfüllten Kinderwunsches zu bilden begann und aus der er offenbar nur den Ausweg einer illegalen Mietmutterschaft sah, was ihm eine freundliche Psychologin auch mit Gutachten bescheinigte. Der Kläger wollte wohlgemerkt nicht die Kosten für seine Therapeutin von der Steuer absetzen, sondern die Kosten für die Produktion des Kindes, das seinen seelischen Schmerz der Kinderlosigkeit »heilen« sollte.

Man braucht genaugenommen weder medizinisches noch juristisches Vorwissen, um zu begreifen, dass ein Mensch, der krank ist, schon selbst und höchstpersönlich behandelt werden muss und nicht gesund wird, indem stellvertretend ein anderer Mensch, in diesem Fall die Mietmutter, medizinisch versorgt wird. Das sah auch das Gericht und legte gleich noch in einer Lehrstunde nach, dass Kinder keine »Objekte« und Frauen kein »medizinisches Hilfsmittel« seien und all das im Sinne der Menschenwürde von Kind und Mietmutter gleich gegen zwei Artikel des Grundgesetzes verstoße.

In wunderbarem Gerichtsdeutsch heißt es im Urteil: »Überdies ist die Vorstellung, die Reproduktion eines Kindes im Wege der Ersatzmutterschaft als medizinisch indizierte Heilbehandlung oder dieser gleichgestellte Maßnahme anzusehen, auch nicht mit dem Grundrecht des Kindes auf Unantastbarkeit der Menschenwürde (Art. 1 Abs. 1 und Abs. 3 des Grundgesetzes GG) vereinbar. Denn ein solches Verständnis würde das Kind zu einem bloßen Objekt herabwürdigen, das zur Linderung einer seelischen Krankheit des Klägers diente. Dies gilt gleichermaßen für die Ersatzmutter. Auch sie würde, sähe man die Reproduktion eines Kindes als Heilbehandlung, auf ein medizinisches Hilfsmittel reduziert.«

Aber es steht auch noch viel mehr juristische Klärung in diesem Urteil. Etwa, dass die Frage, ob man ein Kind bekommt, Teil der privaten Lebensgestaltung ist und etwaige Kosten für ein Kind nicht als Naturgewalt vom Himmel, sondern in die freiwillige Entscheidung für ein Kind fallen.

Dann stellt das Gericht in diesem Urteil auch noch klar, dass man nur legale Dinge von der Steuer absetzen kann, sie müssen »mit der innerstaatlichen Rechtsordnung in Einklang stehen«. Die beiden Herren hatten aber nun mit dem Einpflanzen einer befruchteten Eizelle in die Frau A, gespendet von einer Frau B gleich doppelt gegen Paragraf 1 Absatz 1 des deutschen Embryonenschutzgesetzes verstoßen und drittens auch noch gegen das grundsätzliche Verbot der »Leihmutterschaft« in Deutschland. Das sind gleich drei Rechtsbrüche auf einmal.

ABER IST ES NICHT DOCH DISKRIMINIERUNG?

Abschließend hat das Gericht explizit festgestellt, dass das Verbot der »Leihmutterschaft« nicht gegen das Diskriminierungsverbot nach Artikel 3, Absatz 3 Grundgesetz verstößt, weil es in dieser Angelegenheit nicht um die Ungleichbehandlung von homosexuellen und heterosexuellen Paaren geht (schließlich ist die Mietmutterschaft für alle gleichermaßen verboten), sondern um das Verbot einer medizinischen Behandlungsmethode. Es soll das Kind vor einer »Aufspaltung der Mutterschaft in eine genetische Mutter und eine austragende Mutter« und vor den »damit einhergehenden Konfliktlagen« bewahren. Der Artikel 6 im Grundgesetz schützt laut Urteil die Ehe und damit auch die homosexuelle Ehe, aber ebenso die kinderlose Ehe. Es gibt keine »Pflicht« des Staates, »die zeugungsbiologischen Grenzen« einer gleichgeschlechtlichen Ehe steuerlich auszugleichen.

Niemand hat also ein Recht auf ein Kind, schon gar nicht darauf, dass ihm die Produktion des Kindes mithilfe illegaler Methoden steuerlich nützt, weil ganz im Gegenteil diese Methode in Deutschland zu Recht illegal ist, Kinder keine Objekte und Frauen keine Hilfsprothesen für den unerfüllten Kinderwunsch Dritter sind. Schön, wenn das alles in einem einzigen Urteil zusammengefasst vorliegt. Jetzt muss das nur noch einer jenen Mitgliedern des Deutschen Bundestages erklären, die glauben, man könne sich gleich über mehrere Grundrechte hinwegsetzen, um nach der »Ehe für alle« ein frei erfundenes Recht auf »Kinder für alle« zu konstruieren.

EIN ELTERNZERTIFIKAT FÜR ALLE

Die juristischen Verwicklungen, aber auch Verschleierungstechniken rund um die Abstammung und Zugehörigkeit eines Kindes sind die logischen Folgen, wenn man einen Markt ermöglicht, gleichzeitig aber die unausweichlich daraus resultierenden chaotischen Konsequenzen ignoriert oder bewusst in Kauf nimmt. Kein Wunder also, wenn nicht wenige Juristen auch auf EU-Ebene nach international einheitlichen Regelungen und Standards rufen, um die Rechtsunsicherheiten für Besteller und das Kind selbst zu mindern. Immer wird dabei das Kindeswohl argumentativ herangezogen.

Gerade versucht sich die Brüsseler Bürokratie an genau so einem länderübergreifenden »Elternzertifikat«, das ganz nebenbei durch die Hintertüre auch »Leihmutterschaft« nicht nur salonfähig machen, sondern auch rechtlich absichern soll. Der Rechtsausschuss des EU-Parlamentes (JURI-Ausschuss) verabschiedete am 7. November 2023 eine Empfehlung[193], um ein sogenanntes einheitliches »Europäisches Elternschaftszertifikat« für alle Kinder in Europa auf den Weg zu bringen. Vordergründig argumentiert man mit Kinderrechten und der Rechtssicherheit für Kinder und einer Vereinfachung in der grenzüberschreitenden Anerkennung von amtlichen Personenstandsurkunden wie etwa Geburtsurkunden, falls man innerhalb der EU umziehen sollte.

Faktisch wird tatsächlich durch die Hintertüre versucht, die Anerkennung von Familienverhältnissen und speziell von Kindschaftsverhältnissen für alle EU-Mitgliedsstaaten einheitlich und automatisch verpflichtend zu machen, auch dann, wenn ein Land nach seiner nationalen Gesetzgebung solche Abstammungsurkunden nicht vorsieht oder sogar verbietet. Obwohl die Europäische Kommission behauptet, dass sich die Verordnung nicht mit »Leihmutterschaft« befasst, heißt es im Text ausdrücklich, dass »die Anerkennung der Elternschaft eines Kindes unabhängig davon, wie das Kind gezeugt oder geboren wurde – also auch von Kindern, die mit Hilfe der Reproduktionstechnologie gezeugt wurden –, und ungeachtet der Familienform des Kindes« erfolgen soll.

Was heißt das konkret? Dieser Gesetzesvorschlag würde faktisch auch jene Länder, in denen Mietmutterschaft verboten ist, zwingen, die dadurch entstandene Elternschaft in einem fremden Land anzuerkennen. Damit würde auch Deutschland gezwungen, illegale Praktiken wie Eizellspende und »Leihmutterschaft« zu billigen. Gleichzeitig steht zu befürchten, dass der Markt für Kinderhandel und die Ausbeutung von Frauen als Brutkästen fremder Kinder sogar in der ganzen EU dadurch angeheizt wird, weil rechtliche Hürden für die Besteller fallen.

WEM NUTZT DIESES ZERTIFIKAT, WER BRAUCHT ES WIRKLICH?

Sehr offen werden alle Praktiken aus dem Themenkomplex »reproduktive Gesundheit« miteinkalkuliert und alle denkbaren neuen Eltern-Kind-Zuordnungen eingeschlossen. Man weiß in Brüssel genau, was man tut. Genaugenommen sind diese neuen Konstellationen die Hauptzielgruppe des Gesetzesvorschlages, denn alle anderen brauchen gar kein Elternzertifikat. Bei Kindern, die ihre eigenen biologischen Eltern in ihrer Geburtsurkunde stehen haben, was für die überwältigende Mehrheit aller Kinder in der EU angenommen werden kann, ist auch die Anerkennung dieser Urkunde in einem anderen EU-Land völlig unkompliziert und eine Formsache. Erst wenn eine Konstruktion von Elternschaft amtlich bestätigt werden soll, die nicht der biologischen Realität entspricht, wird es kompliziert.

Beispiel: Sollte Deutschland die »Mit-Mutterschaft« legalisieren oder gar die von der FDP favorisierte Elternschaft von bis zu vier Personen, könnten sich diese vier in ein Elternzertifikat nach deutschem Recht eintragen lassen, und das wäre dann auch von allen anderen EU-Ländern so zu akzeptieren, die das in ihrer Rechtsprechung ablehnen. Umgekehrt müsste das beispielhafte Mietmutterschaftskind etwa aus Zypern mit diesem Zertifikat auch ohne Widerspruchsrecht oder Nachfragen in Deutschland anerkannt werden. Italien hat erst kürzlich aus seinem nationalen Mietmutterschaftsverbot ein sogenanntes Universalverbot gemacht, damit es Italienern nicht nur im Inland, sondern auch im Ausland verboten ist, Mietmutterschaft in Anspruch zu nehmen. Das ist ein vorbildlicher Ansatz, um den Mietmutterschaftstourismus einzudämmen. Mit einem Europäischen Elternzertifikat aus Brüssel müsste auch Italien klein beigeben und die konstruierte Elternschaft im eigenen Land dulden. Seine eigenen, nationalen Gesetze wären nur eine Farce.

Der zuständige EU-Justizkommissar Didier Reynders hat bereits doppelt bestätigt, dass dieser Verordnungsvorschlag zum Elternzertifikat mit der »Leihmutterschaft« zusammenhängt. In einer Antwort auf die Anfrage italienischer Abgeordneter[194] schrieb er am 5. Mai 2022:

»Die Kommission führt derzeit vorbereitende Arbeiten für eine Initiative zur Anerkennung der Elternschaft zwischen den Mitgliedsstaaten durch, die auch Fragen des internationalen Privatrechts in Bezug auf die Leihmutterschaft umfassen kann.« Er bestätigte auch am 9. Januar 2023 im Rechtsausschuss erneut, dass »der Vorschlag den Fall von Kindern, die aus einer Leihmutterschaft hervorgegangen sind, nicht ausschließt. Die Nichtberücksichtigung der Leihmutterschaft würde einen ausdrücklichen Ausschluss im Vorschlag erfordern, was dem Grundsatz der Nichtdiskriminierung zuwiderlaufen würde.«

EU-PARLAMENT ÖFFNET DIE TÜR ZUM MENSCHENHANDEL

Ganz nebenbei offenbart der EU-Justizkommissar hier übrigens die politische Strategie, mit der im Themenkomplex »Abstammungsrecht« demnächst alles juristisch glattgebügelt wird: der Grundsatz der Antidiskriminierung. Was man nicht offen legalisieren kann, erledigt man später mit dem Argument, dass man hier einzelne Fallkonstellationen ja nicht herausgreifen und verbieten könne, weil diese Menschen (in diesem Fall diese Kinder) sonst diskriminiert würden im Vergleich zu jenen Kindern, deren Urkunden automatisch überall gültig wären.

Am 14. Dezember 2023 verabschiedete das EU-Parlament trotz aller Bedenken diesen einschneidenden Eingriff in das Subsidiaritätsprinzip seiner Mitgliedsländer mit 366 Ja- und nur 145 Nein-Stimmen mit Mehrheit[195]. Jetzt liegt die Sache in den Händen des Europäischen Rates. Dieser müsste den Vorschlag einstimmig absegnen, damit er in der EU rechtsgültig wird. Zumindest Italien wird sicher nicht dafürstimmen, wenn es sich selbst nicht lächerlich machen will. Man muss es deutlich aussprechen: Sollte dieses Zertifikat in Kraft treten, ist die Frage, was wir in Deutschland noch für Gesetze zum Abstammungsrecht machen, zum Embryonenschutz, zur Eizellspende oder zur Mietmutterschaft völlig egal. Es wäre dann auch jedes deutsche Gerichtsurteil egal, weil man sich dann bis vor den Europäischen Gerichtshof für Menschenrechte (EGMR) hochklagen könnte, um sich seine gewünschte Geburtsurkunde im EU-Land seiner Wahl einzuklagen, und man würde das auch gewinnen. Elternschaft würde dann zentral und einheitlich in Brüssel geregelt, wobei jenes Land, das am liberalsten agiert und die progressivsten Gesetze macht, den Ton angibt. Wieder einmal ist Brüssel dabei, die nationale Souveränität seiner Mitgliedsstaaten absichtlich zu umgehen, indem man versucht, ihnen einen europäischen »Standard« aufzuzwingen.

In diesem Fall haben wir es aber mit besonderer Schizophrenie zu tun, denn gleichzeitig hat nur einen Monat zuvor der gemeinsame Ausschuss für Frauenrechte und Bürgerrechte desselben EU-Parlamentes im Oktober 2023 mit Mehrheit die Mietmutterschaft in die Liste der Verbrechen des Menschenhandels aufgenommen und sie damit auf eine Stufe mit Sklaverei, Zwangsheirat, illegaler Adoption und Ausbeutung von Kindern gestellt. In der verabschiedeten Resolution[196] heißt es, die »sexuelle Ausbeutung zu Leihmutterschafts- und Reproduktionszwecken (...) ist inakzeptabel und ein Verstoß gegen die Menschenwürde und die Menschenrechte«. Auch dieser Vorschlag muss nun gleichzeitig durch den Europäischen Rat. Wir dürfen gespannt sein, wie man sich auf EU-Ebene final entscheidet oder ob man gar völlig widersprüchlich Mietmutterschaft gleichzeitig verdammen und zertifizieren will. Man kann schließlich nicht einerseits die Menschenrechtsverletzungen bei Kindern und Frauen beklagen und gleichzeitig gesetzlicher Steigbügelhalter für jene sein, die diese Rechtsverletzungen begehen.

Bislang entschied der EGMR immer[197], dass solche ausländischen Geburtsurkunden nicht automatisch anerkannt werden müssen, jedenfalls solange es andere Möglichkeiten zur Legalisierung rechtlicher Elternschaft, wie etwa die nationalen Adoptionsverfahren, gibt. Gleichzeitig hat auch die höchste Rechtsprechung innerhalb der EU die eigenen Beschlüsse und Verurteilungen von Mietmutterschaft immer wieder inkonsequent konterkariert, indem sie in Musterfällen die Besteller-Eltern anerkannte und damit teilweise die Rechtslage in über 23 Mitgliedsstaaten ignorierte und für nichtig erklärte. Der EGMR befinde sich bereits auf einer Rutschbahn, fasst das European Center For Law & Justice[198] die bisherigen Urteile im Themenkomplex »künstliche Befruchtung« zusammen. Den Klägern ginge es zudem immer darum, die biologische Abstammung der Kinder zu verschleiern und die Person der Mietmutter völlig auszulöschen. Alle schaffen zuerst Tatsachen, während das Recht der Kinder auf Wissen um ihre Abstammung mit Füßen getreten wird. Immer wird gefordert, nationales Recht durch europäische Rechtsprechung zu überstimmen. In vielen Fällen haben die Kläger am Ende bekommen, was sie wollten.

DAS KINDESWOHL ALS »SESAM ÖFFNE DICH«

Nicht zuletzt landet die Argumentation vor jeder Richterbank und in jeder Debatte am Ende immer bei der Frage des Kindeswohles. Das Kind soll nicht elternlos und auch nicht staatenlos sein. Es ginge um die Rechtssicherheit für die Kinder, denn »die Kinder können schließlich nichts dafür«. Mit demselben Argument fordert man Anerkennung aller künstlichen Befruchtungsmethoden, aber auch staatliche Hilfe, um Babys mit Pässen auszustatten und aus dem Kriegsgebiet von Kiew zu holen. Das Kindeswohl ist das gern genutzte »Sesam öffne dich« zur nachträglichen Legitimierung im Ausland begangener Straftaten. Ja, die Kinder können nichts dafür, ihre Besteller aber schon und mit solchen Urteilen schaffen sogar Oberste Gerichtshöfe gerade erst die Voraussetzung, dass immer mehr Fälle von Kindeswohlverletzungen entstehen. Fakten schaffen und zeitlich durchhalten lohnt sich auch hier.

Die Frage nach den Rechten des Kindes und welche dieser Rechte in welcher Güterabwägung verwirklicht werden müssen, sind ungelöster denn je. Was entspricht nun dem Kindeswohl eher: dass wir verhindern, dass Kinder wie Besitztümer gehandelt werden, oder dass wir den gehandelten Objekten einen deutschen Pass geben und ihre Auftraggeber mit einer legalen Elternschaft belohnen, anstatt sie für eine Straftat zu verurteilen?

Um genau diese rechtlich chaotischen Zustände weltweit zu vereinheitlichen, rufen nicht wenige inzwischen auch bei Mietmutterschaft nach internationalen Standards. Bei der *Hague Conference on Private International Law* (HCCH) hat eine Expertengruppe bereits eine ausführliche Analyse[199] verfasst, wie man nicht nur in Europa, sondern weltweit das Mietmutterschaftsgeschäft regeln könnte. Es ist dasselbe Institut, das die bis heute weltweit anerkannten Standards zu grenzüberschreitenden Adoptionen von Kindern in den 1990er-Jahren verfasste und damit stark zur Eindämmung illegaler Adoptionen beigetragen hat. Die Mietmutterschaftsstandards sollen bis Ende 2024 als Vorschlag auf dem Tisch liegen.

Was hier auf den ersten Blick ehrenhaft und gut gemeint aussieht, entpuppt sich aber auf den zweiten Blick aus mehreren Gründen als vergiftete Lösung. Zum einen würde hier wieder ein internationales Regelwerk geschaffen, das nationale Gesetzgebung einfach übergeht, die Souveränität der einzelnen Nationalstaaten wäre erneut ausgehebelt, und das bei einem ethisch hochbrisanten Thema.

Der zweite Grund ist aber noch deutlich brisanter: Jede Regelung von Mietmutterschaft wäre gleichzeitig ein Blankoscheck, eine Anerkennung und Duldung einer Praxis, die immer Frauen- und Kinderrechte ignoriert. Man kann es nur immer wiederholen: Es gibt nicht Menschenrechte light und auch keine kleinen Menschenrechte für kleine Menschen. Sich internationalen Standards tonangebender Staaten anzupassen heißt immer, die progressivsten Länder als Maßstab anzuerkennen und damit alle Bedenken beiseitezuwischen. Man landet damit auch schnell mal auf der falschen Seite der Geschichte. Es gab Zeiten, da fanden nicht wenige Vertreter der aufgeklärten Menschheit Sklaverei und Menschenhandel völlig akzeptabel. Wo stünden wir heute, hätte man das damals als »internationalen Standard« anerkannt, anstatt es klar und deutlich zu verdammen?

KINDERHANDEL KANN MAN NICHT GESTALTEN, MAN MUSS IHN VERBIETEN

Selbst Fachleute kritisieren, dass die Vorschläge der HCCH vor allem die Rechtssituation zwischen den Bestellern und ihren Heimatländern klären und die Rechte der Besteller stärken, aber nicht die Rechtssituation der dafür benutzten Frauen. Es wäre auch eine Anerkennung der Verträge, die das Kind als Objekt und gerade nicht als Mensch betrachten. Um Missbrauch weltweit zu verhindern, bräuchte es zudem weltweit zuverlässig agierende, zentrale Gendatenbanken für Eizell-, Samenzellen und Embryonenspenden, in die auch alle Schurkenstaaten ihre Daten melden. Es bräuchte zudem eine kostenlose Rechtsvertretung für Mietmütter weltweit, damit sie ihre Rechte bei Agenturen oder Bestellern auch über Grenzen hinweg einklagen können. Selbst mit sehr viel gutem Willen gedacht ist es illusorisch zu glauben, man könne jemals dieses schmutzige Geschäft mit »ethischen Standards« reinwaschen. Zumal die offensichtliche Verquickung von Menschenhandel, Prostitution und Organhandel ebenfalls nicht beseitigt, sondern sogar unterstützt wird, man muss nur geschickt den Deckmantel der Legalität ausnutzen.

2021 versuchte auch die *Organisation International Social Service* (ISS), mit den sogenannten *Verona Principles* einen Regulierungsvorschlag[200] mit mehr Frauenrechten und vor allem mehr Kinderrechten vorzulegen. Sie arbeiteten dabei mit Experten von UNICEF und HCCH zusammen und betonten rechtlich saubere und altruistische Vereinbarungen. Auch dieser Versuch wurde sofort von anderen Experten, internationalen Initiativen wie der *International Coalition for the Abolition of Surrogate Motherhood Association*[201] (ICASM) oder auch feministischen Zusammenschlüssen wie *FiLiA*[202] (*Women's Liberation Movement*) kritisiert. Widerstand kommt auch von Initiativen wie *Stoppt Leihmutterschaft* in Österreich.[203]

Sowohl die *Verona Principles* als auch die Expertengruppe aus Den Haag verbleiben in der Erwachsenenperspektive und diskutieren nur die Gestaltung eines nicht-existenten Rechtes auf ein Kind. Bei allen Überlegungen fehlt nämlich das Einverständnis einer wesentlichen Person: des Kindes. Nahezu in allen Debatten wird das Kind wie auf einem Schachbrett hin und her geschoben, aber nicht gefragt. Sein Einverständnis wird immer stillschweigend vorausgesetzt. Kinderhandel wird aber nicht besser, weil wir ihm jetzt garantiert einen Pass aufs Kopfkissen legen wollen und einen Registerauszug mit dem Klarnamen seines Samenspenders, seiner Eimutter und seiner Bauchmutter.

Die internationale Gemeinschaft erkennt zunehmend, dass es nicht regelbar ist, sondern verboten gehört. Nicht umsonst haben bislang alle ehemaligen Hochburgen der Mietmutterschaft im asiatischen Raum, aber auch in Lateinamerika nach bitteren schlechten Erfahrungen diese Praxis weitestgehend wieder verboten, selbst Georgien zieht die Notbremse. Der Ruf nach Verbot statt Regulierung vereint Länder auf verschiedenen Kontinenten, Frauen aus allen politischen Lagern von links bis rechts, säkulare und christliche Initiativen und auch Vertreter verschiedenster Berufsgruppen von Juristen bis Fachärzten. Italien hat erst 2023 Mietmutterschaft auch fürs Ausland verboten, Litauen[204] bereits 2020 eine Resolution zur Ächtung aller Formen von Mietmutterschaft verabschiedet. Das ist ein absolut nachahmenswertes Schriftstück, das sich gegen jeden Regulierungsversuch, aber auch internationale Standards wehrt, die nationale Gesetze überfahren, und alle Möglichmacher dieses Geschäftes unter empfindliche Strafen stellt. Deutschland mutet wie ein Geisterfahrer an, der trotz aller Warnschilder dennoch an einer Legalisierung arbeitet.

Mit der *Casablanca Declaration*[205] haben im März 2023 nun 100 internationale Fachleute aus 75 Ländern eine gemeinsame Erklärung vorgelegt, die Mietmutterschaft in all ihren Varianten weltweit und universal verurteilt und die Weltgemeinschaft dazu auffordert, ein internationales Übereinkommen zur weltweiten Abschaffung der Mietmutterschaft voranzutreiben. Man hat zusätzlich Vorschläge für Maßnahmen erarbeitet, um die Praxis vor Ort zu bekämpfen, und bereits einen Formulierungsvorschlag für solch ein Abkommen geliefert. Der Text ist kurz und prägnant gefasst, ohne seitenweise juristische Abhandlungen. Für ein klares Nein zu Kinderhandel braucht es nicht viele Worte, sondern nur die Entschlossenheit jener, die Kinder- und Menschenrechte sonst immer gerne sehr hoch vor sich hertragen.

Kapitel 10

BLUT IST DICKER ALS WASSER

Warum die Mutter eben nicht egal ist

»Aber mich würdest du doch nicht weggeben, oder?« ist der vielleicht schrecklichste Satz aus dem Tagebuch einer Leihmutter[206], ausgesprochen von ihrer eigenen kleinen Tochter, die im Bauch ihrer Mutter Zwillinge heranwachsen sieht. Diese Babys sollen aber gar nicht hier zu Hause bleiben. Man hat ihr gesagt, die Kinder seien für ihren Onkel und die Tante. Sie versucht zu begreifen, was hier vor sich geht, und stellt ihre ganz eigenen, kindlichen Überlegungen an. Wie sicher kann sie sich ihrer eigenen Mutter noch sein, wenn diese bereit ist, jedenfalls diese beiden Geschwister jemand anderem zu geben? Natürlich betrachtet ein Kind diese Babys als seine Geschwister – sie wachsen doch im selben Bauch, in dem es auch einmal lag.

Aber mich würdest du doch nicht weggeben, oder? Wie viele Kinder sprechen so eine Frage aus? Wie viele stellen sie nicht, aus Angst vor der Antwort? Droht etwa Gefahr, aus dem Nest geschubst zu werden? Es rührt an existenziellen Ängsten eines Kindes, sich seiner Mutter und seines Vaters nicht sicher zu sein. Es ist die Erschütterung eines Urvertrauens, das Infragestellen einer Selbstverständlichkeit. Wie wir wissen, nutzt man ganz bewusst fast ausschließlich Frauen, die bereits Kinder haben. Es ist also die Regel, nicht die Ausnahme, dass es beteiligte Geschwisterkinder gibt.

»Wir brauchen das Geld nicht, können wir nicht einfach meinen Bruder behalten?« Das wiederum sind die Worte eines Siebenjährigen[207], sein hilfloser Versuch, zu intervenieren, während er dabeisitzt, als die Erwachsenen über den Fortgang der Schwangerschaft seiner Mutter diskutieren, die ein Kind für Fremde austrägt und dafür Geld bekommt. Für ihn ist das ein Bruder, den man ihm nimmt, den er nicht lieben darf und auch nicht soll, weil er anderen »gehört«. Dass es hier um Geld geht, kann er auch mit seinen erst sieben Jahren sehr klar verstehen. Der Junge wird zitiert in der Zusammenfassung einer akademischen Tagung zum Themenkomplex »grenzüberschreitende Adoption und globale Mietmutterschaft«. Man versucht, die bereits bestehenden Erkenntnisse aus Adoptionen auf das neue Phänomen der Mietmutterschaft anzuwenden. Gravierend ist vor allem die Problematik abgeschnittener Biografien, die nicht zurückverfolgt werden können, weil keine Daten vorhanden sind oder bewusst verschleiert werden, aber auch die Auswirkungen auf das gesamte soziale und innerfamiliäre Geflecht der Mietmütter selbst. Viele müssen teilweise monatelang von zu Hause weg und dafür ihre eigenen Kinder zurücklassen. Diese Kinder bekommen aber auch mit, womit Mama ihr Geld verdient, dass sie Kinder austrägt, die sie nicht behält, sondern weggibt.

WAR ICH NICHT GUT GENUG?

Die emotionale Abspaltung von jenem Kind, das sie neun Monate im eigenen Körper spürt, die man von diesen Frauen erwartet, verlangt man in Wahrheit auch den potenziellen Geschwistern ab. Wir haben als Gesellschaft keine Ahnung, was es mit den inzwischen Tausenden Kindern macht, die ihren Müttern dabei zusehen, wie sie Kinder gebären und gegen Geld verkaufen.

Mietmutterschaft betrifft nicht nur die schwangere Frau und das in ihr wachsende Kind, sondern auch ein ganzes soziales Gefüge aus Geschwisterkindern, Ehemännern, Großeltern, Freundeskreisen, die das alles miterleben, betrachten, verinnerlichen und sehr unterschiedliche Konsequenzen daraus ziehen. Osteuropäische Mietmütter verbergen nicht selten die Mietmutterschaft vor ihren eigenen Kindern, wie etwa Nina der Presse erzählt. Sie ist 38, hat zwei Kinder und einen arbeitsunfähigen Mann nach einem Herzinfarkt. Nirgendwo sonst können sie so viel Geld verdienen, erzählen sie und ihre Kolleginnen[208]. Ihre Kinder sollen aber nichts wissen: »Sobald der Bauch zu groß wird, verschwinden wir«, sagt Nina. »Für meine Kinder bin ich in Polen und arbeite.« Ist es Scham oder sicherer Mutterinstinkt, um ihre Kinder vor fatalen Gedanken zu beschützen?

Welche Fragen beschäftigen das verkaufte Kind, wenn es das erste Mal in der Lage ist, zu begreifen, wie es gezeugt wurde und dass die eigene Mutter auch andere Kinder hat, die bei ihr leben? Kinder, die bleiben durften.

Wenn das eine Kind verunsichert die Mutter fragt, ob sie es wohl behalten wird – schließlich verkauft sie das nächste gerade weiter –, ist es dann abwegig, im Namen des weitergereichten Kindes stellvertretend dieselbe Mutter zu fragen: »Wieso hast du die anderen behalten und mich nicht? War ich nicht gut genug? Nicht liebenswert genug, nicht perfekt genug, nicht wert, behalten zu werden?« Auch das wird möglicherweise eine nie gestellte Frage bleiben, nur ein stiller, nagender Zweifel, der tief in eine Kinderseele greift.

Mietmutterschaft ist ein tausendfach durchgeführtes Menschenexperiment am lebenden Objekt. Wir wissen nicht einmal ansatzweise, wie sich das auf diese Kinder auswirken wird. Dass sie von Geburt an mit gesundheitlichen Risiken belastet werden, ist sicher. Die psychischen Auswirkungen hingegen werden nicht erfasst, nicht in Studien festgehalten. Es hat niemand ein Interesse an den Antworten. Nicht selten verbergen die Besteller-Eltern nicht nur vor ihrem sozialen und familiären Umfeld die Zeugungsart ihres Kindes, sondern auch vor den Kindern selbst. Nur wenige von ihnen sind inzwischen erwachsen und in der Lage, über sich und ihre Situation öffentlich zu reden.

»ICH HABE EIN PREISSCHILD«

Eines von ihnen ist die Amerikanerin Olivia Maurel. Sie erfuhr erst mit 32 Jahren durch einen DNA-Test, dass sie durch Mietmutterschaft ausgetragen worden ist, und kämpft seither als betroffenes »Leihmutterkind« gegen die weitere Ausbreitung dieser Praxis an. »Auf einmal war alles legitim, was ich schon immer gefühlt habe, mein tiefes Unbehagen, meine Fragen, auf die es keine Antworten gab«, beschreibt sie den Moment der Wahrheit. Die Gewissheit brachte aber nicht nur Erleichterung, sondern auch einen ganz neuen Schmerz: »Ich hielt den Beweis in den Händen, dass ich ein Produkt war, dass man mich verkauft und gekauft hatte. Und das schmerzt.« Sie erzählt ihre Geschichte heute auch deswegen öffentlich, um zu zeigen, was es mit Kindern wie ihr gemacht hat.

In einer Rede vor dem tschechischen Parlament[209] im November 2023 zeichnete sie ihren Lebensweg nach. Sie habe sehr erfolgreiche Eltern gehabt, die auf dem Höhepunkt ihrer Karriere standen, das Geld sei in Strömen geflossen, die »Frau, die meine Mutter werden sollte«, habe darüber wohl ihre biologische Uhr vergessen. Es gab schon einen Sohn aus einer früheren Beziehung, mit dem neuen, zehn Jahre jüngeren Mann wollte die 48-Jährige aber dann unbedingt noch ein Kind. Der Vater wollte auf jeden Fall ein genetisch eigenes Kind, Adoption sei für ihn nicht infrage gekommen. Im zweiten Anlauf fand sich eine »Leihmutter, die auch meine biologische Mutter ist«, sagte Maurel, wobei für sie immer jene Frau die Mutter sei, in deren Bauch ein Kind heranwächst und die es auf die Welt bringt.

Sie kritisierte die Märchen der Agenturen, dass man sorgfältig auswähle mit psychologischen Tests, wen man da zum Austragen fremder Kinder engagiere. Der Fall ihrer »Leihmutter« liest sich wie ein Lehrbuchbeispiel der Verantwortungslosigkeit: Man nahm eine psychisch labile Frau, die gerade erst eines ihrer Kinder durch einen tragischen Unfall verloren hatte und dadurch depressiv war. Dazu war sie hoch verschuldet, sie brauchte das Geld dringend, um den Ehemann und weitere Kinder zu versorgen. Olivia Maurel weiß heute, dass sie nach der Geburt kein einziges Mal in die Arme ihrer biologischen Mutter gelegt wurde. Bereits als Baby habe sich bei ihr dieses Trauma des Verlassenwerdens massiv gezeigt. Sie wurde hysterisch, wenn man sie allein ließ, konnte nie auch nur bei Freunden übernachten, hatte Schwierigkeiten, Freunde zu finden, Bindung aufzubauen, eine ständige Angst, noch einmal verlassen zu werden. Sie geriet an Alkohol und Drogen und unternahm mehrere Selbstmordversuche. Sie berichtete auch, wie sich dieses Trauma des Verlassenwerdens und der Zurückweisung bei ihren eigenen Kindern wie in einer Vererbung zu wiederholen scheint. Bei ihr selbst sei in der Zwischenzeit eine bipolare Störung diagnostiziert worden, die sie möglicherweise ebenfalls bereits von ihrer biologischen Mutter mit auf den Weg bekommen habe.

Sie beklagte auch, dass alle medizinischen Daten zu ihrer Herkunft vor ihr versteckt worden seien. Sie habe keine medizinische Akte, keine Familienanamnese zu Erbkrankheiten. Selbst als der DNA-Test Gewissheit gab, leugneten es ihre Eltern zuerst immer noch. »Deine Mutter liebt dich wie eine Puppe, aber nicht wie ein Kind«, habe eine Freundin einmal zu ihr gesagt. Sie selbst vermutet, dass ihre Mutter sehr damit haderte, nicht biologisch ihre Mutter zu sein. Sie fand nach mühsamen Recherchen einen Onkel, eine Cousine, dann ihre Mutter. Ihren Eltern werfe sie heute nichts vor, sie liebe sie, sie beschuldige aber das System der Legalisierung: »Meine Eltern haben etwas genutzt, was man ihnen auf dem Silbertablett als Option angeboten hat.« Als Betroffene formulierte sie, es gäbe keine »gute Leihmutterschaft«[210], es sei eine Monstrosität und ein Riesengeschäft: »Ich habe ein Preisschild.«

HAUPTSACHE, DAS KIND WIRD GELIEBT?

»Alle glücklichen Familien sind einander ähnlich, jede unglückliche Familie ist unglücklich auf ihre Weise«, beschreibt Leo Tolstoi die gesellschaftliche Ausgangslage in seinem epochalen Werk *Anna Karenina*. Überträgt man das auf das Prinzip des fremden Brutkastens, so sind alle glücklichen Kinder gleich, sie konnten sich ihrer Familie immer sicher sein. Alle anderen suchen manchmal ein Leben lang, jedes auf seine Weise, nach Antworten, die sie nie bekommen. Wurzeln und Flügel brauche ein Kind, so formulierte es Johann Wolfgang von Goethe. Doch kann ein Kind Flügel bekommen, wenn wir ihm seine Wurzeln gekappt haben? Wurzeln und Flügel stehen für Vergangenheit und Zukunft, aber auch für eine Linie, eine Kette aus Gliedern, die beides verbindet. Wurzeln, das sind der Stammbaum, die Ahnengalerie, die Blutslinie. Ganz schön viel Biologie ist hier im Spiel, denn Verwandtschaft wird seit Menschengedenken eben nicht mit Verträgen geregelt, sondern mit Blut, das bekanntlich dicker ist als Wasser.

Die modernen blutleeren Verwandtschaftskonstruktionen der neuen Familien-Happening-Gesellschaft, die ihre Wahlverwandtschaft mit autonomen Verträgen, amtlichen Urkunden, Siegeln und Stempeln definiert, haben alle eines gemeinsam: Sie nehmen in aller Regel nur die Perspektive der beteiligten Erwachsenen ein. Die Kinder werden als Verfügungsmasse den jeweiligen Interessen, Wünschen und Besitzansprüchen von Erwachsenen zugeordnet. Wie aber soll ein Kind »flügge werden« und mit sicheren Beinen aus dem Nest des Elternhauses als eigenständiges Individuum ausziehen ins Abenteuer Leben, wenn es seine Identität im selben Elternhaus vielleicht nie sicher finden konnte? Wer nicht weiß, woher er kommt, kann nicht entscheiden, wohin er soll.

Während nun alle Welt von Kinderrechten, Kindeswohl und Kinderglück redet, wird tatsächlich die Kinderperspektive im Fall der Mietmutterschaft völlig ignoriert. Erwachsene definieren hier den

Glücksanspruch von Kindern. Gerne wird dabei das Argument angeführt, es sei egal, wo und bei wem ein Kind groß werde, Hauptsache, es werde geliebt. Mit Verlaub, »Hauptsache, das Kind wird geliebt« ist ein egoistischer Erwachsenensatz, der für all jene, die nach ihren genetischen Eltern suchen, ein Schlag ins Gesicht bedeutet. Es ist die Anmaßung zugeteilter Gefühle, deren bedingungslose Erwiderung gleich miteingefordert wird. Frag nicht, sei nicht undankbar, stell dich nicht so an, schließlich wirst du doch geliebt. Reicht das denn nicht? Nein, es reicht offenbar nicht. Jedenfalls nicht all jenen Samenspenderkindern und Adoptionskindern, die teilweise jahrzehntelang nach ihren biologischen Eltern suchen. In den kommenden Jahrzehnten werden »Eizellkinder« und »Bauchkinder« dazukommen.

»Hauptsache, das Kind wird geliebt« ist Wunschdenken jener, die Kindern ohne Not zumuten, abseits ihrer echten Eltern groß zu werden in der Hoffnung, dass es gut geht und niemals zum Problem wird. Es ist auch das, was sich jene Eltern gerne selbst einreden, die ihren Kindern verheimlichen, dass sie durch Samenspende, durch Adoption oder durch Mietmutterschaft auf die Welt kamen. Und das sind viele.

ICH SPÜRE DAS, WAS IHR NICHT SAGT

Die Erfahrungen der Samenspenderkinder und Adoptionskinder weltweit bestätigen die emotionalen Risiken der Mietmutterschaft. *Ich spüre das, was ihr nicht sagt* ist nicht nur der Buchtitel der Autorin Susanne Panter[211], die als Herkunftsberaterin und Mediatorin seit Jahrzehnten Familiengeheimnissen nachforscht und totgeschwiegene Verwandte wiederfindet, sondern auch eine exemplarische Zusammenfassung der Erfahrung jener Kinder, die über ihre Herkunft im Dunkeln gelassen werden. Sie spüren das, was ihr Umfeld nicht ausspricht. Sie berichtet auch von den Skrupeln vieler Kinder, »Kuckuckskinder«, aber auch Samenspenderkinder, von der Angst, sich selbst und auch die Eltern mit den Antworten zu konfrontieren. Manchmal dauere es Jahrzehnte, den Mut zu fassen, Fragen zu stellen. Dürfen sie über ihren Schmerz sprechen, oder brüskieren sie damit ihre »Du hattest es doch gut bei uns«-Eltern?

Wollte man ein Fazit zum gesamten Themenkomplex der Reproduktionsmedizin ziehen, dann wäre eines davon auch, dass Transparenz zur Frage ihrer Herkunft und ihrer Zeugung das Mindeste wäre, was alle Erziehungsberechtigten ihren Kindern schulden, die sie durch alle erdenklichen Methoden der Reproduktionsmedizin herstellen lassen.

Wissen um die eigene Herkunft löst zwar nicht jeden Schmerz, liest man sich allerdings durch die Erfahrungsberichte von Adoptivkindern und Samenspenderkindern, so wiederholen sich dieselben Verläufe und Gefühlswelten bei nahezu allen: dass endlich innere Ruhe einkehren konnte, nachdem sie jene Wahrheit bestätigt bekamen, die sehr viele innerlich ihr ganzes Leben gespürt hatten, aber nicht benennen konnten, weil man sie vor ihnen verschwiegen hatte. Es konnte Ruhe einkehren, wenn sie die Mutter, den Vater oder wenigstens einen Onkel oder Halbgeschwister finden konnten. Endlich die Wahrheit zu wissen, bedeutete, endlich das Puzzle zusammensetzen zu können, weil die fehlenden Teile nun da waren, um das Bild von sich selbst zu vervollständigen.

Eine deutsch-japanische Studie aus dem Jahr 2023[212] bestätigte mehrere Gemeinsamkeiten aller Samenspenderkinder in Deutschland: Sie wurden in der Regel erst im Erwachsenenalter über ihre wahre Identität aufgeklärt. Für die meisten war es ein Schock, 36 Prozent hatten vorher bereits Verdacht geschöpft, die Hälfte etwa entwickelte Wut, Misstrauen und Enttäuschung gegenüber ihren Müttern, nachdem sie die Wahrheit erfahren hatten. Ein Drittel gab an, immer eine zwar gute, aber irgendwie »kalte« und »distanzierte« Bindung zum vermeintlich echten Vater gehabt zu haben. Die meisten waren froh, die intuitiv gefühlte Verschiedenheit zum nicht biologischen Vater endlich einordnen zu können. Die Abschaffung der Anonymität bei Samenspende trägt übrigens immer zum Rückgang der Spenderbereitschaft bei Männern bei. Das bestätigte sich nicht nur in Deutschland, sondern auch in England, wo die anonyme Spende[213] 2005 abgeschafft wurde. Die USA und Dänemark sind seither weltweite anonyme Samenlieferanten.

DAS »EIGEN FLEISCH UND BLUT«

Der Mensch sucht instinktiv nach Ähnlichkeiten in Aussehen, Charakter oder Fähigkeiten bei seinen Eltern. Es sind Anknüpfungspunkte, an denen wir uns festhalten. Wie viele Eltern hört man stolz den Satz sagen »Das hat er von mir!«? Wir wollen als Eltern auch, dass unsere Kinder uns ähnlich sind. Wie viele Väter fragen sich misstrauisch: »Ist das Kind von mir?«, wenn sie so gar keine Gemeinsamkeit mit ihren Kindern erkennen können? Spüren sie auch das, was ihre Frauen nicht sagen? Die eigene Blutlinie ist in Wahrheit auch der Goldstandard sowohl der Reproduktionsmedizin als auch speziell der Mietmutterschaft.

Auch jene, die nahezu schizophren und theoretisch darüber sinnieren, dass es doch ganz egal sei, wo ein Kind herkomme, wollen in Wahrheit »ihr eigenes Fleisch und Blut« zeugen. Man lässt die eigenen Samenzellen und wenn möglich die eigenen Eizellen ausbrüten und greift erst dann auf fremde DNA zurück, wenn eigene nicht funktioniert oder nicht zur Verfügung steht wie bei gleichgeschlechtlichen Paaren. »Ich will doch nicht irgendein Kind, ich will mein Kind«, erwiderte ein schwuler Vater entrüstet auf meine Frage, warum er nicht ein Kind zur Pflege nehme oder eines adoptiere, statt Mietmutterschaft zu nutzen. Auch der schwule Mann will seine Gene streuen und einen Stammhalter. Es mutet wie eine neue Form der Frauenfeindlichkeit an, die eigene Blutsverwandtschaft hochzuhalten, während man im selben Atemzug die Blutsverwandtschaft der Mutter zum selben Kind zu einem irrelevanten Faktor degradiert.

Was, wenn im Kontext der Mietmutterschaftsindustrie nun das Kind kommt und beansprucht: »Ich will nicht irgendwelche Eltern, sondern meine«?

Zumindest den über 100.000 Samenspenderkindern, die es inzwischen in Deutschland gibt, verschaffte der Bundesgerichtshof im Jahr 2015 endlich das Recht, Auskunft zu bekommen, wer ihr Vater ist[214]. Seither ist anonyme Samenspende in Deutschland nicht mehr erlaubt, das Ausweichen auf ausländische Samenbanken jedoch weiterhin nicht verboten. Für viele dieser Kinder kam dieses Gerichtsurteil viel zu spät. Der Verein Spenderkinder bringt dafür Betroffene zusammen, um in DNA-Datenbanken nach Halbgeschwistern zu suchen. Inzwischen hat man den Suchkreis ausgeweitet auf Kinder aus Eizellspende, Embryonenadoption und »Leihmutterschaft«. Viele Betroffene kritisieren scharf, dass sich die Frage der Samenspende und auch die Beratung immer nur auf die Eltern konzentriert habe, aber nie auf die dadurch entstandenen Kinder. Das Kind sieht man bis heute nur als Erfüllungsgehilfen für elterliches Glück.

TRAUMA AUF BESTELLUNG

Die Bindung zur Mutter ist die erste Bindung, die jeder Mensch in seinem Leben hat. Mutter und Kind bilden eine Symbiose für neun Monate. Wir hängen nicht nur sprichwörtlich, sondern auch tatsächlich an der Nabelschnur der Mutter, die uns das Leben überhaupt ermöglicht. Der Brutkasten spricht, lacht und weint.

Wir wissen heute sehr viel über die vorgeburtliche Wahrnehmung eines Kindes. Es nimmt nicht nur den Stress oder die Freude seiner Mutter auf, sondern horcht bereits nach draußen und nimmt Sprache und Stimmen seines Kulturraumes, aber auch seiner Familie wahr, noch bevor es die Trennwand zur realen Welt überwindet. Im Mutterleib synchronisiert sich der Herzschlag des Kindes immer wieder mit dem der Mutter. Er erhöht sich zudem, wenn sich die Mutter anstrengt.[215] Neugeborene können nach der Geburt den Herzschlag ihrer eigenen Mutter unter vielen ganz genau identifizieren. Das ist kein Wunder, denn es ist der Soundtrack ihres ganzen bisherigen Lebens. Das Hintergrundrauschen, das sie begleitet, seit sie ein Bewusstsein entwickelt haben.

Man empfiehlt heute jungen Müttern, das Kind nach der Geburt sofort auf die eigene nackte Haut und an die eigene Brust zu legen. Es beruhigt die meisten Neugeborenen sofort. Sie hören den Herzschlag, der Schock von Kälte, Licht und Luft wird abgefedert durch die einzige vertraute Konstante: die Mutter. Man empfiehlt auch, das Kind möglichst sofort zum Stillen anzulegen. Stillen ist dabei mehr als Nahrung, es ist ein Andocken an die Mutter, ein Beruhigen, ein »Still-Machen«. Die erste Milch der Mutter (Kolostrum) hat eine ganz besondere Zusammensetzung. Sie ist besonders nahrhaft und genau auf ihr Kind abgestimmt[216]. Das heißt, die Mutter eines Frühchens entwickelt eine andere Milch als die eines voll ausgetragenen Kindes. Mütter in Europa entwickeln eine andere Milch als Frauen in Afrika, weil die Zusammensetzung des Kolostrums, das sehr dickflüssig ist und in nur sehr geringen Mengen produziert wird, die spezifischen Bedürfnisse, den jeweiligen Entwicklungsstand des Neugeborenen, genetische Faktoren, Umweltfaktoren und den mütterlichen Infektionsstatus berücksichtigt. Vor allem aber boostert diese Milch die Immunabwehr des Neugeborenen, schützt es vor Infektionen, vor Neugeborenen-Gelbsucht, verschafft ihm die nötigen Proteine und bereitet seinen Darm auf die neue Nahrungsaufnahme außerhalb des Mutterleibes vor. Mit anderen Worten, die Symbiose von Mutter und Kind setzt sich nach der Geburt fort. Der Körper der Frau ist dazu fähig und auch dazu bestimmt, dies Kind noch eine ganze Weile mit Nahrung zu versorgen. Das bindet Mutter und Kind aneinander und hält das Kind am Leben. Es ist nahezu ein Verbrechen, dem Kind all das vorzuenthalten.

Mietmutterkinder werden nicht gestillt, sondern aus ihrer Perspektive unmittelbar nach der Geburt völlig fremden Menschen überreicht. In der Regel sofort. Es gibt Agenturen, die das vertraglich garantieren, wofür man das Anwesenheitsrecht im Kreißsaal ebenfalls vertraglich regelt. Viele Mietmütter sehen das Kind nie, häufig werden Kaiserschnitte geplant und oft sowieso gemacht, weil die Kinder zu früh kommen. Es folgen die Trennung von der Mutter und Flaschennahrung. Man unterbricht so ziemlich alle Faktoren eines normalen Geburtsprozesses. Aber klar, den Kindern ist das egal, sie finden das toll, egal auf welcher Brust zu liegen, egal in welchen Kulturraum verschafft zu werden und egal welche Nahrung egal von wem zu bekommen. Das Kind freut sich. Man kann das fast nur mit Zynismus ertragen.

Die Trennung von der Mutter ist damit der erste massive Stress, den ein Kind im Leben erfahren kann. Kind auf Bestellung heißt auch Trennungstrauma auf Bestellung. In der Praxis der »Leihmutterschaft« ist es kein tragisches Schicksal, sondern ein bewusst einkalkulierter Plan. Das ist auch der Punkt, der Mietmutterschaft von Adoption unterscheidet: Adoption heilt eine zerbrochene Familienkonstellation, Mietmutterschaft konstruiert bewusst eine gespaltene Mutterschaft und ein Trennungstrauma direkt zum Start ins Leben. Man sagt zudem, das Kind erkenne auch die Stimme des Vaters wieder nach der Geburt. Mietmutterkinder nehmen einen Mann wahr, der sie nicht will, der nicht ihr Vater ist und auch kein Interesse an ihnen hat. Spüren sie seine Ablehnung und Gleichgültigkeit oder vermissen sie nach der Geburt nicht nur die Mutter, sondern diese vertraute Stimme auch?

NO MOTHER, NO SLEEP

Studien[217] bestätigen zudem auch gesundheitliche Folgeschäden bei jenen Kindern, die von ihren Müttern nach der Geburt getrennt werden. Das zeigt sich etwa mit einem dramatischen Anstieg der Herzfrequenzvariabilität (HRV-Leistung), der möglicherweise auf eine zentrale ängstliche autonome Erregung hinweist. Die Trennung von Mutter und Kind hatte auch einen äußerst negativen Einfluss auf die Dauer des ruhigen Schlafs, genaugenommen sank die Rate des ruhigen Schlafes um ganze 86 Prozent bei den Neugeborenen, die nicht bei der Mutter schlafen durften. Die Trennung von der Mutter ist ein Stressfaktor, mit dem das Neugeborene nicht gut umgehen kann und der nicht harmlos ist. Im Schlaf reguliert das Kind normalerweise seinen Stresspegel, was durch das autonome Nervensystem orchestriert wird. Dieses System wächst wiederum während des ruhigen Schlafes und sorgt in den ersten Lebensjahren für eine gute Ausbildung des Gehirns. Im Ergebnis sagt die Studie in einfachen Worten: Neugeborene, die man nicht bei ihrer Mutter schlafen lässt, zeigen verstärkt eine überforderte Stressregulierung, die sich in unruhigem Schlaf und auffälliger Störung der Herzfrequenz im Schlaf messen lässt. Keine Mama, kein Schlaf.

Eine Langzeitstudie an Kindern, die durch gespendetes Reproduktionsmaterial gezeugt wurden,[218] untersuchte die Frage der Bindungsfähigkeit und der psychischen Stabilität dieser Kinder und auch, wer dabei wichtiger ist, die Eimutter als Spenderin des genetischen Materials oder die Bauchmutter, also jene Frau, die das Kind auf die Welt bringt. Im Ergebnis zeigte sich, das das Fehlen einer gemeinsam durchlebten Schwangerschaft von Mutter und Kind für die Kinder problematischer sein kann als das Fehlen einer genetischen Verbindung zueinander. Oder anders ausgedrückt: Die Kinder entwickeln eher eine gute Beziehung zu der Frau, die es in sich getragen hat, als zu jener Frau, von der sie genetisch abstammen. Lässt eine Frau ihre Eizellen in einer fremden Frau austragen, weil sie selbst nicht mehr gebärfähig ist, übernimmt sie ein Kind, das sich zuvor sehr an den »Brutkasten« gebunden hat. Das »Leihmutterkind« erkennt offenbar eher die Bauchmutter als wahre Mutter an und nicht die Eizellspenderin oder die soziale Mutter. Die rechtliche Mutter ist ihm sowieso als Kategorie ein Fremdwort. Das Ergebnis verwundert auch nicht wirklich, ein Kind erlebt bewusst nur diese

Frau und hat keine abstrakte Vorstellung seiner Gene, während es im Mutterbauch schwimmt.

FÜR IMMER MITEINANDER VERBUNDEN

Gemeinhin hält sich zudem hartnäckig die Theorie, dass der Brutkasten beim Kind keine Spuren hinterlasse und keinerlei genetische Verwandtschaft später mit dem Kind habe. Die Aufrechterhaltung dieser These ist für die Praxis der »Leihmutterschaft« nicht nur wichtig, damit der Brutkasten keinen rechtlichen Anspruch auf das Kind erheben kann, sondern soll auch den Mythos beatmen, der Brutkasten sei eben nur eine willkürlich austauschbare »Maschine« und mehr nicht.

Tatsächlich passiert zusätzlich zu der emotionalen Bindung zwischen einem ungeborenen Kind und seiner austragenden Mutter auch ein Zellaustausch, der für immer in der Genetik des Kindes, aber auch der Mutter als nachweisbare Spur zurückbleibt. Der Wiener Endokrinologe und Gynäkologe Prof. Johannes Huber[219] beschreibt sehr anschaulich in seinem Buch *Wunderwerk Frau*, wie jedes Kind seiner Mutter eine DNA-Spur hinterlässt und damit auch DNA des Vaters in den Körper der Mutter schleust und umgekehrt. Da in jeder Schwangerschaft der Frau dieser Zellaustausch zwischen ihr und dem Kind im Bauch stattfindet, sind bei allen folgenden Schwangerschaften in ihrem Körper bereits Zellen der davor geborenen Kinder und auch von deren Vätern vorhanden. Damit werden auch alle Kinder, die eine Frau austrägt, egal mit welchem »Produktionsmaterial« an Eizellen und Samenzellen sie gezeugt wurden, wie Geschwister mit einem unsichtbaren Band in Verbindung bleiben, weil ab dem ersten Kind über den Körper der gebärenden Frau der Zellaustausch jedes einzelne Mal stattfindet, wenn sie schwanger ist.

Über die Mietmutter wird also das Genmaterial aller verbundenen Eizellspenderinnen, aller unterschiedlichen Väter, die bei der

Zeugung der unterschiedlichen Kinder beteiligt waren, die eine Frau entbindet, und das Genmaterial aller Kinder, egal ob die Mietmutter sie als eigene behält oder nicht, wie in einer Kette verflochten.

Ob man nun will oder nicht, auch das Kind, das man nur brütet, hinterlässt nicht nur seelische, sondern auch genetische Spuren bei der Schwangeren. Und auch das Kind aus der Eizellspende bekommt genetisches Material des »Brutkastens« und sogar der vorherigen Kinder des »Brutkastens« mit ab. Es ist ein Mythos zu glauben, man könne den Bauch einer Frau als reinen Inkubator missbrauchen, wie eine Maschine, die nur brütet und dann ein fertiges Kind ausspuckt. Was das später für die Identitätsfindung der Kinder bedeutet, die nach ihrer Herkunft forschen, kann kein Mensch voraussagen.

Dass aber die vorherigen Kinder des »Brutkastens« dieses Kind sofort als Geschwisterkind betrachten, verwundert genauso wenig wie der unendliche Schmerz, der nachweislich viele Mietmütter nach der Geburt überwältigt, wenn sie ihr Kind aus der Hand geben müssen. Denn ja, es ist auch ihr Kind.

»SIE IST JA NUR DER BRUTKASTEN«

Reden wir über die Mutter. Ja genau, jene Frau, die das Kind neun Monate in ihrem Körper trägt. Die es nährt und spürt, wenn es in ihrem Bauch tanzt und tritt. Ich werde mich bis an mein Lebensende an den Moment erinnern, als ich das erste Mal mein Kind im Bauch verspürt habe. Es war wie der zarte Wimpernschlag eines Schmetterlings. Es traf mich wie ein Schlag. Leben in mir. Ein anderer Mensch, der das erste Mal ein Lebenszeichen ausgesandt hatte in meinem Bauch. Frauen schützen instinktiv sich und ihren Körper, sobald sie schwanger sind, manchmal schon dann, wenn sie noch nicht einmal wissen, dass sie schwanger sind. »Ich hatte ständig meine Hände auf meinem Bauch, wenn ich die Treppe hochging«, erzählte mir eine. Erst später erfuhr sie, längst schwanger zu sein. Wie viele Frauen sagen von sich selbst, sie hätten keinen Schwangerschaftstest gebraucht, sie hätten es sowieso »gewusst«. Wir bewegen uns hier in einem Bereich der Intuition, der Instinkte, auch der Überlebensinstinkte. Der Mutterinstinkt ist nicht messbar mit Laborwerten und technischen Geräten. Er ist da, weil sich Mütter intuitiv verantwortlich fühlen für dieses Wesen, sein Überleben, sein Wohlergehen. Muttersein muss nicht gelernt werden. Man kann es aber verlernen, wenn es gestört wird.

Wir konditionieren gerade weltweit Mütter, ihren natürlichen Mutterinstinkt zu ignorieren und sich gegen ihr Kind zu entscheiden, es im Stich zu lassen. Seit Bestehen der Menschheit wird das Überleben der nächsten Generation nur dadurch garantiert, dass sich ihre Eltern und vor allem die Mutter bedingungslos um das Überleben des Nachwuchses kümmert und im Zweifel sogar das eigene Leben opfert, um das ihrer Kinder zu sichern. »Ich würde töten für dieses Kind«, sagte mir einmal ein befreundeter Vater. Ein paar Jahre zuvor waren wir in Streit geraten, als er noch keine Kinder hatte, über meine Behauptung, dass er als Kinderloser intellektuell schlicht an eine Grenze gelange und meine Muttergefühle nicht im Entferntesten nachvollziehen könne. Ich hatte versucht zu erklären, dass Mutterschaft nichts ist, was man abstreifen kann, etwas, das sich nicht abschütteln lässt, selbst wenn ich es wollte. Dass ich zum wahren Muttertier werde, wenn jemand meine Kinder schlecht behandelt oder in Gefahr bringt. Dass ich zwar jahrelang nicht vernünftig geschlafen habe, sie aber abgöttisch liebe und nie mehr schlafen würde, wenn es für eines meiner Kinder zum Überleben nötig wäre. Das ist nicht rational, es ist irrational. Genauso irrational wie der getriebene Wunsch einer Spätvierzigerin, die mit aller Macht, mit jedem medizinischen Mittel und um jeden Preis noch ein Kind realisieren will. Jahre später hat sich dieser Mann bei mir entschuldigt, inzwischen war er Vater eines Sohnes geworden. Jetzt teilte er dieses Gefühl, dass er für sein Kind töten und auch sterben würde.

EIN ANGRIFF AUF DIE NATÜRLICHE STRUKTUR DER FAMILIE

Wir trainieren aber nicht nur Frauen darauf, ihren Mutterinstinkt abzuschütteln. Wir erschüttern auch eine neue Generation Kinder in ihrem naiven Urvertrauen und bringen ihnen bei, dass auf ihre Eltern kein Verlass ist. Also ausgerechnet auf jene nicht, die das Kind doch vor allem Unheil dieser Welt beschützen sollen. Wenn ich nicht einmal meiner Mutter und meinem Vater trauen kann, wem dann? Ist dann überhaupt jemandem auf dieser Welt wirklich zu trauen? Was argumentativ im Mietmutterschaftsgeschäft aufgeboten wird, reiht sich genaugenommen in die moderne Erzählung von der jederzeit austauschbaren Mutterrolle auch in anderen Lebenslagen nahtlos ein. Erzählen wir nicht bereits seit Jahrzehnten jungen Frauen, sie sollen nicht wie Glucken an ihren Kindern hängen und ihr Kind so schnell wie möglich in fremde Hände geben, um sich auf dem Arbeitsmarkt zu verwirklichen, weil jeder dieses Kind besser groß bekommt als sie selbst? Die austauschbare Mutter wabert seit Jahrzehnten durch die feministische und auch schon durch die marxistische Literatur. Die Motivationen mögen unterschiedlich sein, doch immer wird die Mutter auf den reinen Akt des Gebärens reduziert und dann einer anderen Bestimmung zugeführt. Auf diesem Nährboden wächst die Mietmutterpropaganda ganz vorzüglich. Faktisch reden wir allerdings von einer nachhaltigen Erschütterung der natürlichen Familienstruktur, die auf Blutsbande und Verantwortung über Generationen hinweg aufbaut.

Mietmutterschaft mag ein paar Erwachsene glücklich machen, der gesamtgesellschaftliche Schaden ist auf einer weit höheren Ebene kaum bezifferbar, die Quittung werden wir mit traumatisierten, entwurzelten, verunsicherten, beziehungsgestörten Kindern bekommen. Und ich rede nicht nur von den verkauften Kindern selbst, sondern auch von jenen, die das oft kommentarlos beobachtet haben in der eigenen Familie, im Bekanntenkreis und in den Medien, wie ihre

Geschwister oder andere Kinder von ihren Müttern hergegeben wurden.

Die Behauptung, dass es den Mietmüttern nichts ausmache, ein Kind neun Monate unter ihrem Herzen zu tragen, um es dann, ohne mit der Wimper zu zucken, einfach wegzugeben, ist möglicherweise die übelste Form von Frauenverachtung. Unterstellt es doch Müttern, sie seien herzlose, gefühllose Wesen ohne innere Bindung zu sich, zu ihrem Körper und vor allem nicht zu dem Leben, das in ihrem Körper wächst. Dass Männer das nicht nachvollziehen können, weil sie es schlicht nie erlebt haben, geschenkt. Dass sich auch Frauen an der Verbreitung dieser Lüge beteiligen und sogar Mütter, ist hingegen ein Schlag ins Gesicht dieser Frauen.

DIE INNERE LEERE DER MUTTER

Die Fragen, die sich in diesem Zusammenhang stellen, sind eher: Wie weit muss sich eine Frau während der Schwangerschaft von ihrem eigenen Kind und ihrem gesamten Instinkt abspalten, was muss sie alles unterdrücken und verleugnen, wie viel Kraft muss sie dazu aufwenden, um nach der Geburt dieses Kind freiwillig herzugeben? Wie hoch ist ihr seelischer Preis?

Abseits der Hochglanzprospekte der Mietmutterschaftsagenturen voller Frauen, die es kaum erwarten können, ihren Körper als Brutstätte anzupreisen, finden sich überall inzwischen auch die Geschichten jener Frauen, die nicht nur mit körperlichen, sondern auch mit seelischen Schäden aus der Mietmutterschaft zurückbleiben. Wenn eine Frau vor Gericht »heult wie ein Schlosshund«, wie es die beiden »Väter« in der ZDF-Reportage[220] beschreiben, war es dann wirklich so einfach, das Kind für immer aufzugeben und die »Rechte« an ihm und auch am eigenen Muttersein vertraglich zu besiegeln?

Aus Georgien berichtet Ketevan Robakidze, Gründerin der georgischen *International Surrogacy and Egg Donation Agency*, über die

Schwierigkeiten mit renitenten Mietmüttern. Da es in Georgien nicht genug Frauen gab, um die Nachfrage zu decken, hatte man versucht, Frauen aus anderen Ländern wie etwa Kasachstan nach Georgien zu bringen. Das habe aber nicht funktioniert. Sie hätten sich geweigert, die dafür nötigen Medikamente zu schlucken, und in manchen Fällen seien sie aus dem Land geflohen. In derselben Recherche des *Business Insider*[221] erzählt die ehemalige Mietmutter Katia, wie sie über zwei Jahre lang mit sich gehadert habe, die Armut als alleinerziehende Mutter sie dann aber dazu getrieben habe, und nachdem der Vertrag unterzeichnet gewesen sei, habe es ja auch kein Zurück mehr gegeben: »Es ist extrem schwer, ich könnte es nicht nochmal machen. Ich trug neun Monate ein Baby und dann haben sie ihn mir weggenommen, der Schmerz ist unerträglich.«

»Ich weinte, ich schrie auf der Station. Es war sehr schwierig, dass ich es zurückgeben musste, ich konnte es nicht ertragen, ich träumte von diesem Kind«, das sagt Mietmutter Victoria in der bereits zitierten Reportage von *Politico*[222]. Die ersten beiden Kinder wurden im Bauch mit Giftspritzen getötet, erst das dritte Kind war von erhoffter Qualität. Das musste sie dann hergeben. Danach griff die Leere zu.

Es leiden auch jene Mütter, die für die Mietmutterschaft oft monatelang von ihren eigenen Kindern getrennt, manchmal in einem anderen Land leben müssen, um es zu Hause zu verbergen oder weil die Kunden es so wollen und sie in einem bestimmten Land und unter einem bestimmten Gesetzesregelwerk entbinden sollen. In der ZDF-Dokumentation[223] der Sendereihe *37 Grad* kommen in der Folge »Unser Wunschkind und der Krieg: Über »Leihmutterschaft« in der Ukraine« aus dem Jahr 2022 auch jene Frauen zu Wort, die das nicht gut verkraften. Eine berichtet, dass sie wegen des Krieges nicht nur unter russischen Raketenangriffen entbinden musste, sondern auch eine ganze Woche dieses Kind erst selbst versorgen musste, bevor sie es dann hergeben musste. Sieben Tage füttern, wickeln, halten, kuscheln und dann hergeben. Das ist unmenschlich für Mutter und Kind. Die ukrainischen Behörden bestätigen selbst, dass sich jedes

Jahr Dutzende von Frauen an sie wenden, die die Kinder behalten wollen, dass man aber bei gültigen Verträgen nichts machen könne.

Eine andere Mietmutter schrieb sich jahrelang den Schmerz in einem Online-Forum von der Seele.[224] Das Tagebuch reicht vom Jahr 2006, dem 2. Geburtstag des Jungen bis zu seinem 8. Geburtstag. Sie steht in Kontakt mit der Familie, bekommt Bilder von ihrem Sohn, es gibt sogar Treffen. So, wie es doch in all den Hochglanzprospekten angepriesen wird, diese neue, großartige Familienform, bei der sich Eizellmütter, Bauchmütter, genetische und soziale Mütter und alle beteiligten Kinder und Väter super verstehen und niemand leidet, weil man jetzt eine dieser tollen Großfamilien ist. In der Realität hasst sie diese Frau, die jetzt ihr Kind großzieht. Insgeheim quälen sie Wut auf die Besteller-Eltern, Schmerz, Schuldgefühle und Fragen in ihrem leeren Bauch, die sie in Briefen an ihren Sohn festhält: »Ich habe so viele Fragen an sie, Fragen, die ich ihnen nie stellen werde. Vielleicht wirst du eines Tages dieselben Fragen an sie haben ... und vielleicht kannst du sie eines Tages stellen: Warum hast du mir das angetan? Wie konntest du jemandem das Baby wegnehmen? Wusstest du, dass es so weh tat, dass es mein Leben an diesem Tag beendete? Liebst du den Jungen so wie ich? Denkst du, er wird mich hassen? Glaubst du, er wird es verstehen? Wird er eines Tages nach mir suchen? Wirst du wütend sein, wenn er mich findet? Bist du auch von Schuldgefühlen geplagt? Wenn du ihn ansiehst, wen siehst du dann? Siehst du mich? Ist dir klar ... was ich für dich aufgegeben habe? Wird er mich Mama nennen? Ich brauche keine Antworten. Ich brauche nur mein Baby.«

»Ich wusste nicht, dass es mir das Herz brechen wird«, erzählt eine andere[225], die mit 20 Jahren das erste Mal, dann mit 22 das zweite Mal als »Leihmutter« arbeitete. Erst als sie zehn Jahre später endlich ein Kind in ihren Armen hält, das sie behalten kann, brechen die Tränen aus ihr heraus über die beiden inzwischen 14- und 15-jährigen Töchter, die sie hergegeben hat. »Dort, wo die Babys hätten sein sollen, war ein großes Loch, fast so, als hätte ich eine Fehlgeburt gehabt und sie wären gestorben«, beschrieb eine andere Mietmutter die

Tage, nachdem sie die Zwillinge endgültig an ihren Bruder und die Schwägerin hergeben musste. Sie hatte es altruistisch gemacht. In der Familie, es soll ja alles eine große Herzenstat sein. War es auch. »Die Kinder werden niemals erfahren, was es mich gekostet hat, sie herzugeben. Aber ich weiß es.«

WIR DISKUTIEREN DIE FALSCHEN FRAGEN

Wir diskutieren das Thema »Leihmutterschaft« im medialen und politischen Raum aus den falschen Perspektiven. Nein, es ist kein Thema von Geschlechtergerechtigkeit und Reproduktionsrechten, damit jeder ein Kind haben kann, auch wenn er biologisch zur Zeugung oder Empfängnis nicht oder nicht mehr fähig ist oder in einer Beziehungskonstellation lebt, in der er sich nicht fortpflanzen kann.

Es geht gar nicht um die Rechte alternder Filmdiven, die für den Lebensabend noch ein Baby schaukeln wollen, oder um die schwulen Väter und sonstigen Beziehungs- und Geschlechtskonstellationen der bunten LGBTQI-Community, die gerne ein Kind hätten und zudem ihren privaten Kinderwunsch mit politischem Aktivismus vermischen.

Das Problem ist auch nicht die Frage, ob man nur kleine Aufwandsentschädigungen oder lieber 150.000 Euro für ein Baby bezahlen sollte und ob sich der ethische Ablasshandel eines Kindes besser mit demütiger Spende oder mit großen Summen ausbalancieren lässt. Alle diese Debatten sind Einfallstore für miese Geschäfte und vielseitige Grenzüberschreitungen auf Kosten der Würde und der Freiheit von Frauen und Kindern. Alle, die mitmachen, die das Ganze schönreden und gesetzlich liberalisieren, sind Steigbügelhalter einer grundsätzlichen Kommerzialisierung des Menschen und machen sich schuldig am Vorantreiben der Idee, der Mensch gehöre noch jemand anderem außer sich selbst.

Es geht nicht um Ansprüche von Erwachsenen, sondern um die Rechte von Kindern, wie Menschen und nicht wie Sachen behandelt zu werden. Es geht nicht um Babyglück für einige, sondern um das Grauen für Tausende. Nicht um die Vermeidung von ein paar Erbkrankheiten durch die »Optimierung« von Genmaterial, sondern um die Ambition auf den perfekten Menschen. Nicht um das Glück gesunder Babys, sondern um die Wegwerfmentalität, mit der die kranken auf dem Müll landen oder auf dem Labortisch von Forschern mit kranken Machbarkeitsfantasien auf dem Weg zum Retortenmenschen aus dem künstlichen Brutkasten.

Wir bauen medial ein Potemkinsches Dorf einer klinisch sauberen und gesetzlich geregelten Scheinwelt auf und klammern das Grauen und die offenen Fragen dieser Entwicklung aus, die aber auf uns und alle künftigen Generationen zurückschlagen werden.

Die Büchse der Pandora wird gerade im Namen von »Toleranz und Antidiskriminierung« geöffnet, heraus strömen die Ausbeutung von Frauen, der Verkauf von Kindern, global organisierter Menschenhandel, organisierte Kriminalität, Einfallstore für die Verquickung von Kinderhandel und Organhandel und nicht zuletzt servieren wir sogar Pädophilen Kinder inklusive Sorgerecht auf einem Silbertablett. Man kann Mietmutterschaft nicht gesetzlich regeln, sondern nur international ächten und verbieten. Alles andere ist Heuchelei und Selbstbetrug.

ANMERKUNGEN

1 C. S. Lewis: *Die Abschaffung des Menschen*, Johannes Verlag, 1979, Kapitel III, Seite 59 (Original: »What we call man's power over nature turns out to be a power exercised by some men over other men with nature as its instrument.« C. S. Lewis, *The Abolition of Man*)

2 Interview Paris Hilton, *Magazin Glamour*, Februar 2023; Link: https://www.glamourmagazine.co.uk/article/paris-hilton-interview-2023

3 Should a Woman Be Allowed to Hire a Surrogate Because She Fears Pregnancy Will Hurt Her Career?, Sarah Elisabeth Richards in *Elle*, 17.04.2014; Link: https://www.elle.com/life-love/a14424/birth-rights/

4 What is Social Surrogacy, *Conceptual Options;* Link: https://www.conceptualoptions.com/what-is-social-surrogacy/

5 Instagram-Profil von Jensygenao; Link: https://www.instagram.com/p/BrGgS-thyYm/

6 Ana Obregón ist mit 68 Jahren Mutter geworden, *FAZ*, 30.03.2023; Link: https://www.faz.net/aktuell/gesellschaft/smalltalk/spanien-schauspielerin-ana-obregon-mit-68-jahren-mutter-geworden-18788641.html

7 »Super egoistisch und auch wenig sinnvoll!«: Babyglück mit 68? Das sagen Influencer-Dads!, *RTL*, 19.04.2023; Link: https://www.rtl.de/videos/babyglueck-mit-68-das-sagen-influencer-dads-643fb07b786b0f33180ed912.html

8 Instagram-Profil von Kristina Ozturk @batumi_mama; Link: https://www.instagram.com/batumi_mama/

9 OH BABY I've had 20 babies in a YEAR by surrogates; *The Sun*, 03.06.2021; Link: https://www.thesun.co.uk/fabulous/15127834/20-babies-year-surrogates-16-nannies-100-kids/

10 Bundestagsabgeordneter aus Seenplatte ist Vater geworden, *Nordkurier*, 06.08.2023; Link: https://www.nordkurier.de/regional/neustrelitz/bundestagsabgeordneter-aus-seenplatte-ist-vater-geworden-1811923

11 Johannes Arlts öffentliche Stellungnahme auf seinem Facebook-Profil, 03.08.2023; Link: https://www.facebook.com/arltjohannes/

12 Kirche feuert Domkantor wegen zwei Babys, *BILD*, 26.03.2022; Link: https://www.bild.de/news/inland/news-inland/aufruhr-in-der-singschule-kirche-feuert-domkantor-wegen-zwei-babys-79574318.bild.html

13 Domkantor gewinnt gegen Kirche, *TAZ*, 16.09.2022; Link: https://taz.de/Umstrittene-Leihmutterschaft/!5877637/

14 Streit um Leihmutterschaft: Domkantor und Kirche trennen sich, *Norddeutscher Rundfunk (NDR)*, 13.08.2023; Link: https://ard.social/@NDR/110882257509018500

15 *Die Freundin meiner Mutter*, ARD/NDR-Produktion 2019; Link: https://www.daserste.de/unterhaltung/film/filmmittwoch-im-ersten/sendung/bilder-die-freundin-meiner-mutter-100.html

16 Pro Sieben verschiebt »The New Normal« ins Nachtprogramm, *Queer.de*, 13.06.2013; Link: https://www.queer.de/detail.php?article_id=19431

17 Diese zwei Männer suchen im TV eine Leihmutter, *Werben&Verkaufen (WUV)*, 23.02.2022; Link: https://www.wuv.de/Archiv/Diese-zwei-M%C3%A4nner-suchen-im-TV-eine-Leihmutter

18 Sam Dylan: »Ich werde nach Amerika reisen und eine Leihmutter suchen«, *RTL*, 22.07.2022; Link: https://www.rtl.de/cms/sam-dylan-ich-werde-nach-amerika-reisen-und-eine-leihmutter-suchen-4998269.html

19 Eine Leihmutter ins Glück | Wunschkinder, *RTL II*, abrufbar bei YouTube; Link: https://www.youtube.com/watch?v=dyl-w_pMJPg

20 Axel und Jürgen – Schwule Väter besuchen ihre Leihmütter, *Stern TV*, 08.07.2020, abrufbar bei YouTube; Link: https://www.youtube.com/watch?v=77Kr02J9RKY

21 Per Leihmutterschaft zum eigenen Kind, *ZDF, heute*, 02.03.2021; abrufbar bei YouTube; Link: https://www.youtube.com/watch?v=OQuSbGeCgcA

22 Kinderwunschklinik @BIOTEXCOMKlinik, Twitterprofil von BioTexCom in Kiew; Link: https://twitter.com/BIOTEXCOMKlinik

23 WDR-Dokumentation *Leihmutter, Eimutter und zwei Väter*; Link: https://programm.ard.de/TV/tagesschau24/leihmutter--eimutter-und-zwei-vaeter/eid_287212568361665

24 SWR-Dokumentation *Was heißt Familie? – 2 Väter 3 Babys*, Folge 2/5; Link: https://www.youtube.com/watch?v=iyZEf4XCnYI

25 ARD Degeto Vorschau neue Folgen von *Toni, männlich, Hebamme*; Link: https://www.degeto.de/im-dreh-das-findelkind-at-die-leihmutter-at/

26 »Papi, hast du ein Baby im Bauch«: Dieses Buch erklärt Leihmutterschaft für Kindergartenkinder, *ARD Tagesschau*, 13.07.2023; Link: https://www.ta-

gesschau.de/inland/regional/hessen/hr-papi-hast-du-ein-baby-im-bauch-dieses-buch-erklaert-leihmutterschaft-fuer-kindergartenkinder-100.html

27 Facebook-Profil der Sendung *ttt*/ARD, 23.07.2023; Link: https://www.facebook.com/photo/?fbid=683352273837165&set=a.660624319443294&locale=de_DE

28 Julia König: Über mich; auf kiwu.care; Link: https://www.kiwu.care/p.php?c=julia-koenig-ueber-mich

29 Kinderwunschcoaching.at; Link: https://www.kinderwunschcoaching.eu/buecher

30 The dark side of Ukrain's surrogacy boom, Silvia Blanco in *El Pais*, 01.10.2018; Link: https://english.elpais.com/elpais/2018/09/27/inenglish/1538051520_476218.html

31 Gesetz zum Schutz von Embryonen (ESchG), gültige Fassung vom 13.12.1990; Link: https://www.gesetze-im-internet.de/eschg/BJNR027460990.html

32 Gesetz über die Vermittlung und Begleitung der Adoption und über das Verbot der Vermittlung von Ersatzmüttern (Adoptionsvermittlungsgesetz – AdVermiG) Neufassung vom 21.06.2010; Link: https://www.gesetze-im-internet.de/advermig_1976/BJNR017620976.html#BJNR017620976BJNG000303360

33 Siehe dazu auch Kapitel 4: »Wir machen alles«, Baby 4 Sale – auf Kinder-Shopping-Tour in Deutschland

34 COTS UK; Link: https://www.surrogacy.org.uk/

35 Leihmutterschaft im europäischen und internationalen Vergleich, Wissenschaftlicher Dienst des Deutschen Bundestages 2018; Link: https://www.bundestag.de/resource/blob/592446/b04363cfd1cf5f6fa65c94b8c48495d9/WD-9-039-18-pdf-data.pdf

36 Das System der Leihmutterschaft in den EU-Mitgliedsstaaten, EU-Parlament/Generaldirektion Interne Politikbereiche; Link: https://www.europarl.europa.eu/RegData/etudes/STUD/2013/474403/IPOL-JURI_ET(2013)474403(SUM01)_DE.pdf

37 Leihmutter soll Kind im Internet verkauft haben, *Der Spiegel*, 24.05.2005; Link: https://www.spiegel.de/panorama/belgien-leihmutter-soll-kind-im-internet-verkauft-haben-a-357317.html

38 Russland verbietet Leihmutterschaften für Ausländer, *Vatican News*, 09.12.2022; Link: https://www.vaticannews.va/de/welt/news/2022-12/russland-verbietet-leihmutterschaften-fuer-auslaender.html

39 *Big Fertility*, Film von Jennifer Lahl, The Center for Bioethics and Culture Network; Link: https://www.youtube.com/watch?v=QvQP7JSydMw

40 CDC – Centers for Disease Control and Prevention, Assisted Reproductive Technology (ART), 2020 National ART Summary; Link: https://www.cdc.gov/art/reports/2020/summary.html

41 GMI – Global Market Insights; Surrogacy Market Size Report, November 2022; Link: https://www.gminsights.com/industry-analysis/surrogacy-market

42 IVIRMA Global; Link: https://www.ivirma.com/

43 Center For Surrogate Parenting der Ovation-Fertility-Gruppe; Link: https://www.creatingfamilies.com/

44 Samelove Surrogacy; Link: https://samelovesurrogacy.com/

45 Gays With Kids; Link: https://gayswithkids.com/blog/

46 Extraordinary Conceptions/International Surrogacy & Egg Donation; Link: https://www.extraconceptions.com/

47 Circle Surrogacy Kostenbeispiel; Link: https://www.circlesurrogacy.com/journey-protection-guarantee

48 Growing Generations/Surrogate Costs; Link: https://www.growinggenerations.com/intended-parents/surrogacy-costs

49 Hatch Fertility; Link: https://www.hatch.us/peace-of-mind-program

50 India's surrogate mothers are risking their lives. They urgently need protection, Kishwar Desai in *The Guardian*, 05.06.2012; Link: https://www.theguardian.com/commentisfree/2012/jun/05/india-surrogates-impoverished-die

51 India's unregulated surrogacy industry, *The Lancet*, 10.11.2012; Link: https://www.thelancet.com/journals/lancet/article/PIIS0140-6736(12)61933-3/fulltext

52 Globalisierte Babyfabrik – Leihmutterschaft in Indien, *Deutschlandfunk Kultur*, 23.08.2014; Link: https://www.deutschlandfunk.de/globalisierte-babyfabrik-leihmutterschaft-in-indien-100.html

53 Indien: Die Gebärmutter muss raus, *ARTE Reportage*, 05.02.2021; Link: https://www.arte.tv/de/videos/100785-000-A/indien-die-gebaermutter-muss-raus/

54 Eine Niere für 500 Euro, *Der Spiegel*, 13.06.2007; Link: https://www.spiegel.de/wirtschaft/organhandel-in-indien-eine-niere-fuer-500-euro-a-488035.html

55 Babys aus Nepal nach Israel geflogen, *Stuttgarter Zeitung*, 28.04.2015; Link: https://www.stuttgarter-zeitung.de/inhalt.neugeborene-von-leihmuettern-babys-aus-nepal-nach-israel-geflogen.92462c7f-eed4-4971-9987-d1a571d4f949.html

56 Israel erlaubt auch homosexuellen Paaren die Leihmutterschaft, *Der Spiegel*, 05.01.2022; Link: https://www.spiegel.de/ausland/leihmutterschaft-in-israel-nun-auch-homosexuellen-paaren-und-singles-erlaubt-a-ed8e6f8c-de0e-4fc1-bd49-67d335126ea5

57 Thailand bans surrogacy for foreigners in bid to end 'rent-a-womb' tourism, *Agentur Reuters*, 20.02.2015; Link: https://www.reuters.com/article/us-thailand-surrogacy-idUSKBN0LO07820150220/

58 Paar lässt Leihmutter mit behindertem Baby sitzen, *FAZ*, 02.08.2014; Link: https://www.faz.net/aktuell/gesellschaft/kriminalitaet/australisches-paar-laesst-behindertes-baby-bei-leihmutter-zurueck-13078199.html

59 India banned commercial surrogacy. Now, parents are flocking to Georgia, a rare nation where it's legal — and relatively cheap., *Business Insider*, 08.06.2022; Link: https://www.businessinsider.com/commercial-surrogacy-in-india-ban-georgia-legal-lisa-ray-2022-6

60 Lowcost IVF, CASS-Programm; Link: https://www.lowcostivf.net/de/surrogacy/

61 Retortenbabys aus der Retortenstadt, *Die Wochenzeitung (WOZ)*, 28.08.2014; Link: https://www.woz.ch/1435/leihmutterschaft-in-mexiko/retortenbabys-aus-der-retortenstadt

62 As Mexican State Limits Surrogacy, Global System Is Further Strained, *The New York Times*, 23.03.2017; Link: https://www.nytimes.com/2017/03/23/world/americas/as-mexican-state-limits-surrogacy-global-system-is-further-strained.html

63 Global Star Surrogacy; Link: https://globalstarsurrogacy.com/

64 Cubans to vote on same-sex marriage, surrogacy, *RFI News*; 23.09.2022; Link: https://www.rfi.fr/en/international-news/20220923-cubans-to-vote-on-same-sex-marriage-surrogacy

65 UNESCO Policy Paper: Human trafficking in Nigeria/Root Causes and Recommendations, *UNESCO Digital Library*, Link: https://unesdoc.unesco.org/ark:/48223/pf0000147844

66 The Phenomenon of »Baby Factories in Nigeria as a new Trend in Human Trafficking«, *International Crimes Database*, Oktober 2013; Link: https://internationalcrimesdatabase.org/upload/documents/20140916T170728-ICD%20Brief%203%20-%20Huntley.pdf

67 *Building families through surrogacy: a new law;* Law Commission of England and Wales and Scottish Law Commission, 25.01.2024, Link: https://www.scotlawcom.gov.uk/files/5615/5980/7881/Summary_of_joint_consultation_paper_on_Building_families_through_surrogacy_-_a_new_law_LCCP_244_SLCDP_167.pdf

68 Brilliantbeginnings UK; Link: https://brilliantbeginnings.co.uk/uk-surrogacy-pathway/

69 Having a child through a surrogate, The Scottish Government, 05.06.2020; Link: https://www.mygov.scot/surrogacy-parents

70 Sensible Surrogacy; Link: https://www.sensiblesurrogacy.com/surrogacy-uk/#surrogacy-uk-cost

71 Handbook of Gestational Surrogacy/International Clinical Practice and Policy Issues, *Cambridge University Press 2016*; Link zum Inhaltsverzeichnis: https://www.cambridge.org/core/books/abs/handbook-of-gestational-surrogacy/contents/E480F16B634FC180944A1D3F8DB11BD5

72 Global surrogacy agency accused of putting women at risk with 'unethical' medical procedures, *The Guardian*, 18.12.2022; Link: https://www.theguardian.com/society/2022/dec/18/global-surrogacy-agency-accused-of-putting-women-at-risk-with-unethical-medical-procedures

73 Major human trafficking and baby adoption ring dismantled in Chania, Greece, *Neos Kosmos*, 14.08.2023; Link: https://neoskosmos.com/en/2023/08/14/news/greece/major-human-trafficking-and-baby-adoption-ring-dismantled-in-chania-greece/

74 Surrogacy: babies are waiting for their parents, Video auf dem YouTube-Kanal von BioTexCom, eingestellt April 2020; Link: https://www.youtube.com/watch?v=xPdRx_L96Co

75 30 Babys von Leihmüttern warten in einem Bunker in Kiew auf ihre Eltern – Tendenz steigend, *Euronews*, 14.03.2022; Link: https://de.euronews.com/2022/03/14/babys-im-bunker

76 Life of newborns in wartime; YouTube-Kanal von BioTexCom, 14.03.2022; Link: https://www.youtube.com/watch?v=bxnS5IVliqs

77 Im Krieg geboren, im Keller gestrandet, *Weltspiegel ARD*, 11.04.2022; Link: https://www.tagesschau.de/ausland/europa/ukraine-leihmuetter-kinder-101.html

78 Im Krieg adoptiert: Happy End für die verstoßene Bridget, *Berliner Morgenpost*, 24.05.2022; Link: https://www.morgenpost.de/vermischtes/article235435511/Im-Krieg-adoptiert-Happy-End-fuer-die-verstossene-Bridget.html

79 The Baby Broker Project: Inside the world's leading low-cost surrogacy agency, *Finance Uncovered*, 18.12.2022; Link: https://www.financeuncovered.org/stories/new-life-surrogacy-agency-baby-broker-project

80 North Texas Couple United With Infant Twins Who Were Rescued From Russian Orphanage, *NBC*, 24.11.2022; Link: https://www.nbcdfw.com/news/local/north-texas-couple-united-with-infant-twins-who-were-rescued-from-russian-orphanage/3133398/

81 Project Dynamo; Link: https://www.projectdynamo.org/

82 30 Babys von Leihmüttern warten in einem Bunker in Kiew auf ihre Eltern – Tendenz steigend, *Euronews*, 14.03.2022; Link: https://de.euronews.com/2022/03/14/babys-im-bunker

83 Growing Families/Consultation Packages; Link: https://www.growingfamilies.org/consultation-packages/

84 Leihmutterklinik: »Helft Eltern, ihre Babys zu holen«, *heute.at*, 15.03.2022; Link: https://www.heute.at/s/leihmutterklinik-helft-eltern-ihre-babys-zu-holen-100196087

85 A Kharkiv, un couple de ressortissants français bloqué: «Avec deux bébés de vingt jours, nous ne pouvons pas partir en voiture«; *Le Monde*, 02.03.2022; Link: https://www.lemonde.fr/international/article/2022/03/02/un-couple-de-ressortissants-francais-bloque-a-kharkiv-avec-deux-bebes-de-vingt-jours-nous-ne-pouvons-pas-partir-en-voiture_6115851_3210.html

86 BioTexCom Instagram-Film, 11.10.2023, Link: https://twitter.com/BIOTEXCOMKlinik/status/1712207618947584166

87 Judge rules for testing DNA of a fertility doctor suspected of fathering up to 200 children, *CNN*, 14.02.2019; Link: https://edition.cnn.com/2019/02/14/europe/jan-karbaat-fertility-doctor-scli-intl/index.html

88 Gericht in Niederlanden stoppt Samenspender mit über 500 Kindern, *Ärztezeitung*, 28.04.2023; Link: https://www.aerztezeitung.de/Panorama/Gericht-in-Niederlanden-stoppt-Samenspender-mit-ueber-500-Kindern-438787.html

89 *Unser Vater Dr. Cline*, Netflix-Dokumentation 2022; Link: https://www.netflix.com/de/title/81227735

90 Frauen eigenes Sperma injiziert: Wenn Ärzte Vertrauen missbrauchen, *Tagesspiegel*, 14.09.2020; Link: https://www.tagesspiegel.de/politik/wenn-arzte-vertrauen-missbrauchen-4196137.html

91 Österreicher zeugte offenbar 600 Kinder; *Die Welt*, 08.04.2012; Link: https://www.welt.de/vermischtes/article106164248/Oesterreicher-zeugte-offenbar-600-Kinder.html

92 Eizelle vertauscht: Kristina sucht ihre leiblichen Eltern, *Stern TV*, 21.01.2023; Link: https://www.youtube.com/watch?v=6CfiMczJa3M

93 Leihmutter bekommt zwei Kinder – eines davon ist ihres, *Focus Online*, 03.11.2017; Link: https://www.focus.de/familie/kuenstliche_befruchtung/ueberschwaengerung-leihmutter-gebaert-zwei-kinder-eines-davon-ist-ihres_id_7795431.html

94 Die Babyfabrik von Kiew, Recherche von Anette Dowideit, Dmytro Drabyk, Ilya Gridneff, Emily Schultheis, Alfred Hackensberger in *Die Welt*, 06.04.2023; Link: https://www.welt.de/politik/deutschland/plus244591776/Kinderwunsch-Ein-Baby-kaufen-Wer-will-das-schon-freiwillig.html

95 Feskov Human Reproductin Group: »Die Vorteile der ukrainischen Genetik. Eizellenspende Verdienst«; Link: https://leihmutterschaft-zentrum.de/vorteile-der-ukrainischen-genetik.html

96 Feskov, »Gene verschiedener Rassen«; Link: https://leihmutterschaft-zentrum.de/verschiedene-rassen-der-eizellspenderinnen.html

97 Feskov Programm Deluxe USA; Link: https://leihmutterschaft-zentrum.de/deluxe-usa.html

98 Dienten ukrainische Frauen in Prag als »Gebärfabriken«?, 14.04.2023, *Landesecho*; Link: https://landesecho.cz/gesellschaft/dienten-ukrainische-frauen-in-prag-als-gebaerfabriken/0015583/

99 »Operation Spanier« Operace Španěl: V Praze se prodávají děti »vyrobené« na zakázku, *Seznam Pravy*, 01.06.2022; Link: https://www.seznamzpravy.cz/clanek/domaci-kauzy-operace-spanel-v-praze-se-prodavaji-deti-vyrobene-na-zakazku-203870

100 Ebd.

101 Wish For A Baby – Kinderwunschmesse; Link: https://www.wishforababy.de/

102 Belgian's surrogacy law under pressure after 'Men Having Babies' conference; *The Brussels Times*, 25.09.2019; Link: https://www.brusselstimes.com/brussels/69706/belgians-surrogacy-law-under-pressure-after-men-having-babies-conference

103 UN-Konvention über die Rechte des Kindes, 1989; Link: https://www.kinderrechte.de/kinderrechte/un-kinderrechtskonvention-im-wortlaut/

104 Siehe dazu auch Kapitel 10: »Blut ist dicker als Wasser«

105 Paragraf 232 Menschenhandel, Deutsches Strafgesetzbuch, 18. Abschnitt – Straftaten gegen die persönliche Freiheit; Link: https://dejure.org/gesetze/StGB/232.html

106 Hinweis zu Leihmutterschaft, Auswärtiges Amt, häufig gestellte Fragen (FAQs); Link: https://www.auswaertiges-amt.de/de/service/fragenkatalog-node/06-leihmutterschaft/606160

107 Leihmutterschaft ist in Deutschland verboten, Deutsche Botschaft Mexiko-Stadt, 30.08.2021; Link: https://mexiko.diplo.de/mx-de/service/-/2478998

108 Rechts- und Konsularangelegenheiten (außer Visa), Leihmutterschaft, Deutsche Botschaft in Kiew; Link: https://kiew.diplo.de/ua-de/service/-/1228824?openAccordionId=item-1667136-23-panel

109 United Nations Human Rights Office oft he High Commissioner; Children risk being »commodities« as surrogacy spreads, UN rights expert warns, 06.03.2018; Link: https://www.ohchr.org/en/press-releases/2018/03/children-risk-being-commodities-surrogacy-spreads-un-rights-expert-warns

110 Gesetz über die Spende, Entnahme und Übertragung von Organen und Geweben (Transplantationsgesetz – TPG), Paragraf 18 Organ- und Gewebehandel; Link: https://www.gesetze-im-internet.de/tpg/__18.html

111 World Health Organization (WHO) Resolution zur Organtransplantation beim Menschen (WHA44.25), aktualisiert 21.05.2010 (WHA63.22); Link: https://apps.who.int/gb/ebwha/pdf_files/WHA63/A63_R22-en.pdf

112 Zusatzprotokoll zum Übereinkommen über Menschenrechte und Biomedizin bezüglich der Transplantation von menschlichen Organen und Gewebe, Europarat Straßburg, 24.01.2002; Link: https://rm.coe.int/090000168008157b

113 Übereinkommen des Europarats zum Kampf gegen den Organhandel, 25.03.2015, Santiago de Compostela; Link: https://rm.coe.int/16806dca3a

114 Rotabi, K. S., Mapp, S., Cheney, K. et al. *Regulating Commercial Global Surrogacy: The Best Interests of the Child.* J. Hum. Rights Soc. Work 2, 64–73 (2017); Link: https://doi.org/10.1007/s41134-017-0034-3

115 10 000 Dollar für ein Baby aus Kolumbien, *Der Spiegel*, 11.07.1982; Link: https://www.spiegel.de/politik/10-000-dollar-fuer-ein-baby-aus-kolumbien-a-5e9ea750-0002-0001-0000-000014348458

116 Instagram-Profil von Growing Families Global, Posting vom 07.10.2023; Link: https://www.instagram.com/p/CyHLWtzSJIa/

117 Adoptionen von Kindern aus Sri Lanka in die Schweiz 1973–1997, Zürcher Hochschule für Angewandte Wissenschaften, Januar 2020 von Sabine Bittner, Annika Bangerter und Nadja Ramsauer; Link: https://doi.org/10.21256/zhaw-2382.

118 Antwort der Bundesregierung auf die Große Anfrage der Grünen (Drucksache 11/5212) zum Problem privater und kommerzieller Adop-

tionsvermittlung in der Bundesrepublik Deutschland (Kinderhandel), Drucksache 11/7618 vom 27.07.1990; Link: https://dserver.bundestag.de/btd/11/076/1107618.pdf

119 World's Largest 'Baby Exporter' Confronts Its Painful Past, *New York Times*, 17.09.2023; Link: https://www.nytimes.com/2023/09/17/world/asia/south-korea-adoption.html

120 Ebd.

121 Das Übereinkommen vom 29.05.1993 über den Schutz von Kindern und die Zusammenarbeit in Bezug auf Auslandsadoptionen (HCCH 1993 Adoptionsübereinkommen), erstellt durch die Hague Conference on Private International Law (HCCH); Link: https://www.hcch.net/de/instruments/conventions/specialised-sections/intercountry-adoption

122 Executive Summary of the International Forum on Intercountry Adoption and Global Surrogacy 11-13 August 2014, International Institute of Social Studies,The Hague, Netherlands; Kristen E. Cheney, Dezember 2014; Link: https://pure.eur.nl/en/publications/executive-summary-of-the-international-forum-on-intercountry-adop.

123 38-jähriger Berliner wegen Kindesmissbrauchs verurteilt, Tagesspiegel 06.07.2020; Link: https://www.tagesspiegel.de/berlin/kein-beweis-zu-welchem-zweck-er-das-kind-zeugte-4180261.html

124 Dunkle Vergangenheit des Vaters, *TAZ*, 05.08.2014; Link: https://taz.de/Skandal-um-Baby-mit-Down-Sydrom/!5036161/

125 Wende im Fall des Leihmutter-Babys Gammy – Zwillingsschwester Pipah bleibt in Australien; *Der Spiegel*, 14.04.2016; Link: https://www.spiegel.de/panorama/justiz/leihmutter-baby-gammy-zwillingsschwester-pipah-bleibt-in-australien-a-1087178.html

126 Gay couple charged with molesting their adopted sons also pimped them out to pedophile ring, report claims, *New York Post*, 20.01.2023; Link: https://nypost.com/2023/01/20/couple-pimped-their-adopted-sons-out-to-pedophile-ring-report/

127 Interpol investigates 'baby factory' as man fathers 16 surrogate children, *The Guardian*, 23.08.2014; Link: https://www.theguardian.com/lifeandstyle/2014/aug/23/interpol-japanese-baby-factory-man-fathered-16-children

128 Hirntote bringt gesundes Kind zur Welt; *Der Spiegel*, 01.04.2019; Link: https://www.spiegel.de/gesundheit/diagnose/portugal-hirntote-frau-bringt-gesundes-kind-zur-welt-a-1260718.html

129 US-Ärztekammer will steuerfinanzierte Uterus-Transplantationen für Trans-Frauen, *Apollo News*, 22.08.2023; Link: https://apollo-news.net/

amerikanische-aerztekammer-forderung-nach-steuerfinanzierter-uterus-transplantation-fuer-trans-frauen/

130 Anna Smajdor, Whole body gestational donation, 18.11.2022, *Theoretical Medicine and Bioethics*, Ausgabe 44, April 2023, Seite 113–124; Link: https://doi.org/10.1007/s11017-022-09599-8

131 Migrant women and reproductive exploitation in the surrogacy industry; Joint investigation ENoMW ICASM – October 2022; Link: https://www.migrantwomennetwork.org/2022/10/21/migrant-women-and-reproductive-exploitation-in-the-surrogacy-industry-joint-investigation-by-enomw-and-icasm

132 Titelzeile auf dem Cover des Magazins *The Lancet* September 2021: »Historically, the anatomy and physiology of bodies with vaginas have been neglected«; Link zu Twitter-Profil: https://twitter.com/TheLancet/status/1441372277786951681

133 Debatte um »Bonusloch«: Empörung im britischen »Kulturkrieg«, *Süddeutsche Zeitung*, 12.07.2023; Link: https://www.sueddeutsche.de/leben/gesellschaft-debatte-um-bonusloch-empoerung-im-britischen-kulturkrieg-dpa.urn-newsml-dpa-com-20090101-230712-99-371512

134 Effective Communication About Pregnancy, Birth, Lactation, Breastfeeding and Newborn Care: The Importance of Sexed Language, *Frontier Global Womens Health*, 07.02.2022; Link: https://www.frontiersin.org/articles/10.3389/fgwh.2022.818856/full?s=08

135 Schottische Regierung Informationsseiten zu Mietmutterschaft. Originalzitat: »A 'surrogate' is someone who will have a baby for you. If you use a surrogate, you would be known as an 'intended parent' or 'intended parents«; Juni 2020; Link: https://www.mygov.scot/surrogacy-parents

136 Ovom Care GmbH; Link: https://www.ovomcare.com/

137 IVF For You; ROPA-Methode – Geteilte Mutterschaft; Link: https://www.ivfforyou.de/producto/ropa-methode-geteilte-mutterschaft/

138 Schneller als Deliveroo: Wie man ein Kind bestellt, *Magazin Lebe!*, Ausgabe 10/2023, S. 28; Link: https://www.bewegungfuerdasleben.com/lebe-zeitschrift/aktuelle-ausgabe/https://www.yumpu.com/de/document/read/68465746/162-lebe-rz2

139 Same-sex parents describe feeling 'judged', *BBC News*, 07.11.2023; Link: https://www.bbc.com/news/uk-england-hampshire-67278309

140 See Jeff Lewis's Happy First Meeting with the Surrogate Who's Now Suing Him; *People Magazine*, 14.06.2018; Link: https://people.com/home/watch-jeff-lewis-and-gage-edward-meet-surrogate-on-flipping-out/

141 Video abrufbar unter Link: https://twitter.com/xxclusionary/status/1716144284682846485

142 Video abrufbar unter Link: https://twitter.com/JohnsonHildy/status/1626672419908771863

143 Hashtagsuche bei Instagram #Theirbunmyoven, abgerufen 11.12.2023; Link: https://www.instagram.com/explore/tags/theirbunmyoven/

144 Simone de Beauvoir: *Das andere Geschlecht*, 2018, Rowohlt Verlag, Seite 127

145 Birgit Kelle: *Muttertier – Eine Ansage*, Fontis Verlag 2020

146 Zahlen des Statistischen Bundesamtes, in *Sozialpolitik aktuell*, Institut Arbeit und Qualifikation (IAQ) Universität Essen; Link: https://www.sozialpolitik-aktuell.de/files/sozialpolitik-aktuell/_Politikfelder/Bevoelkerung/Datensammlung/PDF-Dateien/abbVII4.pdf

147 Deutsches IVF-Register, Jahrbuch 2022, in *Journal für Reproduktionsmedizin und Endokrinologie*, Januar 2023; Link: https://www.deutsches-ivf-register.de/perch/resources/dir-jahrbuch-2022-sonderausgabe-fuer-paare.pdf

148 Risiken und Komplikationen der IVF-Eizellspende, Eizellspendefreunde ESF/IVF Media Ltd.; Link: https://www.eizellspendefreunde.de/eizell-spende-ratgeber/risiken-und-komplikationen-der-eizellspende/

149 Kesha Knows Exactly What She Wants to Say, *SELF Magazin*, 20.06.2023; Link: https://www.self.com/story/kesha

150 SNP Government 'shock' campaigners with £50k spend on 'irresponsible' egg retrieval adverts, *Scottish Daily Express*, 06.12.2023; Link: https://www.scottishdailyexpress.co.uk/news/politics/snp-government-shock-campaigners-50k-31604644

151 Obstetric and neonatal complications in pregnancies conceived after oocyte donation: a systematic review and meta-analysis, Storgard u. a. in BJOG, 05.09.2016; Link: https://obgyn.onlinelibrary.wiley.com/doi/10.1111/1471-0528.14257

152 IEF Institut für Ehe und Familie, Reproduktionsmedizin: Gesundheitliche Risiken weit höher als bisher angenommen, 21.04.2017; Link: https://www.ief.at/erfahrungen-mit-eizellspende-zeigen-gesundheitliche-risiken-auf/

153 IMABE Institut, Reproduktion: Eizellenspende erhöht Gesundheitsrisiken für Mütter und Kinder, 05.11.2021; Link: https://www.imabe.org/bioethikaktuell/einzelansicht/ivf-eizellenspende-erhoeht-gesundheitsrisiken-fuer-muetter-und-kinder

154 Altmann J., et al.: Lifting the veil of secrecy: maternal and neonatal outcome of oocyte donation pregnancies in Germany, *Arch Gynecol Obstet* 4 Oct 2021, DOI: 10.1007/s00404–021–06264–8.; siehe auch *Deutsches Ärzteblatt* 2021; Reproduktionsmedizin: Gefahren der Eizellspende für Mütter und Kinder; Link: https://www.aerzteblatt.de/archiv/221572/Reproduktionsmedizin-Gefahren-der-Eizellspende-fuer-Muetter-und-Kinder

155 The Baby Broker Project: Inside the world's leading low-cost surrogacy agency, Finance Uncovered, 18.12.2022; Link: https://www.financeuncovered.org/stories/new-life-surrogacy-agency-baby-broker-project

156 When Surrogacy Goes Badly, There Are Never Any Winners, *CBC*, 27.06.2023; Link: https://cbc-network.org/2023/06/when-surrogacy-goes-bad-there-are-never-any-winners/

157 Global surrogacy agency accused of putting women at risk with 'unethical' medical procedures, *The Guardian*, 18.12.2022; Link: https://www.theguardian.com/society/2022/dec/18/global-surrogacy-agency-accused-of-putting-women-at-risk-with-unethical-medical-procedures

158 La Strada International; Link: https://www.lastradainternational.org/la-strada-ukraine/; Geschichte dokumentiert in *WELT/Die Babyfabrik von Kiew* ebd.

159 Inside a Ukrainian baby factory; *Politico*, 23.07.2023; Link: https://www.politico.com/news/2023/07/23/ukraine-surrogates-fertility-00104913

160 Broken Bonds – Surrogate Mothers Speak Out, Dr. Renate, Dozentin für Frauenforschung an der Deakin University/Melbourne, Spinifex Press 2019

161 Wie glücklich sind Leihmütter? Dokumentiert bei *EMMA-Magazin*, 23.06.2021; Link: https://www.emma.de/artikel/wie-gluecklich-sind-leihmuetter-338735

162 Pressetext DGK 09/2015, In-vitro-Fertilisation ist neuer Risikofaktor für Herz-Kreislauf-Erkrankungen, Deutsche Gesellschaft für Kardiologie (DGK); Link: https://dgk.org/daten/Rexhaj-IVF.pdf

163 In-vitro-Fertilisations-Technologien und Kindergesundheit/Risiken, Ursachen und mögliche Konsequenzen. Michael von Wolff, T. Haaf in *Deutsches Ärzteblatt International* 2020; Link: https://www.aerzteblatt.de/archiv/211858/In-vitro-Fertilisations-Technologien-und-Kindergesundheit

164 Vorstoß für Paare mit Kinderwunsch: FDP-Expertin will Leihmutterschaft ermöglichen; *Tagesspiegel*, 12.08.2019; Link: https://www.tagesspiegel.de/politik/fdp-expertin-will-leihmutterschaft-ermoglichen-4090813.html

165 Netzwerk Embryonenspende; Link: https://www.netzwerk-embryonenspende.de/verfahren/verfahren.html

166 Erste Babys in Großbritannien mit Erbgut von drei Menschen geboren; *Deutsches Ärzteblatt*, 10.05.2023; Link: https://www.aerzteblatt.de/nachrichten/143077/Erste-Babys-in-Grossbritannien-mit-Erbgut-von-drei-Menschen-geboren

167 First pilot study of maternal spindle transfer for the treatment of repeated in vitro fertilization failures in couples with idiopathic infertility, *National Library of Medicine*, Fertil Steril, Juni 2023; Link: https://pubmed.ncbi.nlm.nih.gov/36787873/

168 Britische Wissenschaftler erzeugen menschliche Embryonen ohne Spermien, 01.03.2023, CORDIS Forschungsergebnisse der EU; Link: https://cordis.europa.eu/article/id/24410-british-scientists-create-human-embryos-without-sperm/de

169 Ohne Eizelle, Sperma und Uterus: Synthetische Maus-Embryonen wachsen im Bioreaktor, *Deutsches Ärzteblatt*, 04.08.2022; Link: https://www.aerzteblatt.de/nachrichten/136397/Ohne-Eizelle-Sperma-und-Uterus-Synthetische-Maus-Embryonen-wachsen-im-Bioreaktor

170 Japan erlaubt Geburt von Mischwesen aus Mensch und Tier, 31.07.2019, *Der Spiegel*; Link: https://www.spiegel.de/wissenschaft/medizin/japan-erlaubt-geburt-von-mischwesen-aus-mensch-und-tier-a-1279687.html

171 Chimäre: Forscher erzeugen Mensch-Affe-Embryonen im Labor, Stefan Rehder in *Die Tagespost*, 17.04.2021; Link: https://www.die-tagespost.de/politik/chimaere-forscher-erzeugen-mensch-affe-embryonen-im-labor-art-217537

172 Laborversuche – Forscher erschaffen Mensch-Affe-Mischwesen, *MDR Wissen*, 05.08.2015; Link: https://www.mdr.de/wissen/mensch-alltag/kreuzung-mensch-affe100.html

173 Patient lebt seit Wochen mit Schweineniere, *N-TV*, 16.08.2023; Link: https://www.n-tv.de/der_tag/Patient-lebt-seit-Wochen-mit-Schweineniere-article24330811.html

174 Humane Embryonen in der medizinischen Forschung: Tabu? – Vertretbar? – Chance?, ELSA-Fachtagung 9./10.10.2023 in Berlin; Link: https://www.gesundheitsforschung-bmbf.de/ELSA-Konferenz/15631.php

175 Neubewertung des Schutzes von In-vitro-Embryonen in Deutschland, Stellungnahme der Leopoldina Mai 2021; Link: https://www.leopoldina.org/uploads/tx_leopublication/2021_Stellungnahme_Embryonenschutz_web.pdf

176 Wird der Embryonenschutz aufgeweicht? *FAZ*, 12.10.2023; Link: https://www.faz.net/aktuell/feuilleton/debatten/liberalere-biopolitik-eine-radikalkur-fuer-den-embryonenschutz-19236367.html

177 Theologe: Embryonen können über Forschung neue Funktion erhalten, *katholisch.de*, 10.10.2023; Link: https://www.katholisch.de/artikel/47590-theologe-embryonen-koennen-ueber-forschung-neue-funktion-erhalten

178 Inquiry into Human Organ Trafficking and Organ Transplant Tourism Submission 97, Jeremy Orchand; Link: https://de.scribd.com/document/519049256/Jeremy-Orchard-Abortion-facilities-in-the-US-illegally-profit-from-the-sale-of-fetal-tissue-and-organs

179 Neuregelung des Paragrafen 4a Entnahme bei toten Embryonen und Föten, Gesetz über Qualität und Sicherheit von menschlichen Geweben und Zellen (Gewebegesetz); Link: https://www.bdtev.de/wp-content/uploads/2007/12/Gewebegesetz_1007_neu.pdf

180 Embryonenforschung und PID: »Ethik des Heilens« versus »Ethik der Menschenwürde«, *Deutsches Ärzteblatt* 2002; Link: https://www.aerzteblatt.de/archiv/30159/Embryonenforschung-und-PID-Ethik-des-Heilens-versus-Ethik-der-Menschenwuerde

181 Stark-Watzinger für Reform des Embryonenschutzgesetzes, *Deutsches Ärzteblatt*, 09.10.2023; Link: https://www.aerzteblatt.de/nachrichten/146498/Stark-Watzinger-fuer-Reform-des-Embryonenschutzgesetzes

182 Verordnung des Europäischen Parlaments und des Rates über Qualitäts- und Sicherheitsstandards für zur Verwendung beim Menschen bestimmte Substanzen menschlichen Ursprungs und zur Aufhebung der Richtlinien 2003/98/EG und 2004/23/EG, ausführliche Stellungnahme der deutschen und europäischen Bischöfe; Link: https://www.comece.eu/wp-content/uploads/sites/2/2023/09/Statement-12092023-COMECE-KBB-Joint-statement-on-SoHO-Regulation-EP-vote-DE.pdf

183 Abschlussbericht des Arbeitskreises Abstammungsrecht – Empfehlungen für eine Reform des Abstammungsrechts, 14.07.2017; Link: https://www.bmj.de/SharedDocs/Downloads/DE/Fachpublikationen/07042017_AK_Abstimmung_Abschlussbericht.pdf

184 Entwurf eines Gesetzes zur Anpassung der abstammungsrechtlichen Regelung, Drucksache 19/2665; Link: https://dserver.bundestag.de/btd/19/026/1902665.pdf

185 Gesetzesentwurf Grüne, Kostenübernahme für Maßnahmen künstlicher Befruchtung, Drucksache 19/1832; Link: https://dserver.bundestag.de/btd/19/018/1901832.pdf

186 Gesetzesentwurf zur Reform assistierter Reproduktion, FDP-Fraktion, 30.01.2018, Drucksache 19/585; Link: https://dserver.bundestag.de/btd/19/005/1900585.pdf

187 Kommission zur reproduktiven Selbstbestimmung und Fortpflanzungsmedizin, Liste der Mitglieder: https://www.bmfsfj.de/bmfsfj/aktuelles/presse/pressemitteilungen/kommission-zur-reproduktiven-selbstbestimmung-und-fortpflanzungsmedizin-konstituiert-sich-223460

188 Der Fall Raftopol vs. Ramsey, Zusammenfassung der Entscheidung des Supreme Court Connecticut 2021; Link: https://www.cga.ct.gov/2011/rpt/2011-R-0094.htm

189 Deutsche Botschaft in Kiew, Rechts- und Konsularangelegenheiten; Link: https://kiew.diplo.de/ua-de/service/-/1228824

190 OLG Frankfurt am Main: Genetische Mutter kann ihr von ukrainischer Leihmutter ausgetragenes Kind adoptieren, Beschluss vom 28.02.2019 (AZ: 1 UF 71/18); Link: https://rsw.beck.de/aktuell/daily/meldung/detail/olg-frankfurt-am-main-genetische-mutter-kann-ihr-von-ukrainischer-leihmutter-ausgetragenes-kind-adoptieren

191 Bundesgerichtshof Beschluss vom 10.12.2014 (AZ: XII ZB 463/13); Link: http://juris.bundesgerichtshof.de/cgi-bin/rechtsprechung/document.py?Gericht=bgh&Art=en&nr=69759&pos=0&anz=1

192 Urteil des Bundesfinanzhofes vom 10.08.2023 (Aktenzeichen VI R 29/21). Keine außergewöhnlichen Belastungen bei Aufwendungen im Zusammenhang mit einer Ersatzmutterschaft; Link: https://www.sis-verlag.de/archiv/einkommensteuer/rechtsprechung/10518-bfh-keine-aussergewoehnlichen-belastungen-bei-aufwendungen-im-zusammenhang-mit-einer-ersatzmutterschaft

193 Recognition of parenthood in the EU, Press Release JURI, 07.11.2023; Link: https://www.europarl.europa.eu/news/en/press-room/20231031IPR08715/recognition-of-parenthood-in-the-eu-no-discrimination-against-children-s-rights

194 Schriftliche Antwort von Didier Reynders im Auftrag der Europäischen Kommission, 05.05.2022; Drucksache P-001015/2022; Link: https://www.europarl.europa.eu/doceo/document/P-9-2022-001015-ASW_EN.pdf

195 The European Certificate of Parenthood represents an open door to human trafficking; 14.12.2023; Link: FAFCE, https://www.fafce.org/press-release-i-surrogacy-the-european-parliament-contradicts-itself/

196 EU-Parlament Vorlage zur Entscheidung am 10.10.2023 »Preventing and combating trafficking in human beings and protecting its victims«; Link: https://oeil.secure.europarl.europa.eu/oeil/popups/summary.do?id=1761149&t=e&l=en

197 Factsheet – Gestational surrogacy, Zusammenstellung des Europäischen Gerichtshofes für Menschenrechte, 09.2023; Link: https://www.echr.coe.int/documents/d/echr/FS_Surrogacy_ENG

198 »Right to a child for all women«: the ECHR's slippery slope, Grégor Puppinck, 2019; Link: https://eclj.org/family/echr/droit--lenfant-pour-toutes--la-pente-glissante-de-la-cedh

199 Hague Conference on Private International Law HCCH, Final Report: The feasibility of one or more private international law instruments on legal parentage, 01.11.2022; Link: https://assets.hcch.net/docs/6d8eeb81-ef67-4b21-be42-f7261d0cfa52.pdf

200 ISS Verona Principles, Fassung 2021; Link: https://iss-ssi.org/storage/2023/03/VeronaPrinciples_25February2021-1.pdf

201 The Verona Principles are a new attempt to organise surrogacy globally; CIAMS, 14.09.2022; Link: http://abolition-ms.org/en/our-actions/international-institutions/verona-principles/the-verona-principles-are-a-new-attempt-to-organise-surrogacy-globally/

202 Why Surrogacy Should Be Banned, Stefanie Bode FiLiA, 08.02.2022; Link: https://www.filia.org.uk/latest-news/2022/2/8/why-surrogacy-should-be-banned

203 Initiative »Stoppt Leihmutterschaft«, Österreich; Link: https://www.stoppt-leihmutterschaft.at/

204 Seimas of the Republic of lithuania/Resolution of condemning all forms of surrogacy, Vilnius 25.06.2020 No XIII-3160; Link: https://e-seimas.lrs.lt/portal/legalAct/lt/TAD/f9d49860d7011ea8f4ce1816a470b26

205 Casablanca Declaration 2023 For the Universal Abolition of Surrogacy; 03.03.2023; Link: http://declaration-surrogacy-casablanca.org/

206 Secret diary of a surrogate mother, *The Guardian*, 27.04.2013; Link: https://www.theguardian.com/lifeandstyle/2013/apr/27/secret-diary-of-a-surrogate-mother?

207 Force, fraud, and coercion: Bridging from knowledge in intercountry adoption to global surrogacy. Bericht zum »International Forum on Intercountry Adoption and Global Surrogacy« in Den Haag, Karen Smith Rotabi, Dezember 2014; Link: https://www.academia.edu/10165753/Force_fraud_and_coercion_Bridging_from_knowledge_in_intercountry_adoption_to_global_surrogacy

208 Der erste Atemzug im Kriegsgebiet, *Die Welt*, 26.03.2022; Link: https://www.welt.de/politik/ausland/plus237797221/Leihmutterklinik-in-Kiew-Der-erste-Atemzug-im-Kriegsgebiet.html

209 Rede von Olivia Maurel vor dem Tschechischen Parlament, 22.11.2023, Video abrufbar unter YouTube-Link: https://www.youtube.com/watch?v=E-WCKzlIYBkk

210 No Good Surrogacies: A Surrogacy Baby Speaks Out/Guest: Olivia Maurel, Interview-Video bei YouTube/Allie Beth Stuckey; Link: https://www.youtube.com/watch?v=nuPHFP3Y4Cw

211 Susanne Panter: *Ich spüre das, was ihr nicht sagt*, Kösel Verlag 2023

212 Circumstances Leading To Finding Out about Being Donor-Conceived and Its Perceived Impact on Family Relationships: A Survey of Adults Conceived via Anonymous Donor Insemination in Germany, Bauer/Meier-Credner; 2023; veröffentlicht in *Social Scienes* 12(3); Link: https://doi.org/10.3390/socsci12030155

213 Studie: Samenspender-Kinder fühlen Wut, Trauer – und Erleichterung, IMABE Institut Österreich, 14.04.2023; Link: https://www.imabe.org/bioethikaktuell/einzelansicht/studie-samenspender-kinder-fuehlen-wut-trauer-und-erleichterung

214 Anspruch des Kindes auf Auskunft über Identität des anonymen Samenspenders, Urteil des XII. Zivilsenats BGH vom 28.01.2015, AZ: XII ZR 201/13; Link: http://juris.bundesgerichtshof.de/cgi-bin/rechtsprechung/document.py?Gericht=bgh&Art=pm&Datum=2015&Sort=3&anz=14&pos=0&nr=70419&linked=urt&Blank=1&file=dokument.pdf

215 Herzen von Mutter und Fötus im Gleichtakt, *Spektrum der Wissenschaft*, 22.01.2010; Link: https://www.spektrum.de/magazin/herzen-von-mutter-und-foetus-im-gleichtakt/1019580

216 Warum ist die erste Milch, das Kolostrum, so besonders?, Netzwerk Gesund ins Leben; Link: https://www.gesund-ins-leben.de/fuer-fachkreise/gesund-leben-in-der-stillzeit/nachgefragt/warum-ist-die-erste-milch-das-kolostrum-so-besonders/

217 Morgan/Horn/Bergmann: *Should Neonates Sleep Alone?*, November 2011, National Library of Medicine; Link: https://pubmed.ncbi.nlm.nih.gov/21802659/

218 Children Born Through Reproductive Donation: A Longitudinal Study of Psychological Adjustment, 23.11.2012, *The Journal of Child Psychology and Psychiatry*; Link: https://acamh.onlinelibrary.wiley.com/doi/10.1111/jcpp.12015

219 Prof. Dr. Johannes Huber: *Wunderwerk Frau*; Verlag Gräfe und Unzer 2022

220 Siehe Fußnote 21: Per Leihmutterschaft zum eigenen Kind, *ZDF heute Nachrichten*, 02.03.2021, abgerufen am 11.01.2024; Link: https://www.youtube.com/watch?v=OQuSbGeCgcA

221 The war in Ukraine made Georgia a new surrogacy hub; *Business Insider*, 21.03.2023; Link: https://www.insider.com/war-in-ukraine-has-made-nearby-georgia-a-surrogacy-hub-2023-3

222 Inside a Ukrainian baby factory, *Politico*, 23.07.2023; Link: https://www.politico.com/news/2023/07/23/ukraine-surrogates-fertility-00104913

223 Unser Wunschkind und der Krieg: Über Leihmutterschaft in der Ukraine; *37 Grad*, 02.09.2022, ZDF; Link: https://presseportal.zdf.de/pressemitteilung/unser-wunschkind-und-der-krieg-37-reportage-im-zdf-ueber-leihmutterschaft-in-der-ukraine

224 Live Journal Dear Hiccup; Link: https://dearhiccup.livejournal.com/

225 I Chose To Be A Surrogate Mother. I Didn't Know It Would Break My Heart; *Huffington Post*, 09.08.2018; Link: https://www.huffpost.com/entry/being-a-surrogate-mother-broke-my-heart_n_5b56346ae4b0de86f48fb2df

Noch normal? Das lässt sich gendern!

Birgit Kelle

Kennen Sie Gender? fragte Birgit Kelle vor fünf Jahren in ihrem Bestseller GENDERGAGA. Heute ist klar: Die Realität hat die Satire längst überholt. Wer heute denkt, er sei normal, steht schon morgen als transphob, homophob, antifeministisch oder natürlich als »rechts« am Pranger. Gefühl sticht jetzt Fakten, Frau sticht Mann, homo sticht hetero, schwarz sticht weiß, trans sticht alles. Dafür ruinieren wir Karrieren und Kindheiten, zensieren Sprache, Wissenschaft, Debatte und freies Denken. Statt Probleme zu lösen, schafft die neue Gender- und Identitätspolitik täglich neue Opfer. Wenige Jahre und Millionen Euro später ist klar: Es geht um nicht weniger als um alles. Zeit für Birgit Kelle nachzulegen.

304 Seiten | Softcover | 19,99 € (D) | 20,60 € (A) | ISBN 978-3-95972-364-0

Gendergaga

Birgit Kelle

Heute schon über Ihr Geschlecht nachgedacht? Gender Mainstreaming – die Vielfalt der Geschlechter – ist überall und in aller Munde. 20 Jahre lang hat sich diese absurde Ideologie unbeobachtet durch alle Hierarchieebenen gearbeitet, und jetzt haben wir den Salat. Wir gendern nun Spielplätze, Ampeln, Toiletten, Studiengänge, die deutsche Sprache und sogar die Bibel. So langsam schwant immer mehr Bürgern, dass dies alles von zweifelhaftem Sinn und Nutzen ist, dafür aber zielsicher Steuergelder vernichtet. Gender Mainstreaming hat es verdient, als das betrachtet zu werden, was es ist: eine große Satireshow. Bühne frei!

224 Seiten | Softcover | 14,99 € (D) | 15,50 € (A) | ISBN 978-3-95972-422-7

Lob des Normalen

Cora Stephan

Die »Normalen« stellen die Mehrheit im Lande. Oft ein bisschen spießig, verheiratet, ein bis zwei Kinder, Eigenheim, geregeltes Einkommen, verlässliche Steuerzahler; gutmütige Menschen, die das Abweichende schätzen, das sie sich selbst längst nicht mehr erlauben. Weltoffen und bunt, tolerant bis zur Selbstaufgabe, und sie haben es sich lange geduldig gefallen lassen, zum Auslaufmodell erklärt zu werden. Doch das ist vorbei. Sie wehren sich – durch stille Verweigerung oder über den Wahlzettel. Lob des Normalen ist kein »zurück zu vergangenen Verhältnissen«, sondern die Wiedergewinnung des Sinns für die Wirklichkeit – für das Bewährte.

240 Seiten | Hardcover | 18,00 € (D) | 18,50 € (A) | ISBN 978-3-95972-400-5

Angriff auf die Wissenschaftsfreiheit

Harald Schulze-Eisentraut | Alexander Ulfig

Seit Jahren mehren sich Fälle, in denen Wissenschaftler und ihre Thesen durch Diffamierung aus akademischen Projekten und Debatten ausgeschlossen werden. Um Repressalien zu vermeiden, üben sich andere Wissenschaftler in vorauseilendem Gehorsam und schränken ihre Arbeit selbst ein. Der vorliegende Band versammelt Beiträge von Wissenschaftlern unterschiedlicher Fächer. Sie behandeln die Einschränkungen der Wissenschaftsfreiheit vor allem in den Debatten zu Corona-Pandemie, Klimawandel, Migration und Geschlechterforschung. Die Autoren untersuchen historische, ideologische und politische Faktoren und berichten teils von eigenen Erfahrungen. In einem sind sich alle einig: Cancel Culture hat in der Wissenschaft nichts zu suchen.

272 Seiten | Hardcover | 25,00 € (D) | 25,70 € (A) | ISBN 978-3-95972-651-1